U0959102

基于道路和交通信息的车辆预测巡航控制

Predictive Cruise Control for Road Vehicles Using Road and Traffic Information

〔匈〕 Péter Gáspár, Balázs Németh 著

赵振东 蔡隆玉 张广辉 译

科学出版社

北京

图字：01-2020-0938

内 容 简 介

本书介绍了基于道路和交通信息的车辆预测巡航控制技术，针对行驶时间和能量消耗这两个相矛盾的目标，实现了道路车辆的最优设计. 首先，介绍了研究背景及车辆速度控制的技术发展概况，以及道路车辆预测巡航控制的基本理论. 其次，从微观和宏观角度分析了交通流与道路车辆巡航速度控制的关系，采用 MATLAB/Simulink，CarSim 和 TruckSim 进行了实例仿真. 最后，展示了基于不同道路和交通信息的几种车辆预测巡航控制策略和速度控制的实现方法. 此外，本书还构建了硬件在环车辆模拟器进行预测巡航控制的仿真和验证，并给出了控制实现的体系架构和测试结果.

本书内容翔实，融合了相关领域最新的理论及工程技术研究成果，可供高等院校汽车、控制、交通及相关专业的本科生、研究生和教师使用，也可供从事汽车、控制、交通及相关工程领域的科研人员参考.

图书在版编目(CIP)数据

基于道路和交通信息的车辆预测巡航控制/(匈)彼得 · 加斯帕尔等著；赵振东，蔡隆玉，张广辉译. —北京：科学出版社，2020.9

书名原文：Predictive Cruise Control for Road Vehicles Using Road and Traffic Information

ISBN 978-7-03-065944-6

Ⅰ. ①基… Ⅱ. ①彼… ②赵… ③蔡… ④张… Ⅲ. ①汽车-预测控制-巡航控制系统-研究 Ⅳ. ①U46

中国版本图书馆 CIP 数据核字(2020)第 161073 号

责任编辑：李静科 / 责任校对：彭珍珍
责任印制：吴兆东 / 封面设计：无极书装

科学出版社 出版
北京东黄城根北街 16 号
邮政编码：100717
http://www.sciencep.com

北京虎彩文化传播有限公司 印刷
科学出版社发行 各地新华书店经销
*
2020 年 9 月第 一 版 开本：720 × 1000 1/16
2022 年 1 月第三次印刷 印张：13
字数：262 000

定价：98.00 元

(如有印装质量问题，我社负责调换)

译 者 序

当前, 新一轮科技革命孕育兴起, 云计算、大数据、工业控制、5G 通信、智慧道路与汽车工业跨界融合的日趋加深, 成为智能网联汽车产业发展的演进态势和主要内容. 加快发展智能网联汽车产业成为促进交通安全、改善道路拥堵、降低能源消耗、减少环境污染的重要举措, 是推动汽车产业转型升级的重要突破口. 实现智能驾驶功能的挑战在于车辆的控制系统必须与环境同步. 近年来, 国内外学界相关研究成果大量涌现, 本书英文版就是其中颇具代表性的研究成果之一.

随着传感技术的发展, 车辆更容易获得环境和周围车辆的信息. 以此为前提, 本书研讨的主旨是根据驾驶员的需要平衡车辆的经济性和行程时间的矛盾要求. 主要内容包括三部分: 预测巡航控制的基本原理, 从宏观及微观角度分析交通流以及与道路车辆巡航控制之间的影响关系, 基于不同场景的道路车辆巡航控制策略及仿真验证.

本书译自 2019 年 Springer 出版社出版的"先进工业控制"丛书中的一本, 原书作者从事车辆控制系统、驾驶员辅助驾驶系统、交通流量管理等方面的工作, 并且都是各自领域的佼佼者.

本书由南京工程学院赵振东教授、南京理工大学紫金学院蔡隆玉老师、南京奥吉智能汽车技术研究院有限公司张广辉博士共同翻译, 全书由赵振东教授指导并定稿. 本书的翻译出版得到了江苏省重点研发计划 (产业前瞻与共性关键技术) 重点项目 (BE2017008-3) 的资助.

译者在翻译过程中力求忠实于原著, 向读者展现国外学者的最新研究成果. 由于译者水平有限, 难免存在欠妥之处, 诚望广大读者批评指正.

赵振东 蔡隆玉 张广辉

2019 年 9 月

原 书 序

研究人员和工程师对控制系统工程的认识有很大的不同. 研究人员主要运用基本数学原理推导出通用的算法, 而工程师更关注的是让设备和工厂拥有最短的停工期. “先进工业控制” 丛书努力为两者架起沟通的桥梁, 并希望在工业生产得到保证的情况下可以更多地应用先进控制技术.

新控制理论和技术的快速发展对控制工程及其应用产生了全面的影响, 带来了新的控制理论、执行机构、传感器系统、计算方法、设计原理和新的应用领域, 也使相关系列专著得以修订. 工程应用中出现的新挑战也促进了相关控制理论的进一步发展. 如果控制系统设计问题需要在不同层面投入同样的精力才能得以解决, 那么, 对应用层面的关注也是同样重要的.

本书作者从事车辆控制系统、驾驶员辅助系统、交通流量管理等方面的工作, 并且都是各自领域的佼佼者. 本书涉及车辆纵向自动控制系统的设计, 以增强自适应巡航控制系统的功能. 需要解决两个最优化问题以实现性能平衡, 包括纵向控制力和行驶时间的最小化. 显然, 在减少行程时间的同时想要消耗的能量最少, 两者间是存在矛盾的, 自然就产生了最优化问题. 随着最新的自动驾驶车辆传感器技术的发展, 车辆更容易获得环境和周围车辆的信息. 以此为前提, 预测巡航控制的目的是根据驾驶员的需要平衡经济性和行程时间的要求. 本书的主要内容包括这样几大部分：预测巡航控制、交通流分析和控制策略.

人们对车辆控制系统和交通流控制的各个方面都非常感兴趣. 本书涵盖了交通和队列行驶控制等许多重要主题, 并描述了控制方法、建模、设计、仿真和结果等主要方面的内容. 本书重点在于确保车辆的速度得到控制, 以便在控制策略中可以考虑有关车辆行驶和交通环境的全局及局部信息. 这项工作显然对安全和环保都起到很重要的作用, 成为“先进工业控制” 丛书中广受欢迎的补充内容.

Michael J. Grimble
英国 格拉斯哥
2018 年 10 月

常用符号表

F_l—— 牵引力

F_d—— 阻力

F_r—— 滚动阻力

F_{aer}—— 空气阻力

G_x—— 坡道阻力

F_z—— 轮胎对路面的正压力

$\ddot{\xi}$—— 车辆加速度

$\dot{\xi}$—— 车辆速度

C_w—— 风阻系数

A_0—— 迎风面积

$\dot{\xi}_{\mathrm{rel}}$—— 车辆与空气的相对速度

α—— 坡道坡度

v_{ref}—— 参考速度

F_{li}—— 附加纵向力

F_{di}—— 纵向阻力

Q—— 当前参考速度的加权系数

γ_i—— 各路段点参考速度的加权系数

$\dot{\xi}_0$—— 修正速度

q_{in}—— 公路路段上车辆的汇入量

κ—— 预测控制车辆在交通中所占的比率

R_1—— 高能效参数

d_{st}—— 安全停车距离

d_{safe}—— 安全距离

$R_{1,\max}$—— 高能效参数上限

m_i—— 车辆的虚拟质量

$\dot{\eta}$—— 干扰车辆的速度

$\ddot{\eta}$—— 干扰车辆的加速度

t_{acc}—— 加速的持续时间

r_i—— 匝道处交通流总流入量

s_i—— 匝道处交通流总流出量

ρ_i—— 交通密度

$\rho_{\max}$—— 最大交通密度

ρ_{crit}—— 交通流的临界密度

l_i—— 队列长度

$l_{\max}$—— 队列中可接受的最大长度

$q_{0,\lim}$—— 非受控流入量的限值

$e_{\lim}$—— 函数逼近产生的误差

目　　录

第三部分　控制策略

第 1 章　概　　论

最近, 道路运输系统的自动化成为研究者和汽车公司的关注热点. 一些汽车制造商已经在车辆中引入了自动驾驶功能, 可谓是自动驾驶汽车发展过程中的里程碑式设计. 下一代自适应巡航控制系统和协同自适应巡航控制系统的研究一般聚焦于通过考虑驾驶员行为来提高系统性能.

尤其值得注意的是, 道路车辆经济性行驶策略的开发一直是人们关注的焦点. 该策略的目的是计算道路车辆的速度, 同时考虑能源需求、燃油消耗、道路坡度、速度限制、排放和行驶时间等几个因素, 形成多目标解决方案.

当然, 控制设计中还会使用其他一些方法. 在通过交叉口时, 最重要的是确保交通的连续性, 即车辆通行的连续性. 如果一辆车因其他交通状况的出现需要在交叉路口减速或停车, 道路的通行能力就会降低, 使车辆平均速度降低、燃油消耗增加. 如果适当调整交通灯或有其他解决方案可以保证交通的连续性, 则上述速度优化因素将再次得到应用.

本书重点在于设计多指标的车辆纵向自动控制系统以增强自适应巡航控制系统的性能. 与大多数车辆纵向自动控制系统一样, 本书假设车辆具备使用无线或基于云的车辆到基础设施 (V2I) 和车辆到车辆 (V2V) 通信技术, 可获取环境和周围车辆的信息. 在速度设计中, 还考虑了道路和交通信息, 从而实现预测巡航控制, 可根据驾驶员的驾驶习惯在纵向节能和行驶时间之间建立平衡.

然而, 道路上的其他驾驶员采用不同的优先策略, 这可能引起冲突的发生, 例如, 采用经济性行驶策略控制的车辆会阻碍快速行驶的车辆的通行. 预测速度设计的难点在于适应周围车辆的运动情况, 做出变道决定是其中的关键问题. 做出变道决定时必须消除与后方车辆之间的冲突. 在决策方法中必须考虑前方车辆的操纵和后方车辆的运动. 预测速度的概念与拥堵问题的结合产生了更复杂的多准则优化任务.

交通流与单个车辆之间有很强的相互作用, 可以从微观和宏观的角度分析出两者间的相互关系. 微观上看, 装有预测控制装置的车辆对交通流有影响, 其影响与普通驾驶车辆的影响不同. 通过灵敏度分析, 分析了预测控制的参数变化情况.

宏观上看, 将单个车辆纳入全局交通流来考虑, 宏观交通流与个别微观车辆的控制是同时进行的. 从宏观角度分析了不同参数对混合交通流中车辆平均车速和牵引力的影响. 单独的车辆控制和交通控制同时进行, 从而实现微观模型和宏观模型参数之间的权衡. 控制设计的目的是通过系统的稳定性来避免拥堵, 最大限度地降低能耗, 并减少控制关口处的排队长度.

另一重要的分析与车辆队列控制有关. 该分析中, 一组车辆以相同的速度行驶, 队列速度取决于领头车的速度. 因此, 队列车速通常偏离单个车辆的最佳车速. 设计阶段的主要任务是确定队列速度, 使其尽可能接近单个车辆的最佳速度. 此处的关键任务是单个车辆采用预测控制设计时的队列控制稳定性分析.

在仿真环境和实际情况下, 对本书提出的速度控制进行了分析和验证. 这些解决方案及其结果也将在本书中有所介绍.

1.1　车辆自动控制的研究背景和意义

本书相关研究的动机来自自主 (或自动) 驾驶汽车. 如今, 汽车工业不断发展变化, 几乎影响到各个研发领域. 在动力系统方面, 混合动力和电驱动等替代性解决方案正在缓慢而稳步地推进. 2015 年爆发了 "柴油车丑闻", 2018 年 2 月德国联邦宪法法院给出最终判决, 使得排放标准低于欧VI的柴油车遭禁. 这一系列事件加速了混合动力和电驱动等替代性解决方案的推广进程.

高级驾驶员辅助系统 (ADAS) 正在快速发展. ADAS 的最初目的是通过部件设计和功能实现, 在驾驶过程中为驾驶员提供支持, 从而提高驾驶安全性, 参见 Gáspár 等 (2017) 和 Sename 等 (2013) 的研究. 如今, 研究人员和开发人员的目标是提升自动驾驶方案的级别, 为此, 进行功能和组件方面的准备工作, 为实现在公路上行驶的全自动驾驶车辆而准备. 这些发展对两个技术领域产生了巨大的影响. 一个是现代无线通信解决方案, 另一个是人工智能, 包括机器学习. 传统的汽车制造商和供应商对这些领域一无所知, 因此, 大型 IT 公司在汽车行业拥有很大的机会. 近年来, 这已经对汽车行业的发展产生了深远的影响, 其中既有积极的效应, 又有负面的影响.

最重要的进展之一是谷歌的自动驾驶汽车. 2017 年, 作为 Waymo 公共项目的试点之一, 谷歌自动驾驶汽车在亚利桑那州的某些城市进行测试 (Waymo, 2017). 开发人员对虚拟环境和现实世界的安全性测试都非常重视.

不幸的是, 近年来也出现了一些负面的事件. 其中一起致命事故与特斯拉自动驾驶系统有关. 另一起不幸的事故中, 一辆在人工监管下正进行自行测试的 Uber 从一辆自行车上碾了过去. 由此自动驾驶汽车引发了热门话题, 开发人员试图尽快得到研究结果, 而并不总是遵循传统供应商已经证明有效的安全规程和测试流程. 所有这些都会引发严重的道德问题, 可能危及社会对自动驾驶车辆的接受度.

自主驾驶汽车 (又称自动驾驶汽车) 是一种能够感知环境、评估实际情况、在没有人为干预的情况下做出决策以及控制执行机构的汽车. 对于自动驾驶车辆, 必须突出解决三个主要问题. 第一个问题是环境感知, 在环境中, 运用多个传感器及传感器数据融合方法连续监测车辆周围的空间. 其目的是得到最精确和可靠的环境模型. 第二个问题是态势评估, 系统根据环境状况对给定的交通情况进行评估, 以准备充分的决策. 通常, 在指定情况下, 需做出适当的决策, 这些决策是由所需进行操纵的机构来辅助完成的. 第三个问题是设计车辆控制系统, 并以安全可靠的方式实施.

为了确定不同制造商与供应商的部件和功能在多大程度上适合自动驾驶车辆, 国际自动机工程师学会 (SAE, 曾译名: 美国汽车工程师学会) 在推荐标准 J3016 中根据自动驾驶的需求程度引入了 6 级标准体系. 虽然目前实施的自主部件还处于 L2 水平, 但制造商和供应商有望在 5—10 年达到 L4 和 L5 水平. 此外, 值得注意的是, 目前的运输环境是为人工感知而设计的. 想要使用不同的软件系统来重现人工驾驶员所具有的能力和经验是很困难的. 道路交通状况不明, 有时甚至还会产生矛盾的情况. 这时, 通常凭着驾驶员的直觉, 或与交通中的其他参与者沟通来解决. 要想自动处理一些特殊情况是很困难的, 因此需要更清晰的交通规则和更好的控制基础设施.

当前的发展趋势中, 首要考虑的是电动汽车和自动驾驶汽车的发展. 对于电动汽车, 应处理好部分已解决且相对明确的问题, 如储能问题. 对于自动驾驶汽车, 还有大量监管和道德问题尚未解决. 然而, 在这两个领域, 制造商大都声称已有颇具野心的计划, 年内将出现达到 L3 水平的功能和系统, 在 2020 年至 2025 年期间将出现达到 L4 和 L5 水平的功能和系统. 然而, 要批量生产具备 3 级系统的自动驾驶车辆仍是不大可行的事. 因此, 有关 L4 特别是 L5 的预测和承诺, 业界仍谨慎地持保留意见. 以 Waymo 项目为例, 一系列车辆可以由志愿者司机来使用. 这些车辆只能在城市内行驶, 但完全自主行驶, 无需人工干预. 这预示着, 未来几年就会出现任何人都可以使用的自动驾驶汽车, 尽管只是在有限区域内使用.

就研究和发展方向而言, 情况更加明确. 在传感器领域, 所有制造商通常都希望采用冗余设计, 多方位、多视角地将车辆 360° 全覆盖. 制造商需要同时应用相机、雷达、超声波和激光雷达传感器等技术. 一些开发人员正试图使用仅基于摄像头的单一解决方案来处理任务, 但他们必须证明可靠性在可接受范围内. 因成本较低, 前三种技术已经在汽车中得到广泛应用. 虽然激光雷达传感器的价格在稳步下降, 但其批量生产成本仍然太高. 尽管不同制造商采用的传感器组合方式各有不同, 但在原则性问题上已经取得了广泛的共识. 开发人员相对一致认可的另一重要趋势是在新的复杂任务中运用人工智能技术, 例如机器学习方法. 几乎所有人都同意, 目前的基于规则的算法本身不能解决所有复杂的感知、情境评估和控制问题.

研究和开发的前沿问题是自动驾驶功能的实现. 实现自动驾驶功能的挑战在

于车辆的控制系统必须与环境同步. 在本书所关注的任务中, 车辆速度的设计和实现必须考虑到全局和局部有关行程和环境的信息. 全局信息可能包括所需的驾驶或运载时间、燃油消耗量、道路坡度、道路条件、速度限制、道路稳定性和安全性. 局部信息是指车辆在道路上行驶的速度、拥堵程度, 并受道路建设速度的影响. 由于交通的参与者变成了速度受到控制的车辆, 这可能会影响车辆在其环境中的行驶情况, 并反过来影响车辆的速度设计. 很重要的一点是, 具有速度控制的车辆不得干扰或威胁交通中其他车辆行驶的连续性和安全性. 车辆在行驶过程中受不同因素的影响, 在行驶时必须考虑这些影响, 例如, 前方车辆的速度较慢、后方车辆的速度较快以及出现的交通拥堵情况等.

新技术的引进带来了新的挑战. 成功的算法必须经过测试和验证, 这对于开发人员和审批机构来说将是一项艰巨的任务. 在测试过程中, 必须检查基于情境的案例, 而不是功能性案例. 据业内人士估计, 这需要数百万公里的测试, 既耗时又昂贵. 此外, 为达到测试和验证的要求, 还鼓励同时应用基于仿真的解决方案. 另外需要解决的新问题是自动驾驶汽车所使用的无线技术 (即网联汽车) 的安全性. 这些系统目前用于车辆的娱乐和舒适功能, 可将个人智能设备连接到车辆上. 网联汽车无线技术的重要应用领域是车对车 (V2V) 和车对基础设施 (V2I) 网络. 使用这些网络, 车辆能够彼此交换驾驶动态并远程访问基础设施的信号和状态. 通过这样的交互方式, 车辆能够提高传感器数据的可靠性, 甚至为交通管制或执法部门提供新的管理工具. 同时, 必须承认无线通信在物理上是 “开放” 的. 因此, 保护财产和个人资料将是一项新的安全任务. 因此, 有必要采取措施预防可能导致交通异常甚至事故的网络攻击.

1.2　本书结构

本书各部分主要内容如下所述.

第 1 章介绍了研究背景和意义以及速度控制技术的发展情况.

全书其他章节分为三个主要部分. 第一部分主要介绍了预测巡航控制的基本理论. 第 2 章介绍了预测巡航控制的基本原理. 速度设计的目的是在行驶时间尽可能短的情况下, 降低所需的纵向能量和燃油消耗. 计算中考虑了道路坡度、速度限制和路段的平均速度. 根据道路和交通信息选择合适的速度, 可以显著减少不必要的加速和制动次数, 并且可以明显缩短制动持续时间. 巡航控制设计带来两个优化问题: 纵向控制力最小化和行驶时间最小化. 在设计中, 必须达到两种性能之间的平衡.

在预测巡航控制的设计中必须考虑道路和交通信息, 这正是第 3 章的主要内容. 然而, 其他驾驶员在道路上采取不同的优先策略, 这可能在控制过程中出现冲突. 例如, 当车辆可能赶上前方车辆时, 有必要考虑前方车辆的速度. 再比如, 某些车辆在行驶中以节能为优先原则, 这可能与其他以限速行驶为优先原则的车辆发生冲突. 研究的目的是设计一种能适应周围车辆运动的最优预测控制策略. 预测巡航控制与拥堵情况相结合, 将产生复杂的多准则优化问题. 此外, 还提出了一种变换车道的决策算法. 在变道过程中, 必须保证行车安全, 防止车辆发生碰撞, 避免追尾事件的发生. 决策方法必须考虑前方车辆的操纵和后方车辆的运动.

第 4 章主要研究交叉口的冲突情况. 在这种情况下, 必须同时保证交通安全和车辆经济性要求. 但是, 如果某处基础设施发生故障, 交通控制系统将无法保证这些标准得以实现. 该方法采用了一种能量最优的预测算法, 考虑了其他车辆的运动、地形和道路信息. 车辆控制系统的执行结果适应了交叉口其他车辆的优先顺序要求, 可使受控车辆以最节能的方式巡航.

第二部分从微观和宏观两个角度对交通流进行了分析.

第 5 章从微观角度分析了交通流与巡航控制间的关系. 交通流和预测巡航控制之间有着很强的相互作用. 由于单个车辆的速度影响交通流的速度, 因此对预测控制中的参数变化进行了灵敏度分析. 如果在预测控制中还考虑了交通信息, 可能会对交通流产生意想不到的不利影响. 因此, 在巡航控制设计中, 阐述了单个车辆能量优化及其对交通流的影响, 提出了一种减少考虑交通流因素的不利影响的方法. 在仿真实例中, 采用 MATLAB/Simulink 进行了速度设计, 在 CarSim 和 TruckSim 仿真与可视化环境中进行了分析.

第 6 章从宏观角度分析了巡航控制对交通流的影响, 介绍了如何协调宏观交通流模型、交通动态控制和微观车辆优化以实现控制目标. 因此, 单个车辆得以纳入全局交通流中. 装有速度预测控制系统的车辆, 其速度曲线可能与传统车辆的速度曲线不同, 因此交通流的特性会发生变化. 此章从宏观角度分析了不同参数对混合交通流中车辆平均车速和牵引力的影响. 选择了交通系统的三个组成部分, 例如, 公路路段的车辆汇入量、整个交通中配备速度控制系统的车辆比例以及预测巡航控制设计的经济性参数. 采用了 VISSIM 仿真环境进行了分析.

第三部分主要研究了交通动态匝道信号控制的几种控制策略, 并简要介绍了速度控制的实现方法.

第 7 章介绍了混合交通流的宏观建模和动态分析、交通动力学的匝道信号控制以及微观单个车辆预测巡航控制的优化之间配合完成控制的情况. 单独的车辆控制和交通控制同时进行, 从而在微观模型和宏观模型参数之间做出权衡. 稳定性控制的目的是避免拥堵, 最大限度地减少能量消耗, 并减少控制关口处的队列长度. 所谓的最大控制不变集是用于交通系统稳定性分析的, 可计算出进入交通网络的最大车辆数. 该控制系统既保证了整个交通的稳定性, 又保证了自动驾驶车辆的能量和经时间优化后汇入交通系统的时机.

第 8 章提出了宏观交通流控制与局部车辆巡航控制相协调的设计方法, 其贡献是一种综合考虑了交通系统的非线性特点、对参数的依赖性以及车辆预测的多目标优化要求的优化策略. 因此, 这在微观模型和宏观模型的参数之间建立了一种权衡. 该方法分析了交通和车辆参数对基础图的影响. 在控制设计中, 采用了 MPC (模型预测控制) 方法, 并考虑了交通流预测和车辆行驶预测.

第 9 章主要研究交通控制的数据驱动协调设计. 之所以要研究这部分内容, 是因为交通流控制采用基于表示混合交通的经典状态空间时, 由于其中存在的不确定性, 控制会变得较为困难, 因此需要采用数据驱动的方法进行控制. 本章提出了一种数据驱动的协调交通和车辆的控制策略. 该策略可以影响节能巡航控制车辆的进站流量和速度分布. 因此, 进行干预的时机可以通过入口交通灯的绿灯时间和巡航控制车辆的速度曲线计算得到. 该方法的优点是不需要用到含有多个参数不确定性的交通动态基本图.

第 10 章将该方法扩展到队列中的车辆巡航控制设计. 设计背后的主要思想是, 队列中的每辆车都能独立于其他车辆计算其速度. 由于列队行进需要相同的参考速度, 因此必须根据其他车辆修改最佳速度. 队列中, 领航车辆的速度决定了所有车辆的速度. 控制目标是确定共同的行进速度, 使其能接近单个车辆的最佳巡航速度. 为此, 当其预测巡航控制是利用单个车辆的速度控制来设计时, 必须进行队列控制的稳定性分析.

第 11 章重点介绍了预测巡航控制的仿真和验证. 为了分析预测巡航控制系统的运行情况, 本章建立了硬件在环车辆模拟器. 模拟器中, CarSim 和 TruckSim 仿真及可视化环境发挥着核心作用. 车辆模拟器有多种用途, 可演示预测巡航控制的操作过程, 并可选择不同设计参数和运行参数. 预测速度控制可与在线环境中的传统巡航控制解决方案进行比较. 11.2 节还介绍了一些实际验证结果. 此外, 本章还给出实现控制的体系架构和测试结果.

附录中介绍了交通控制的其他组成部分. 附录 A 简要总结了鲁棒控制设计从建模到综合设计的主要步骤. 附录 B 介绍了控制不变集的理论背景和实际计算方法.

参 考 文 献

Gáspár P, Szabó Z, Bokor J, Németh B (2017) Robust control design for active driver assistance systems: a linear-parameter-varying approach. Springer International Publishing, Heidelberg

Sename O, Gáspár P, Bokor J (2013) Robust control and linear parameter varying approaches. Springer, Heidelberg

Waymo (2017) Waymo safety report: on the road to fully self-driving. Technical report, Waymo. https://waymo.com/safetyreport/

第一部分
预测巡航控制

第 2 章　基于道路信息的预测巡航控制设计

全球范围内对车辆性能的要求不断提高，使得汽车研究人员必须开发灵活、可靠和低能耗的汽车系统. 降低燃油消耗是环境保护和经济发展对汽车系统提出的重要要求. 由于动力驱动系统对汽车排放有着重要影响，纵向控制系统的发展成了汽车工业研究和发展的重点. 本章介绍了在行驶过程中考虑外部道路信息时减少所需的驱动力和能量的方法，从而降低燃油消耗. 此外，本章还提出了一种新的自适应巡航控制系统的设计方法，其中结合了制动力和牵引力来实现纵向控制，以实现设计的速度剖面.

由于无法获取前方路段信息，现有自适应巡航控制系统使用的控制器只能考虑路况的瞬时影响. 巡航控制系统通过设置纵向控制力来自动保持驾驶员设定的车辆稳定速度. 纵向控制力的设计考虑了道路的坡度，其目标是获得接近驾驶员要求的控制力. 例如，在到达下坡路段前，驾驶员可以看到道路曲线的变化. 此时，车辆速度增加，从而可以在坡道前减小车辆的控制力. 刚开始驶入斜坡时，车辆的速度降低，车速从较小的值开始增加. 稍后，根据行驶情况，制动系统开始工作，或者根本不需要进行制动. 如果下一个路段的速度发生变化，就可以设置足够的控制力. 当路段有限速要求时，也可以达到节能的效果. 此外，在实施限速的路段，可以考虑采用不同的策略. 进入调节路段前减速可减少车辆的能耗. 利用道路坡度和限速，可以降低执行机构所需的能耗. 依据道路和交通信息选择适当的速度，可以显著减少不必要的加速和制动次数及其持续时间.

车辆中最重要的纵向力控制执行机构是发动机、变速器和制动系统. 发动机在特定转速下工作，产生相应的油耗量和扭矩等. 如果获得了路况信息，则发动机可以在整个行程中更高效地运转. 变速系统在发动机和车轮之间建立连接，对发动机运转有一定影响. 所选变速器挡位会影响发动机的工作. 因此，控制系统必须对发动机和变速器系统协同操纵. 此外，由于制动片或制动盘磨损和动能损失，希望没必要时不要过于频繁地让制动器工作. 正如 Kiencke 和 Nielsen(2000), Trachtler(2004) 等提到的，纵向动力学控制需要将这些车辆部件作为整体来考虑.

预测自动控制方法同时考虑了道路坡度和速度限制. 道路坡度发生变化时，车辆行驶既能节约能源，又能达到强制限速要求. 此外，为了避免碰撞，必须跟踪前方的车辆. 如果前方的车辆加速或减速，后方车辆必须严格在限速范围内跟随前方的速度. 因此，该方法需根据道路和交通状况改变车速. 同时，作为运输成本的重要影响因素, 系统效率的保证也需要车辆具有相对稳定的速度. 这些要求之间存在冲突, 采用不同的加权系数可实现各控制目标间的权衡决策.

Ivarsson 等 (2009), Nouveliere 等 (2008), Németh 和 Gáspár (2010) 已经提出了几种考虑道路条件的方法. 预测控制方法假设即将出现的对控制系统产生干扰的信息是可用的. 在燃油消耗和行驶时间之间寻找折中的解决方案, 即形成了最优化问题. Hellström 等 (2010) 采用了滚动时域控制方法来处理优化问题. Passenberg 等 (2009), Kolmanovsky 和 Filev (2009, 2010) 选择了另外一种方法, 采用马尔可夫链模型推测了地形和交通流模型. Hellström 等 (2009) 通过实际道路实验对其优化问题解决方案进行了评估, 其中道路坡度采用了 Sahlholm 和 Johansson (2009) 的方法进行了估算. Faris 等 (2011) 对车辆燃油消耗和排放的建模方法进行了分类, 例如, 微观、细观和宏观建模方法. 从微观角度出发, 该论文对汽车动力学模型进行了研究. Rakha 等 (2006) 在研究中评估了变换卡车车道的管理策略. 该方法通过不同的场景描述了其效率, 表明该方法可以缩短车辆的行驶时间, 减少能耗和排放. Rakha 等 (1989, 2006) 在研究中描述了目前的路线引导策略设计和可靠估计行程时间的建模方法. Németh 和 Gáspár 等 (2010) 发表了初步的研究成果.

各类设计方法的目标都是为了用最优化方法计算车辆纵向力. 将最优解建立在闭环互连结构中, 采用线性变参数 (linear parameter varying, LPV) 方法设计鲁棒控制器. LPV 方法还解决了系统的不确定性、干扰问题和非线性特性. 根据速度跟踪所需的纵向力计算了系统的实际物理输入量 (节气门开度、挡位和制动压力等). 根据道路和交通信息选择合适的速度, 可以显著减少不必要的加速和制动次数及其持续时间. 执行目标任务时会用到执行器等特定组件. 该方法的重要特点是优化目标和执行目标是分开处理的. 因此, 该方法可以在实际的电子控制单元 (ECU) 中实现.

2.1 基于坡度和加权因素的速度设计

本节建立了道路坡度和速度限制的方程, 形成面向控制的模型. 首先, 将车辆前方道路划分为多个路段, 并选择各路段参考速度. 假定已知每个路段的终点处道路的坡度和限速要求. 其次, 各路段设置不同的加权系数, 这对控制设计是非常重要的. 适当选择加权系数可以在车辆速度和路况产生的影响之间建立平衡, 并且需假设道路坡度以便计算. 在实际应用中, 可以通过两种方法获得道路坡度值: 一是使用包含水平线的等值图, 二是使用估算方法. 前例中, 可以使用坡度信息扩展其他导航任务中使用过的地图信息. 现有研究已提出了几种坡度估算方法. 这些估算方法使用摄像机、激光/惯性轮廓仪、差分 GPS 或 GPS/INS 系统等设备来获取必要的信息, 见 Bae 等 (2001), Labayrade 等 (2002), Hahn 等 (2004) 的研究. Lingman 和 Schmidtbauer(2002) 提出了一种基于车辆模型和卡尔曼滤波器的估算方法, 采用摄像机来检测限速标志.

考虑道路条件的原则如下所述. 假设车辆从起始点 (路段起点) 向第一个路段分割点行驶. 初始点的速度是预先确定的, 称为初始速度. 在该路段行驶中的纵向力是恒定的. 车辆动力学描述初始分界点和第一分界点之间的运动情况. 其中关键的问题是, 应如何选择初始点速度 (称为修正速度), 使得在恒定的纵向力作用下可以达到第一点的参考速度. 同样的思路可以扩展用于下一个路段和路段分割点处的速度计算. 假设有 n 个路段, 则起点和终点之间建立 n 个方程.

路段数量的设置是很重要的. 例如, 对于平坦的道路, 路段的坡度不会突然变化, 因此使用相对较少的路段点就足够了. 在道路起伏的情况下, 算法假定车辆在路段点之间的加速度是恒定的, 因此需要设置相对较多的路段点和较短的路段. 综上所述, 为了与道路地形保持一致, 车辆前方道路区间的划分是不均匀的.

2.1.1 前方路段点的速度控制

车辆简化模型如图 2.1 所示. 控制信号控制牵引力 F_l 大小如式 (2.1) 所示, 与阻力 F_d 形成合力影响着车辆的纵向运动. 纵向力确保车辆具有一定的加速度.

$$F_l = m\ddot{\xi} + F_d, \tag{2.1}$$

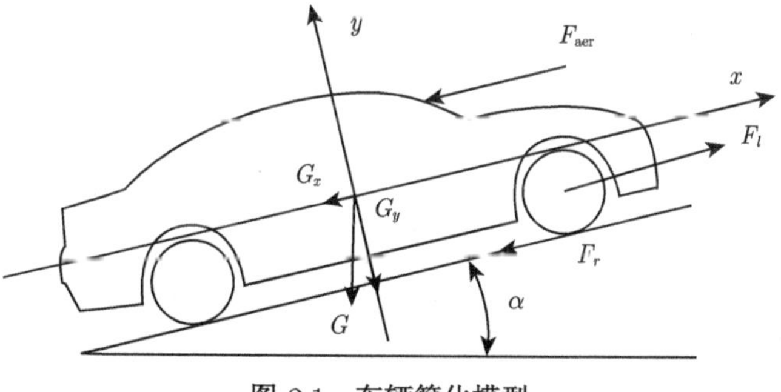

图 2.1 车辆简化模型

式中, m 为车辆质量, $\ddot{\xi}$ 为车辆加速度, F_d 为所考虑的纵向阻力, 则车辆加速度如式 (2.2) 所示

$$\ddot{\xi} = (F_l - F_d)/m. \tag{2.2}$$

纵向阻力由多个力组成, 对车辆行驶产生影响, 如式 (2.3) 所示

$$F_d = F_r + F_{\text{aer}} + G_x, \tag{2.3}$$

式中, F_r, F_{aer} 和 G_x 分别为滚动阻力、空气阻力和坡道阻力. 滚动阻力可由式 (2.4) 所示经验公式计算而得

$$F_r = F_z f_0(1 + \kappa\dot{\xi}^2), \tag{2.4}$$

式中, F_z 为轮胎对路面的正压力, f_0 和 κ 为与轮胎和路面条件有关的经验参数, $\dot{\xi}$ 为车辆速度 (Pacejka, 2004). 空气阻力由式 (2.5) 计算而得

$$F_{\text{aer}} = 0.5C_w\rho A_0\dot{\xi}_{\text{rel}}^2, \tag{2.5}$$

式中, C_w 为风阻系数, ρ 为密度, A_0 为迎风面积, $\dot{\xi}_{\text{rel}}$ 为车辆与空气的相对速度. 无风时, 假设 $\dot{\xi}_{\text{rel}} = \dot{\xi}$. 纵向阻力中的坡道阻力如式 (2.6) 所示

$$G_x = mg\sin\alpha, \tag{2.6}$$

式中, m 为车辆的质量, α 为坡道坡度.

根据图 2.2 所示的 $n+1$ 个点, 可以将车辆的预测过程划分为多个路段来完成. 虽然这两个点之间可能有加速和减速的过程, 但整体使用的是平均速度. 因此, 各路段点之间车辆的加速度视为常数.

假设起点的速度为第一个参考速度, 如式 (2.7) 所示

$$\dot{\xi}_0^2 = v_{\text{ref},0}^2, \tag{2.7}$$

第一个路段中车辆的位移可以用与速度差有关的简单运动方程来表示, 如式 (2.8) 所示

$$s_1 = \frac{1}{2}(\dot{\xi}_1 + \dot{\xi}_0)t, \tag{2.8}$$

式中, $\dot{\xi}_0$ 为起点处的车速, $\dot{\xi}_1$ 为第一个路段点的车速, s_1 为两点之间的距离. 时间 t 表示加速度与相对速度的关系, 如式 (2.9) 所示

$$\ddot{\xi} = \frac{\dot{\xi}_1 - \dot{\xi}_0}{t}. \tag{2.9}$$

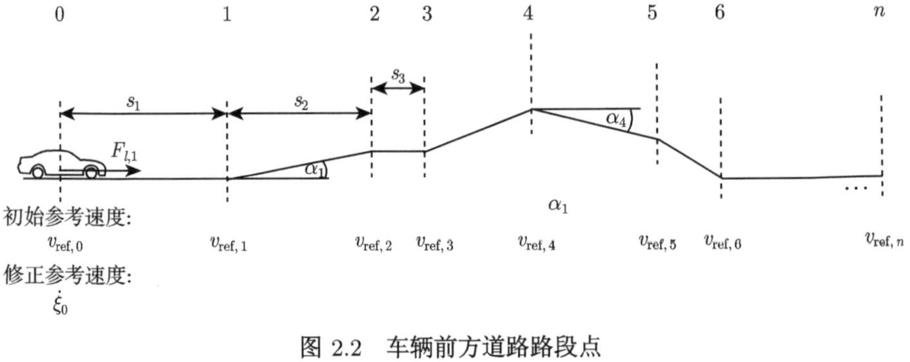

图 2.2 车辆前方道路路段点

因此, 第一个路段点的速度可以用初始速度和加速度表示如式 (2.10) 所示

$$\dot{\xi}_1^2 = \dot{\xi}_0^2 + 2\dot{\xi}s_1 = \dot{\xi}_0^2 + \frac{2}{m}s_1(F_{l1} - F_{d1}), \tag{2.10}$$

第一个路段点的速度 $\dot{\xi}_1^2$ 定义为参考速度 $v_{\mathrm{ref},1}^2 = \dot{\xi}_1^2$. 路段点之间的速度、加速度关系还用于表示下一路段的情况, 如式 (2.11) 所示

$$\dot{\xi}_2^2 = \dot{\xi}_1^2 + 2\dot{\xi}s_2. \tag{2.11}$$

考虑道路条件的目的是确定控制力, 使车辆能够沿其道路行驶. 需重点强调的是, 仅第一路段 $i=1$ 的纵向力 F_{l1} 是已知的, 往后各路段 $i \in \{2,\cdots,n\}$ 的纵向力是未知的. 在计算控制力时, 假设附加纵向力不会作用于车辆, 即纵向力 F_{li}, $i \in \{2,\cdots,n\}$, 不会影响往后的各路段. 同时, 预测了前方路段坡道阻力的大小. 因此, 将第二个路段点的速度 $\dot{\xi}_2^2$ 定义为参考速度 $v_{\mathrm{ref},2}^2 = \dot{\xi}_2^2$, 如式 (2.12) 所示

$$\dot{\xi}_2^2 = \dot{\xi}_0^2 + \frac{2}{m}(s_1F_{l1} - s_1F_{d1} - s_2F_{d2}). \tag{2.12}$$

同样, 车辆的速度可以在接下来的 n 个路段点中通过公式计算而得. 利用这一原理, 构造了速度链. 该速度链包含了车辆行驶过程中所需的速度. 在计算控制力时, 假设附加纵向力 F_{li} $(i \in \{2,\cdots,n\})$ 不会影响下一个路段. 使用式 (2.10) 中的类似表达式描述了道路各路段点处的车辆速度. 第 n 个路段点的速度如式 (2.13) 所示

$$\dot{\xi}_n^2 = \dot{\xi}_0^2 + \frac{2}{m}\left(s_1F_{l1} - \sum_{i=1}^{n} s_iF_{di}\right) = v_{\mathrm{ref},n}^2. \tag{2.13}$$

跟踪速度的瞬时值也是很重要的目标. 纵向阻力 F_{di} 可分为两部分: 第一部分是来自坡道阻力 $F_{di,r}$, 第二部分 $F_{di,o}$ 包含所有其他阻力, 如滚动阻力、空气阻力等.

阻力计算如式 (2.14) 所示

$$F_{di} = F_{di,r} + F_{di,o}. \tag{2.14}$$

假设 $F_{di,r}$ 是已知的, 而 $F_{di,o}$ 未知. 根据式 (2.6), $F_{di,r} = G_x$ 由整车质量和坡度角 α_i 计算而得. 计算控制力 F_{l1} 时, 仅有 $F_{d1,o}$ 会对车辆产生未知阻力. 在设计控制方案时, 忽略未知阻力 $F_{di,o}$ $(i \in \{2,\cdots,n\})$ 的影响. 这一假设带来的结果是模型中不包括任何有关路面阻力的信息, 因此, 必须设计鲁棒速度控制器, 该控制器可以忽略所有不需要的影响.

故第 n 个路段的速度为

$$\dot{\xi}_n^2 = \dot{\xi}_0^2 + \frac{2}{m}s_1F_{l1} - \frac{2}{m}s_1F_{d1,o} - \frac{2}{m}\sum_{i=1}^{n} s_iF_{di,r}. \tag{2.15}$$

此外, 车辆在各路段点的计算式如式 (2.16)—式 (2.18) 所示

$$\dot{\xi}_0^2+\frac{2}{m}s_1F_{l1}-\frac{2}{m}s_1F_{d1,o}=v_{\text{ref},1}^2+\frac{2}{m}s_1F_{d1,r},\tag{2.16}$$

$$\dot{\xi}_0^2+\frac{2}{m}s_1F_{l1}-\frac{2}{m}s_1F_{d1,o}=v_{\text{ref},2}^2+\frac{2}{m}(s_1F_{d1,r}+s_2F_{d2,r}),\tag{2.17}$$

$$\cdots\cdots$$

$$\dot{\xi}_0^2+\frac{2}{m}s_1F_{l1}-\frac{2}{m}s_1F_{d1,o}=v_{\text{ref},n}^2+\frac{2}{m}\sum_{i=1}^{n}s_iF_{di,r}.\tag{2.18}$$

2.1.2　加权控制策略

下一步引入加权系数. 设当前参考速度的加权系数为 Q, 各路段点参考速度的加权系数分别为 $\gamma_1, \gamma_2, \cdots, \gamma_n$. 加权系数 Q 的作用很重要, 它决定了当前需跟踪的参考速度 $v_{\text{ref},0}$. 加权系数 γ_i 表示前方车辆的道路条件变化率. 各加权系数相加为 1, 即

$$\gamma_1+\gamma_2+\cdots+\gamma_n+Q=1.\tag{2.19}$$

提高加权系数 Q 后, 瞬时速度变得更为重要而路面条件的影响反而变小了.

将加权系数 Q 引入式 (2.7)、加权系数 $\gamma_1, \gamma_2, \cdots, \gamma_n$ 引入式 (2.16)—式 (2.18), 建立车辆参数与加权系数的关系.

$$Q\dot{\xi}_0^2=Qv_{\text{ref},0}^2,\tag{2.20}$$

$$\gamma_1\dot{\xi}_0^2+\gamma_1\frac{2}{m}s_1F_{l1}-\gamma_1\frac{2}{m}s_1F_{d1,o}=\gamma_1v_{\text{ref},1}^2+\gamma_1\frac{2}{m}s_1F_{d1,r},\tag{2.21}$$

$$\gamma_2\dot{\xi}_0^2+\gamma_2\frac{2}{m}s_1F_{l1}-\gamma_2\frac{2}{m}s_1F_{d1,o}=\gamma_2v_{\text{ref},2}^2+\gamma_2\frac{2}{m}(s_1F_{d1,r}+s_2F_{d2,r}),\tag{2.22}$$

$$\cdots\cdots$$

$$\gamma_n\dot{\xi}_0^2+\gamma_n\frac{2}{m}s_1F_{l1}-\gamma_n\frac{2}{m}s_1F_{d1,o}=\gamma_nv_{\text{ref},n}^2+\gamma_n\frac{2}{m}\sum_{i=1}^{n}s_iF_{di,r}.\tag{2.23}$$

考虑加权系数, 将式 (2.20)—式 (2.23) 各式相加, 得到式 (2.24) 所示方程式:

$$\begin{aligned}&(Q+\gamma_1+\gamma_2+\cdots+\gamma_n)\dot{\xi}_0^2+\frac{2}{m}s_1F_{l1}(\gamma_1+\gamma_2+\cdots+\gamma_n)\\&-\frac{2}{m}s_1F_{d1,o}(\gamma_1+\gamma_2+\cdots+\gamma_n)\\=&\,Qv_{\text{ref},0}^2+(\gamma_1v_{\text{ref},1}^2+\gamma_2v_{\text{ref},2}^2+\cdots+\gamma_nv_{\text{ref},n}^2)\\&+\frac{2}{m}s_1F_{d1,r}(\gamma_1+\gamma_2+\cdots+\gamma_n)+\frac{2}{m}s_2F_{d2,r}(\gamma_2+\cdots+\gamma_n)\end{aligned}$$

$$+\cdots+\frac{2}{m}s_nF_{dn,r}\gamma_n. \tag{2.24}$$

将式 (2.19) 代入式 (2.24), 得式 (2.25)

$$\begin{aligned}&\dot{\xi}_0^2+\frac{2}{m}s_1(1-Q)F_{l1}-\frac{2}{m}s_1(1-Q)F_{d1,o}\\&=Qv_{\mathrm{ref},0}^2+\sum_{i=1}^{n}\gamma_iv_{\mathrm{ref},i}^2\\&\quad+\frac{2}{m}s_1F_{d1,r}\sum_{i=1}^{n}\gamma_i+\frac{2}{m}s_2F_{d2,r}\sum_{i=2}^{n}\gamma_i+\cdots+\frac{2}{m}s_nF_{dn,r}\sum_{i=n}^{n}\gamma_i.\end{aligned} \tag{2.25}$$

最终的方程为式 (2.26)

$$\dot{\xi}_0^2+\frac{2}{m}s_1(1-Q)F_{l1}-\frac{2}{m}s_1(1-Q)F_{d1,o}=\vartheta, \tag{2.26}$$

式 (2.26) 右边 ϑ 的值取决于坡度角、参考速度和加权系数.

$$\vartheta=Qv_{\mathrm{ref},0}^2+\sum_{i=1}^{n}\gamma_iv_{\mathrm{ref},i}^2+\frac{2}{m}\sum_{i=1}^{n}s_iF_{di,r}\sum_{j=i}^{n}\gamma_j. \tag{2.27}$$

注意, 加权系数对进一步的分析和综合有着重要的作用. 通过选择合适的加权系数, 就可以将路面条件作为控制设计的参考. 例如, 当

$$Q=1,\quad \gamma_i=0,\quad i\in\{1,\cdots,n\} \tag{2.28}$$

时, 将控制问题简化为不考虑路面条件的巡航控制问题. 当使用等价权时, 各路段的路面条件同样重要, 即

$$Q=\gamma_1=\gamma_2=\cdots=\gamma_n. \tag{2.29}$$

确定最优加权系数对实现当前速度和道路坡度之间的平衡非常重要. 因此, 得到速度和车辆经济性参数之间的平衡方程.

最后, 建立了面向控制的车辆模型, 其中考虑了参考速度和加权系数. 车辆的瞬时加速度如式 (2.30)

$$\ddot{\xi}_0=\frac{F_{l1}-F_{d1,o}-F_{d1,r}}{m}, \tag{2.30}$$

式中, $F_{d1,r}=mg\sin\alpha$. 由此, 得

$$\frac{F_{l1}-F_{d1,o}}{m}=\ddot{\xi}_0+g\sin\alpha. \tag{2.31}$$

将式 (2.26) 写作

$$\dot{\xi}_0=\lambda, \tag{2.32}$$

式中, 参数 λ 根据式 (2.26) 由式 (2.33) 计算而得, ϑ 的设计值由式 (2.27) 计算而得

$$\lambda=\sqrt{\vartheta-2s_1(1-Q)(\ddot{\xi}_0+g\sin\alpha)}. \tag{2.33}$$

因此, 通过跟踪速度变化, 可在计算时考虑路面条件. 瞬时速度 $\dot{\xi}$ 应与参数 λ 相等, 参数 λ 包含了路面信息. 计算 λ 值时需测量纵向加速度 $\ddot{\xi}_0$.

2.2　车辆巡航控制优化

式 (2.26) 表明修正速度 $\dot{\xi}_0$ 与加权系数 (Q 和 γ_i) 有关. 通过加权系数给出了纵向力表达式, 由式 (2.26) 可得式 (2.34)

$$\begin{aligned}F_{l1}=&\frac{m}{2s_1(1-Q)}\left[Qv_{\mathrm{ref},0}^2+\gamma_1 v_{\mathrm{ref},1}^2+\gamma_2 v_{\mathrm{ref},2}^2+\cdots+\gamma_n v_{\mathrm{ref},n}^2\right.\\&+\frac{2}{m}s_1F_{d1,r}\gamma_1+\frac{2}{m}s_1F_{d1,r}\gamma_2+\cdots+\frac{2}{m}s_1F_{d1,r}\gamma_n\\&+\frac{2}{m}s_2F_{d2,r}\gamma_2+\frac{2}{m}s_2F_{d2,r}\gamma_3+\cdots+\frac{2}{m}s_2F_{d2,r}\gamma_n\\&\left.+\cdots+\frac{2}{m}s_nF_{dn,r}\gamma_n-\dot{\xi}_0^2+\frac{2}{m}s_1(1-Q)F_{d1,o}\right].\end{aligned} \tag{2.34}$$

利用加权系数计算纵向力的表达式如式 (2.35) 所示

$$F_{l1}=\beta_0(Q)+\beta_1(Q)\gamma_1+\beta_2(Q)\gamma_2+\cdots+\beta_n(Q)\gamma_n+K, \tag{2.35}$$

式中, 通过比较式 (2.34) 和式 (2.35), 利用加权系数 Q 和 γ_i 得到各项:

$$\beta_0(Q)=\frac{m}{2s_1(1-Q)}\left(Qv_{\mathrm{ref},0}^2-\dot{\xi}_0^2\right), \tag{2.36}$$

$$\beta_i(Q)\gamma_i=\frac{m}{2s_1(1-Q)}\left(v_{\mathrm{ref},i}^2+\frac{2}{m}\sum_{j=1}^{i}s_jF_{dj,r}\right)\gamma_i, \tag{2.37}$$

$$K=F_{d1,o}. \tag{2.38}$$

本章的主要任务是选出最佳的加权系数, 使得纵向力和行驶时间都最小.

车辆巡航控制问题可分解为以下两个最优化问题.

最优化问题 1: 纵向控制力最小, 即 $|\mathrm{F}_{l1}|\to$Min!. 实际应用时, 表示为

$$F_{l1}^2\to \mathrm{Min!}. \tag{2.39}$$

因计算方法更简单, 可使用最优化方法解决.

最优化问题 2: 参考速度与修改速度之差最小, 即

$$\left|v_{\mathrm{ref},0}-\dot{\xi}_0\right|\to \mathrm{Min!}. \tag{2.40}$$

2.2.1 多因素优化问题的处理

两个最优化问题可以得到不同的最优化求解方法. 第一个最优化问题考虑预测道路下行坡度和速度限制, 通过合理选择加权系数 $\hat{Q}$ 和 $\hat{\gamma}_i$ 可得到结果. 如果忽略预测信息, 则第二个最优化问题更佳. 第二个最优化问题中, 预测加权系数计为 $\breve{Q}$,$\breve{\gamma}_i$.

第一个最优化问题可用二次优化问题来描述, 得式 (2.41)

$$\hat{F}_{l1}^2(\hat{Q},\hat{\gamma}_i)=(\beta_0(\hat{Q})+\beta_1(\hat{Q})\hat{\gamma}_1+\beta_2(\hat{Q})\hat{\gamma}_2+\cdots+\beta_n(\hat{Q})\hat{\gamma}_n)^2. \tag{2.41}$$

其约束条件为

$$\hat{\gamma}_1+\hat{\gamma}_2+\cdots+\hat{\gamma}_n+\hat{Q}=1, \tag{2.42}$$

$$0\leqslant\hat{Q},\quad\hat{\gamma}_i\leqslant 1. \tag{2.43}$$

因预测加权系数的存在, 问题为非线性问题. 第一个优化问题中, 预测加权系数 $\hat{Q}$ 是固定的, 其取值范围为 0~1. 最优化目标转换为矩阵形式. 从预测系数 $\hat{\gamma}_i$ 来看, 最优化问题为线性问题, 式 (2.41) 可转化为式 (2.44) 所示的矩阵:

$$\hat{F}_{l1}^2(\varGamma)=\frac{1}{2}\varGamma^{\mathrm{T}}\varPhi\varGamma-\kappa\varGamma, \tag{2.44}$$

式中, 矩阵 $\varGamma$ 为 $\varGamma=[\hat{\gamma}_1,\cdots,\hat{\gamma}_i,\cdots,\hat{\gamma}_n]^{\mathrm{T}}$ 和矩阵 $\varPhi$ 由式 (2.41) 变换而得.

因此, 最优化问题就转变为二次规划问题. 重要的是进行工况分析, 这与数值求解方法的适用性相关. 如平坦路面和速度恒定是 $\beta_i(\hat{Q})$ $(1\leqslant i\leqslant n)$ 取值相同. 而在本算例中, 矩阵 $\varPhi$ 各项相同, 为单一矩阵. 因此, 很难算出 $\varPhi^{-1}$ 甚至无法得到, 条件数 $\varPhi$ 很高. 实际应用中可以得到若干相似条件, 运用数值算法处理工况不佳的系统. 训练神经网络的 Levenberg-Marquardt 算法可用于处理工况条件不足的系统, 参见 Marquardt (1963) 的研究. 该方法中, 原始矩阵 $\varPhi$ 加上了增量, 该增量是通过单位矩阵 I 与小数 $(\delta>0)$ 相乘而得: $\hat{\varPhi}=\varPhi+\delta I$. 通过训练神经网络的 Levenberg-Marquardt 算法可显著简化条件数 $\varPhi$, 有助于求解最优化问题. 下一步, 得到二次最优化任务: $\varGamma=-\hat{\varPhi}^{-1}\kappa$.

最优化问题仅在加权系数的有限范围内求解: $0\leqslant Q$, $\gamma_i\leqslant 1$ 和 $Q+\sum\gamma_i=1$. 要求解这个问题是比较困难的, 除了要减少条件数 $\varPhi$ 外, 还需要大量的计算. 实际上, 数值计算求得最优权值, 权值变化非常剧烈, 近似阶跃信号. 为了避免这种现象, 通过低通滤波器对权值进行滤波, 得到平稳的信号. 同时考虑第二个优化问题. 如果不考虑预测道路条件, 车辆将按照预定的速度行驶, 这样可以相对容易地确定最优解. 因此, 通过以下方式选择预测加权系数来获得最优解: $\breve{Q}=1$ 且 $\breve{\gamma}_i=0$, $i\in\{1,\cdots,n\}$.

最后, 在调整设计预测加权系数的基础上, 实现两种性能之间的平衡. 通过选择预测加权系数 $\hat{Q}$, $\hat{\gamma}_i$ 来实现第一个最优化目标. 通过选择常数的预测加权系数

$$\breve{Q}=1,\quad \breve{\gamma}_i=0,\quad i\in\{1,\cdots,n\} \tag{2.45}$$

来实现第二个最优化目标.

2.2.2 多因素优化的权衡

可以应用多种方法来解决该优化问题. 以下方法中, 还引入了两个性能加权系数, 即 R_1 和 R_2. 性能加权系数 R_1 ($0\leqslant R_1\leqslant 1$) 与纵向力 F_{l1} 最小化问题 (最优化问题 1) 的重要程度有关, 而 R_2 ($0\leqslant R_2\leqslant 1$) 与 $|v_{\mathrm{ref},0}-\dot{\xi}_0|$ 最小化 (最优化问题 2) 的重要程度有关. 性能加权系数的约束条件如式 (2.46) 所示

$$R_1+R_2=1. \tag{2.46}$$

因此, 性能加权系数保证了两项优化问题间的平衡, 由式 (2.47)—式 (2.49) 计算而得

$$Q=R_1\bar{Q}+R_2\breve{Q}=R_1\bar{Q}+R_2=1-R_1(1-\bar{Q}), \tag{2.47}$$

$$\gamma_1=R_1\bar{\gamma}_1+R_2\breve{\gamma}_1=R_1\bar{\gamma}_1, \tag{2.48}$$

$$\cdots\cdots$$

$$\gamma_n=R_1\bar{\gamma}_n+R_2\breve{\gamma}_n=R_1\bar{\gamma}_n. \tag{2.49}$$

方程表明预测加权系数由 R_1 决定. 用式 (2.36) 和式 (2.37) 来表示 $\beta_i(Q)$:

$$\begin{aligned}\beta_0(Q)&=\frac{m}{2s_1R_1(1-\bar{Q})}((1-R_1+R_1\bar{Q})v_{\mathrm{ref},0}^2-\dot{\xi}_0^2)\\&=\frac{m}{2s_1R_1(1-\bar{Q})}(v_{\mathrm{ref},0}^2-\dot{\xi}_0^2)-\frac{m}{2s_1}v_{\mathrm{ref},0}^2\\&=\beta_0(\bar{Q})-\frac{m}{2s_1}v_{\mathrm{ref},0}^2,\end{aligned} \tag{2.50}$$

$$\begin{aligned}\beta_i(Q)\gamma_i&=\frac{m}{2s_1R_1(1-\bar{Q})}\left(v_{\mathrm{ref},i}^2+\frac{2}{m}\sum_{j=1}^{i}s_jF_{dj,r}\right)R_1\bar{\gamma}_i\\&=\beta_i(\bar{Q})\bar{\gamma}.\end{aligned} \tag{2.51}$$

通常, 驾驶员根据其目标和要求设置加权系数 R_1, 从而在经济性和行驶时间之间建立平衡. 根据计算的性能加权系数, 可使用式 (2.26) 确定修正速度. 实际应用中, 数值计算得到了最优的预测加权系数, 作为阶跃信号, 预测加权系数可能会

发生很大的变化. 为了避免这一现象, 预测加权系数通过低通滤波器滤波得到平滑的信号.

车辆的最佳瞬时速度近似为

$$\dot{\xi}_0 = \lambda_{\rm opt}, \tag{2.52}$$

式中, 参数 $\lambda_{\rm opt}$ 由设计的 ϑ 通过式 (2.53) 计算而得

$$\lambda_{\rm opt} = \sqrt{\vartheta - 2s_1(R_1(1-\bar{Q}))(\ddot{\xi}_0 + g\sin\alpha)} \tag{2.53}$$

且

$$\vartheta = v_{{\rm ref},0}^2 - R_1(1-\bar{Q})v_{{\rm ref},0}^2 + R_1\sum_{i=1}^{n}\gamma_i v_{{\rm ref},i}^2 + R_1\frac{2}{m}\sum_{i=1}^{n}s_i F_{di,r}\sum_{j=i}^{n}\bar{\gamma}_j. \tag{2.54}$$

2.2.3 行驶时间问题的处理

由于行驶时间对驾驶员个人和运输公司都具有重要意义, 因此, 保持预定的行驶时间将在很大程度上影响人们对系统的接受度. 所以, 管理行驶时间是该方法的关键要素. 通过选择合适的调整参数 R_1 来确保做好行驶时间的管理. 因此, 为了保持所需的行驶时间, 需要对 R_1 进行优化. 为此需知道所控制车辆的实际运动情况并预测接下来的运动轨迹.

因此, 必须估计前方路段的车速. 第 i 个路段点的速度如式 (2.55) 所示

$$\dot{\xi}_i^2 = \dot{\xi}_0^2 + \frac{2}{m}s_1 F_{l1} - \frac{2}{m}F_{d1,o} - \frac{2}{m}\sum_{j=1}^{n}s_j F_{dj}, \quad i=1,\cdots,n, \tag{2.55}$$

式中, $\dot{\xi}_0$ 取决于根据式 (2.33) 和式 (2.54) 选择的加权增量 R_1. 在计算中, 也包括优化过程中得到的加权系数 $\bar{Q}$ 和 $\bar{\gamma}_i$. 在巡航控制中考虑行驶时间是很重要的, 尤其是对商用车而言. 如果设计的行驶时间不超过所需的行驶时间, 则执行设计的最优速度. 所需的行驶时间用 $\Delta t_{\max}$ 表示. 但是, 如果无法按照所需的时间行驶完, 则必须采用新的速度策略. 在这种情况下, 应采用最大速度.

接下来, 给出了对所需行驶时间的预测. 假设前方路段的加速度恒定, 可以预测路段点之间的行驶时间, 如式 (2.56) 和式 (2.57) 所示

$$\Delta t_1 = \frac{2s_1}{\dot{\xi}_1 + \lambda}, \quad i=1, \tag{2.56}$$

$$\Delta t_i = \frac{2s_1}{\dot{\xi}_i + \dot{\xi}_{i-1}}, \quad i=2,\cdots,n. \tag{2.57}$$

前方水平路段的总行驶时间可通过将路段点之间的行程时间相加而得

$$\Delta t = \sum_{i=1}^{n} \Delta t_i. \tag{2.58}$$

根据式 (2.55), 预测的行驶时间是 R_1 的函数. 然后, 考虑速度限制, 计算出所需的行驶时间 $\Delta t_{\min}$. 必须将其与预测的行驶时间 Δt 和所需的行驶时间 $\Delta t_{\max}$ 进行比较. 为此, 根据速度限制 $v_{\mathrm{ref},i}$, 每个路段的行驶时间计算如式 (2.59) 所示

$$\Delta t_{i,\min} = \frac{2s_i}{v_{\mathrm{ref},i} + v_{\mathrm{ref},i-1}}, \quad i = 1, \cdots, n. \tag{2.59}$$

因此, 总的最短行驶时间由各路段最短行驶时间相加而得

$$\Delta t_{\min} = \sum_{i=1}^{n} \Delta t_{i,\min}. \tag{2.60}$$

计算出的 $\Delta t_{\min}$ 是车辆在水平路面上的最短行驶时间.

接下来, 分析预测行驶时间 Δt、最短行驶时间 $\Delta t_{\min}$ 和期望行驶时间 $\Delta t_{\max}$ 之间的差异. 由此, Δt 取决于加权系数 R_1. 如果 R_1 为 0, 即最优化只关注行驶时间, 理论上 Δt 与 $\Delta t_{\min}$ 之差为 0. 如果 $R_1 > 0$, 则由于预测的行驶时间增加, Δt 与 $\Delta t_{\min}$ 之差为正, 即 $\Delta t - \Delta t_{\min} > 0$. 这使得车辆在水平路面的行驶时间延长.

此外, 可以通过选择适当的加权系数 R_1 来限制整个路线上的时间延迟情况. 如果预测的行驶时间超过所需行驶时间: $\Delta t - \Delta t_{\max} > 0$, 则该设计任务就变得非常重要. 引入可接受的最大延时 $\Delta t_{\max}$ 这一参数. 该参数由驾驶员或车队管理系统根据交通运输的要求进行定义. 在选择 $t_{\max}$ 时, 考虑了最小行程时间 $\Delta t_{\min}$ 和所需行程时间 $\Delta t_{\max}$.

速度设计的目的是实现纵向能量和行驶时间之间的平衡. 因此, 设计的结果通常使 $R_1 > 0$ 为正值. 除了必须检查车辆总的延迟时间, 还应使行驶时间小于或等于 $t_{\max}$.

$$\Delta t - \Delta t_{\min} \leqslant t_{\max}. \tag{2.61}$$

注意, 根据式 (2.33) 和式 (2.54), 约束取决于 R_1. 式 (2.61) 中可接受的时间延迟范围对控制结果具有很重要的影响, 因为时间延迟会影响 Δt 和 $\Delta t_{\min}$. 设置的时间延迟范围越长, 可以考虑的路段距离越长. 当然, 如果未满足式 (2.61) 的要求, 则必须选择其余路段的参数 R_1 进行计算.

2.3　线性变参数控制设计方法

2.3.1　面向控制的线性变参数建模

速度追踪需要使用可输出纵向力控制信号的控制器. 本节内容需要使用上层控制器来计算纵向力. 应注意到, 纵向力的实现还需要另外的下层控制器, 行驶工

况下用于设定节气门开度和变速器挡位, 制动工况下用于设定制动压力. 车辆纵向动力学用以下公式表示

$$m\,\ddot{\xi}_0 = F_{l1} - F_{d1}.$$

行驶系统和制动系统在执行控制器指令时都存在响应滞后的情况, 但是滞后的原因各不相同. 例如, 行驶时行驶系统各总成的惯性、燃烧过程和燃油喷射情况、涡轮迟滞会造成响应滞后, 而制动时制动系统中液压 (或气动) 元件的惯性是造成响应滞后的主要原因. 执行器的动力学可由一阶系统近似得到 (Swaroop and Hedrick, 1996).

$$\dot{F}_{l1} = \frac{1}{\tau}(\tilde{F}_{l1} - F_{l1}), \tag{2.62}$$

式中, F_{l1} 为实际纵向力, $\tilde{F}_{l1}$ 为车辆理想的纵向力, τ 为系统滞后系数, 并且行驶滞后系数 (τ_d) 与制动滞后系数 (τ_b) 不同. 更准确地说, 制动滞后系数小于行驶滞后系数, $\tau_d > \tau_b$. 因此, 滞后系数是随系统组件的不同而变化的参数.

纵向动力学方程和执行器动态方程用状态空间表示, 可变换为式 (2.63) 所示的形式:

$$\dot{x} = Ax + B_1F_{d1} + B_2\tilde{F}_{l1}, \tag{2.63}$$

式中, 状态空间中状态向量 $x = [\dot{\xi}_0 \quad F_{l1}]^{\mathrm{T}}$ 和矩阵如下所示

$$A = \begin{bmatrix} 0 & \dfrac{1}{m} \\ 0 & \dfrac{-1}{\tau} \end{bmatrix}, \quad B_1 = \begin{bmatrix} \dfrac{1}{m} \\ 0 \end{bmatrix}, \quad B_2 = \begin{bmatrix} 0 \\ \dfrac{1}{\tau} \end{bmatrix}.$$

使用状态空间描述时, 假设行驶和制动系统的工作是同步的. 由于 $\tau_d > \tau_b$, 模型可用滞后系数 τ 来区分行驶和制动工况.

线性变参数模型成立的基础在于整车模型是可更改的. 通过适当地定义高度变量, 将时间变化项变为隐性项, 可调整整车模型. 线性变参数建模方法可在状态空间描述中考虑随着时间变化的因素, 从而使状态空间的描述在整个执行域有效. 线性变参数模型的优势在于, 控制器可适应当前执行条件, 从而在整个执行区间内满足鲁棒稳定和性能要求. 选择调度变量 τ, 模型可变换为线性变参数模型形式.

$$\dot{x} = A(\rho)x + B_1F_{d1} + B_2(\rho)\tilde{F}_{l1}, \tag{2.64}$$

式中, ρ 为调度变量,

$$\rho = \begin{cases} \tau_d, & \text{行驶工况}, \\ \tau_b, & \text{制动工程}. \end{cases} \tag{2.65}$$

速度跟踪的目的是要确保系统输出值在可接受的误差范围内, 从而反映了系统性能. 最优化目标的显性表达式如式 (2.66) 所示

$$(\dot{\xi}_0 - \lambda) \to \text{Min!}, \tag{2.66}$$

式中, 参数 λ 为参考值, 进行速度追踪时, 执行结果为 $z = \dot{\xi}_0 - \lambda$.

2.3.2 基于线性变参数的控制设计

闭环互连结构是包括模型 P 和控制器 K 的反馈结构, 如图 2.3 所示.

控制方式是基于加权的控制策略. 加权函数 W_p 的目的是定义控制系统的性能规范, 即车辆的速度必须确保所跟踪的参考信号在可接受误差范围内. 加权函数可考虑采用惩罚函数, 即在需要小信号的地方取大加权系数, 在可以允许较大范围性能输出时取小加权系数. 形式化的车辆模型近似于用刚体模型来表示传动系统/制动系统. 实际车辆的传动系统和制动系统都有扭转或纵向振动. 各系统的固有频率使整车固有频率提高.

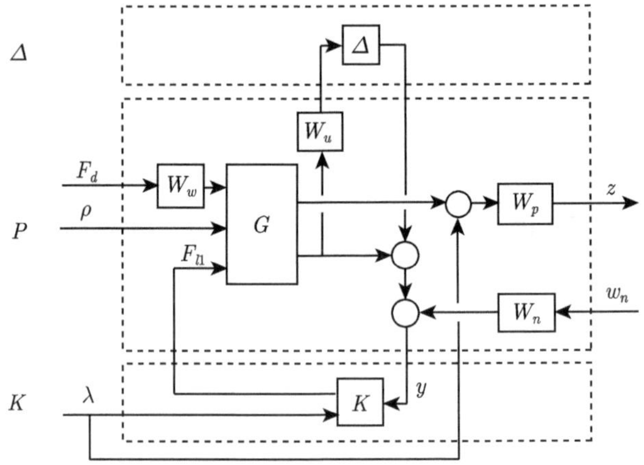

图 2.3 闭环互连结构

加权函数 W_p 采用 $W_p = \alpha/(Ts+1)$, 式中 α 和 T 为常数.

加权函数 W_n 的作用是反映传感器的干扰情况, W_w 代表纵向干扰的影响. 在该模型中, 将未知但有范围的扰动模块 ($\|\Delta\|_\infty < 1$) 连接到受控对象上, 建立了非结构不确定性模型. 非结构扰动以输出乘数结构的形式与受控对象相连. 乘数不确定性的大小由加权函数 W_u 得到. 加权函数 W_u, W_w 和 W_n 可选择用线性和比例形式. 注意, 虽然加权函数在频域中是公式化的, 但在加权策略和控制设计中用状态空间来表示.

在设计控制系统时, 二次线性变参数的效果主要取决于参数变化控制器的选择, 从而使闭环系统具有二阶稳定性. 在零初始条件下, 由 w 到 z 导出的 $\mathcal{L}_2$ 范数通常小于 γ.

$$\|M(\rho)\|_\infty = \inf_K \sup_{\rho \in \mathcal{F}_P} \sup_{\|w\|_2 \neq 0, w \in \mathcal{L}_2} \frac{\|z\|_2}{\|w\|_2} < \gamma. \tag{2.67}$$

可以用数值方法求解一组线性矩阵不等式 (LMIs), 由求解的可行性可以判断是否存在可求解二次线性矩阵不等式 (LMIs) 的控制器.

早期采用的线性变参数系统是基于单李雅普诺夫函数 (SLF) 的方法, 其中调度变量的变化可以任意地快速变化. 这项工作已经通过加入参数依赖的李雅普诺夫函数扩展到分析和综合中 (Bokor and Balas, 2005; Packard and Balas, 1997; Wu et al., 1996). 加入参数依赖的李雅普诺夫函数暗示了参数 ρ 变化率的限制, 说明这是一种潜在的不太保守的方法. 然而, 控制设计提供了无限维凸的可行条件. 一般情况下, 这些条件只能通过从整组网格点中选择近似的网格点来获得, 从而将其转化为有限维线性矩阵不等式 (LMIs).

注意, 如果使用了参数依赖的李雅普诺夫函数, 则设计的控制器明显依赖于 $\dot{\rho}$ 值. 因此, 为了构造基于参数相关的控制器, 必须同时测得 ρ 和 $\dot{\rho}$. 当实际应用中没有测得 $\dot{\rho}$ 时, 必须使用合适的外推算法来估计参数 $\dot{\rho}$. 这种方法的缺点是调度变量的来源不是独立的. Balas 等提出了一种可行的方法来体现变量随 $\dot{\rho}$ 的变化, 以消除对值的依赖 (Packard and Balas, 1997).

在综合了线性变参数控制器后, 利用状态、输出和参数 $\rho = \sigma(x)$ 之间的关系, 得到了非线性控制器. 注意, 假设 $\sigma(x)$ 是测得的或仅取决于测量的信号. 根据线性变参数描述的性质, $\rho = \sigma(x)$ 的线性变参数系统即非线性模型. 实现线性变参数控制器会带来另外必须解决的问题. 控制是在连续时间内进行的. 在连续时间内, 假定调度变量是已知的. 然而, ρ 仅在取样时测量系统矩阵对 ρ 的依赖性不是固定不变的, 而是只在离散的 ρ 值上得到矩阵. 因此, 必须根据物理系统选择合适的采样时间. 但是, 实际采样时间会根据实现的可能性进行修改. 因此, 采样间隔时间内参数的确定是有一定难度的理论问题. 实践中应用的简单程序在采样间隔之间使用零阶保持法. 基于多项式或有理函数来拟合曲线可以得到更好的近似解.

2.3.3 闭环控制系统的稳定性分析

λ 的计算取决于车辆的速度 $\dot{\xi}_0$ 和加速度 $\ddot{\xi}_0$ 信号. 将这些信号用于计算参考速度信号, 并作为闭环系统中的反馈信号, 计算出的参考信号影响受控系统的稳定性. 稳定性问题如图 2.4 所示. 图 2.4(a) 表明, 在传统的巡航控制中, 参考速度可视为外源性信号. 然而, 在预测控制中, 参考速度取决于多个车辆状态, 例如, 加速度和当前速度, 见图 2.4(b). 因此, 车辆状态影响整个系统的稳定性.

车辆参数与 λ 之间的关系是非线性的, 因此在公式中进行了简化. 为了简化, 需要对参考信号发生器进行建模. 在接下来的传递函数中引入 $G_{\text{gen}} = [G_{\text{gen}A},\ G_{\text{gen}B}]$. $G_{\text{gen}A}$ 表示实际速度 $\dot{\xi}_{0,j}$ 和参考信号 λ 之间的关系, 而 $G_{\text{gen}B}$ 则是加速度和 λ 之间的传递函数. G_{gen} 定义为具有外源性输入的自回归结构 (ARX) (Ljung, 1999).

$$y_j(q) = \frac{B_{j,1}(q)}{A_j(q)}u_{j,1}(q) + \frac{B_{j,2}(q)}{A_j(q)}u_{j,2}(q) + e(q), \tag{2.68}$$

式中函数 $B_{j,1}(q)/A_j(q)$, $j \in \{1,2\}$ 是连续系统 $G_{\mathrm{gen}A}, G_{\mathrm{gen}B}$ 的离散时间模型. $y_j(q)$ 和 $u_{j,i}(q)$ $(i \in \{1,2\})$ 是由 $\lambda_j(t)$ 和 $\dot{\xi}_{0,j}(t)$ 采样而得的离散信号, 而 $e(q)$ 为噪声信号.

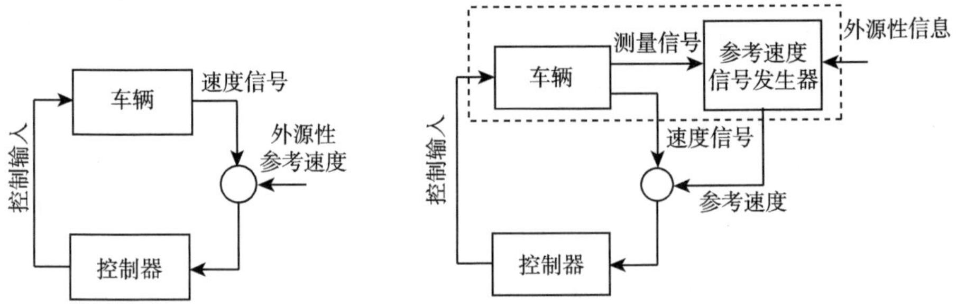

图 2.4　定义需求解的问题

由于各系统产生的参数各有不同, 需要考虑各系统在鲁棒模型结构中的变化. 参考速度信号发生器的结构如图 2.5 所示. 在加法不确定性结构中, 考虑了 $G_{\mathrm{gen}A}$ 的变化, 其中 $G_{\mathrm{gen}A} = G_{\mathrm{gen}1} + W_{u1}$ 而 $G_{\mathrm{gen}B} = G_{\mathrm{gen}2} + W_{u1}$. $G_{\mathrm{gen}1}$, $G_{\mathrm{gen}2}$ 为名义系统, W_{u1}, W_{u2} 表示加法不确定性结构. 此外, G_{filt} 常数传递函数是低通滤波器, 它可以将计算出的 λ 参考信号进行平滑处理. 请注意, 必须使用此函数, 因为用于计算 λ 的测量信号是采样而得的.

因此, 考虑采用参考信号发生器就意味着有必要将其纳入巡航控制的闭环互连结构设计中, 如图 2.6 所示.

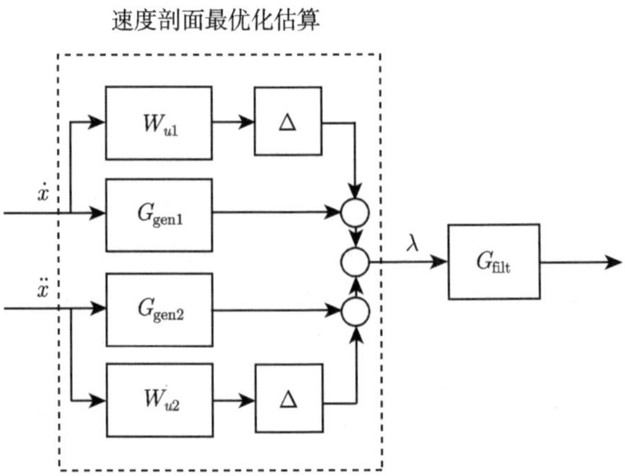

图 2.5　参考速度信号发生器结构

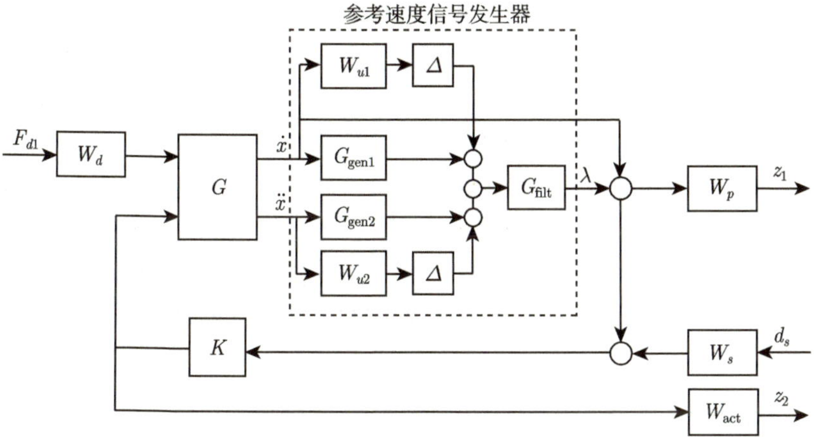

图 2.6 系统的闭环互连结构

因此, 鲁棒控制与预测速度选择策略共同作用保证了车辆的稳定性. 结果用鲁棒性准则表示 (Zhou et al., 1996).

$$\left\|T_{Z_\infty F_{d,fb}}(s)\right\|_\infty < \gamma, \tag{2.69}$$

必须保证 γ 为给定的实正值, 其中 $T_{Z_\infty d}(s)$ 是干扰项对性能的传递函数.

2.3.4 速度剖面执行程序的架构

所提出的算法结构如图 2.7 所示. 图 2.7 表明, 车辆接收前方车辆 (距离和速

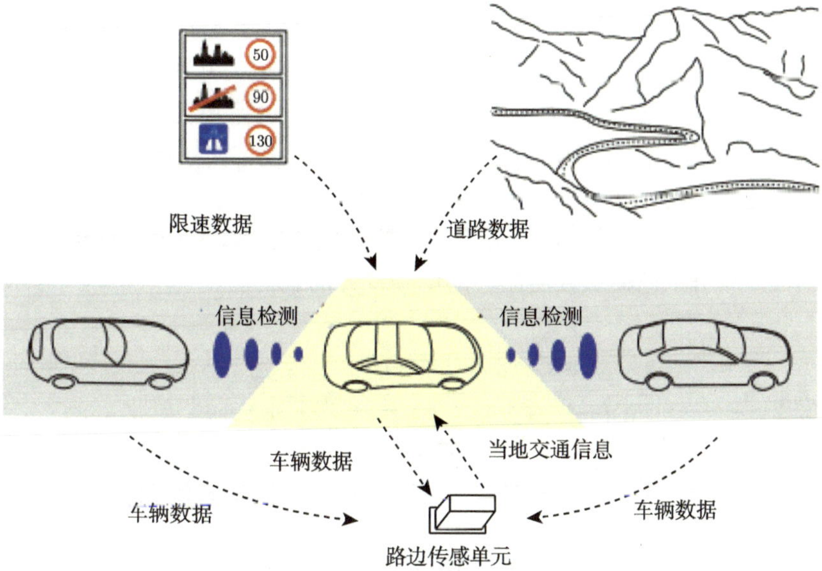

图 2.7 通信与信息流

度) 和后方车辆 (距离、速度和加速度) 运动的信息. 此外, 还获得道路坡度 α_i 和限速车速 $v_{\mathrm{ref},i}$ 等数据. 假定车辆的路线是已知的, 则加载此信息需要使用诸如 GPS 等工具测量当前位置.

Ebnre 和 Hermann (2001) 对未来汽车和交通控制可能需要的通信条件进行了调查. 为了检测潜在的危险性, Nuevo 等 (2010) 提出了一种基于计算机视觉的方法来跟踪周围的车辆并估计其轨迹. Festag 等 (2008) 提出了一种基于交通信息的自适应巡航控制扩展系统, 该系统考虑了车对路边以及车对车的通信.

为了预防事故和突发事件, Festag 等 (2008) 将车对车通信和车对路边传感器通信结合起来.

2.3.5　控制系统的架构

可通过图 2.8 所示的三个步骤来实现控制系统的架构.

第一步: 本步骤的目的是计算参考速度, 见式 (2.32). 计算的结果是加权系数和车辆必须跟踪到的修正速度. 参考速度分两步得到.

第二步: 设计车辆纵向控制力 (F_{l1}). 上层控制器 K_1 的作用是计算所需的纵向力.

第三步: 系统的实际物理输入指令 (如油门、挡位和制动压力) 由下层控制器 K_2 生成.

在所提出的方法中, 各步骤是相互独立的. 参考速度信号发生器可添加到上下自适应巡航控制 (ACC) 系统中. 可以设计近乎单独的参考信号发生器单元, 并将其连接到 ACC 系统. 因此, 只需要少量的车辆数据就可以独立于汽车供应商进行设计和生产参考信号单元. 它所具有的可独立执行的特点成为其在应用中的重要优势.

控制系统设计的目的是计算必要的纵向控制力. 它主要关注计算正、负力的上层控制器 K, 因此也会启动牵引系统和制动系统. 假设有其他控制器能够跟踪所需的控制力. 这种下层电子控制单元 (ECU) 将纵向力转换为执行器的实际物理参数. 该下层电子控制单元的设计可能运用更有针对性的技术来满足执行器特定的非线性要求. 图 2.9 所示车辆上使用的下层电控单元的架构.

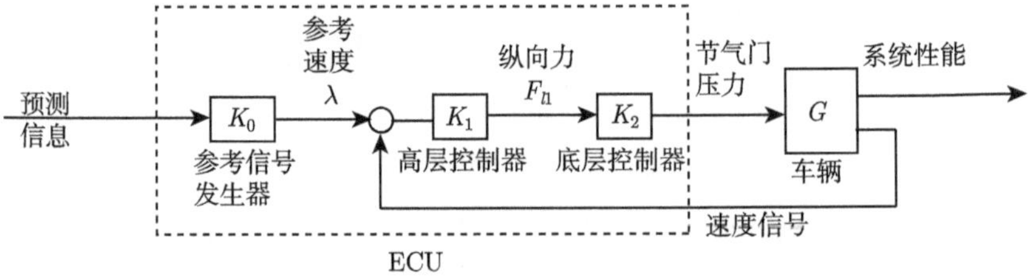

图 2.8　受控系统的执行过程

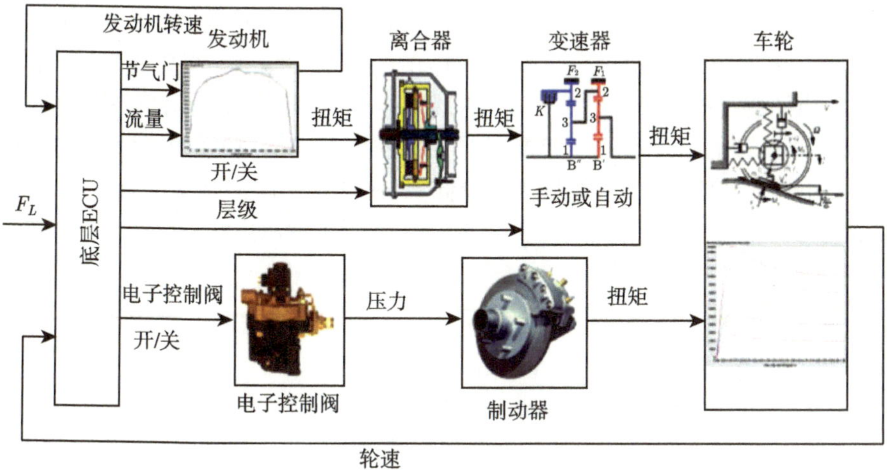

图 2.9 下层控制器架构

系统的示意图结构包含以下部分. 发动机由节气门控制, 节气门状态可以通过节气门开度大小或所喷射的燃油量来反映. 发动机管理系统和燃油喷射系统都有各自的控制器, 因此在实现下层控制器时, 只需要发动机的扭矩–转速–负荷特性. 在这种情况下, 测量发动机转速, 根据上层控制器的纵向力计算所需的扭矩, 节气门状态则利用插值计算的方法通过查找表模块的数据而得. 自动变速器的位置由逻辑功能决定, 这取决于燃油消耗量和发动机的最大转速. 制动时, 车轮气缸上的压力增加. 正常行驶时, 不需要启动 ABS, 而紧急情况下, 安全性的要求覆盖原有最佳驾驶性能的要求. 由所需制动力得到必需的制动压力, 并由液压/气动部件的比例计算得出.

2.4 仿 真 实 例

本节介绍的仿真实例是为了说明该方法的操作过程, 并详细分析各种参数对该方法的影响. 最后, 对 56km 长的公路进行了实际数据分析.

2.4.1 加权因素分析

在第一个仿真实例中, 车辆沿着起伏的道路行驶, 见图 2.10(a). 在实例中, 分析并比较了三种策略的情况: 一种是传统的自适应巡航控制 (ACC) 系统, 另外两种是使用不同的性能加权系数的自适应巡航控制 (ACC) 系统; 并且分析了采用两种不同性能权重比 $R_1:R_2$ 的情况, 即 1:1(控制器 1) 和 10:1(控制器 2).

图 2.10(c) 显示了车辆沿途的速度变化情况. 可以确定的是, 在传统的加速控制情况下, 车辆精确地跟踪恒定的 70km/h 参考速度, 而车辆速度根据道路条件变

化. 所提出的方法与传统的自适应巡航系统相比, 纵向控制力足够小, 见图 2.10(d). 图 2.10(b) 表明, 与传统的自适应巡航系统相比, 考虑预测道路条件的车辆同样节约了能源. 为了满足控制器的性能要求, 将所需驱动控制能量的绝对值及时相加 (F_l). 不考虑道路条件的自适应巡航控制器需要比控制器 1 多 12% 的能量, 比控制器 2 多 23% 的能量. 控制器 2 的能量需求较低, 说明该策略比控制器 1 更经济, 但节能会使得下坡速度更慢, 不利于巡航. 因此, 使用更大的制动力, 从而在节能和减速之间取得平衡.

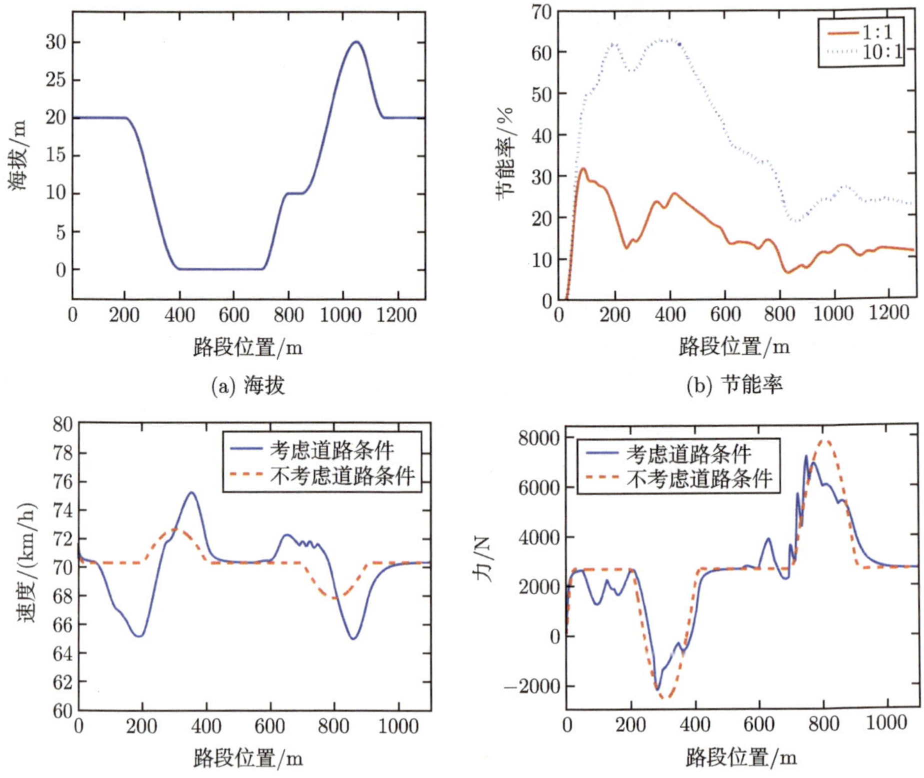

(a) 海拔　(b) 节能率　(c) 车速　(d) 纵向驱动力

图 2.10　坡道路面上自适应巡航系统工作情况

第二个仿真实例演示了真实的交通情况. 在这种情况下, 车辆到达提出限速要求的路段, 因此速度必须降低. 车辆以 90km/h 的速度行驶, 在 400m 内, 其速度必须降低到 60km/h. 图 2.11 显示了仿真结果.

如果控制器是使用道路坡度设计的, 则参考速度会持续变化, 如图 2.11(a) 所示. 变化的趋势取决于性能权重的比例, 在 $R_1 : R_2 = 10:1$ 时, 速度变化加快. 同时, 控制器采用恒定参考速度的车辆速度迅速下降. 可以说, 与自适应巡航控制器相比,预测道路条件控制可以节约能量 (图 2.11(b)). 当 $R_1:R_2=1:1$ 时, 节约 19.7%的能量; 当 $R_1:R_2=10:1$ 时, 节约 40%的能量.

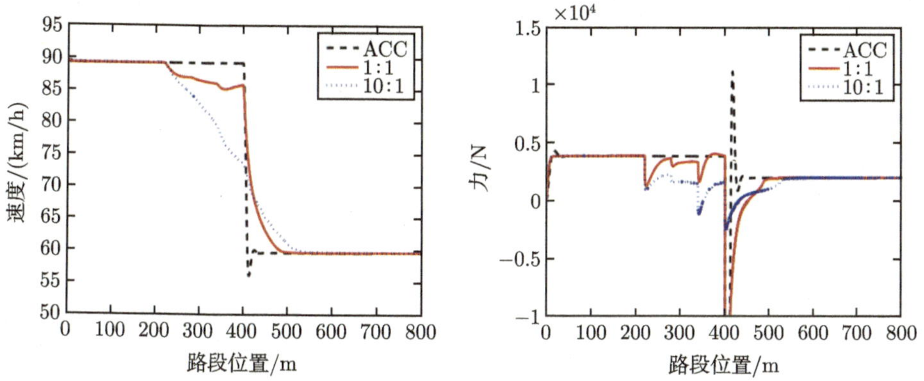

(a) 车速 (b) 驱动力

图 2.11 具备强制限速功能的 ACC 系统

2.4.2 不同参数对自适应巡航控制的影响

接下来的仿真实例说明了各种参数对该方法的影响. 分析了性能权重、采样点数量和车辆质量产生的影响. 在本次仿真中, 车辆在同一条道路上行驶, 其地形特征如图 2.12 所示. 图 2.13 显示了性能加权系数 R_1 和 R_2 如何影响最佳速度和所需的纵向力, 分析了不同比例性能加权系数 R_1 和 R_2 的影响. 图 2.13 中显示了所设计的控制器的执行结果和控制器 2 的执行结果. 由于性能加权系数 R_1 关注纵向力, 因此可通过减少所需的力/能量比来改进系统性能. 但同时, 受控系统对瞬时速度差的关注较少. 同样, 如果 R_2 增大, 则电流和参考速度之间的差异更小, 仿真结果更接近控制器 2 的执行结果.

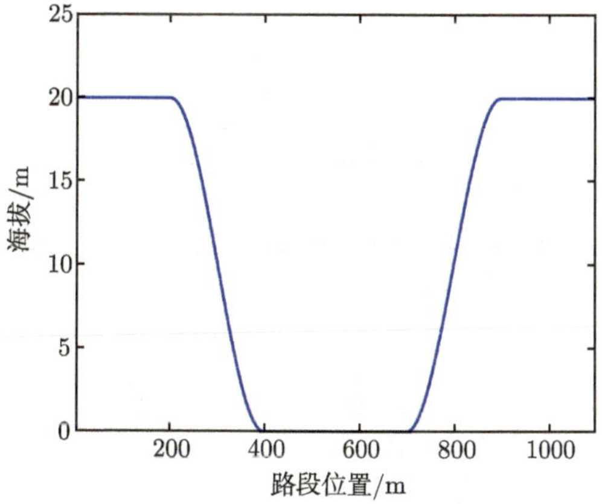

图 2.12 所分析的路段形状

分析行驶中的力/能量比的节能效果是很重要的, 见图 2.13(a). 有些路段的节能效果非常明显, 例如超过了 30%. 在下坡、上坡和平坦路段的节能效果是各不相同的. 在下坡路段, 车辆更有可能减小力/能量比, 因为在这里, 纵向阻力也会使车辆减速, 对执行机构的要求也较低. 在上坡路段, 控制系统参与的可能性较小, 因为没有辅助纵向执行机构提供附加力. 结果表明, 通过调整性能权重, 在提高力/能量比和缩短行驶时间之间建立平衡, 驾驶员能够对性能产生不同影响.

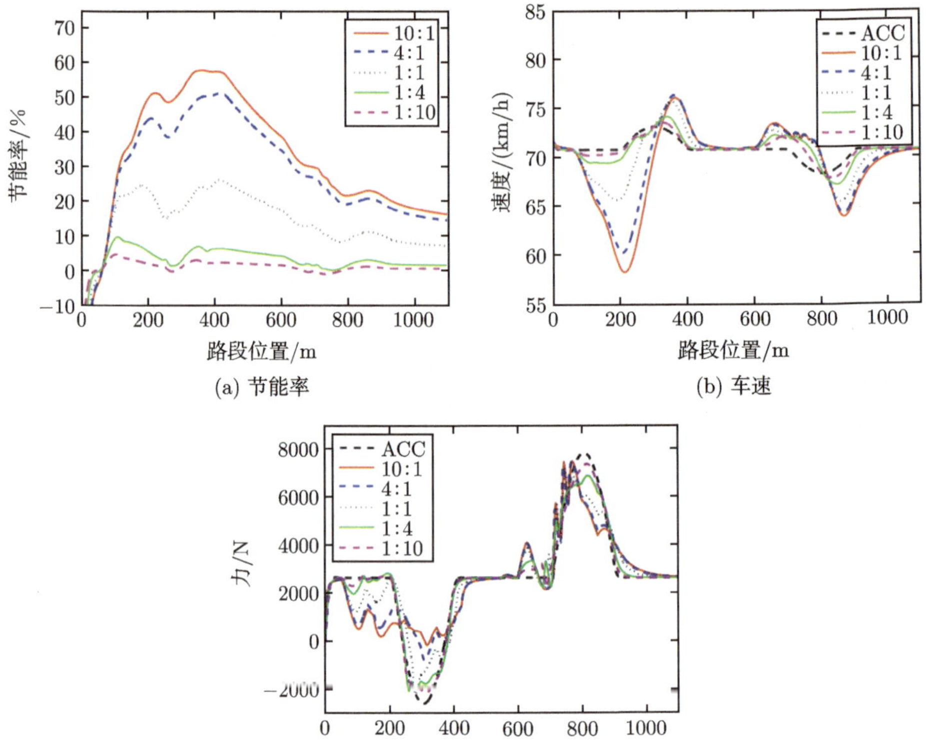

(a) 节能率　　(b) 车速

(c) 车辆驱动力

图 2.13　基于不同加权策略的性能权重分析

在控制系统的分析中, 选择了不同数量的采样点, 即 150m 道路上的 3, 4 和 5 个等距点. 图 2.14 表明, 该参数对控制系统有显著影响. 采样点的数量决定了采样距离. 当采样距离较长时, 车辆不能考虑道路坡度的影响, 因为在控制设计中, 假定车辆动力学为常数. 图 2.14(b) 显示, 如果选择更长的采样距离, 则下坡路段开始时的速度显著降低, 上坡路段的速度显著增加. 结果表明, 采样点越少, 力/能量比的节能效果越好. 也可以看出, 通过增加采样距离, 仿真结果与控制器 2 的差异更大. 分析表明, 道路条件与采样点 (采样距离) 之间存在一定的关系. 例如, 在平坦道路的情况下, 由于路段的坡度不会突然变化, 因此使用较少的路段点和较长的采样距离就足够了. 在道路起伏的情况下, 需要使用更多的路段点和更短的采样距离.

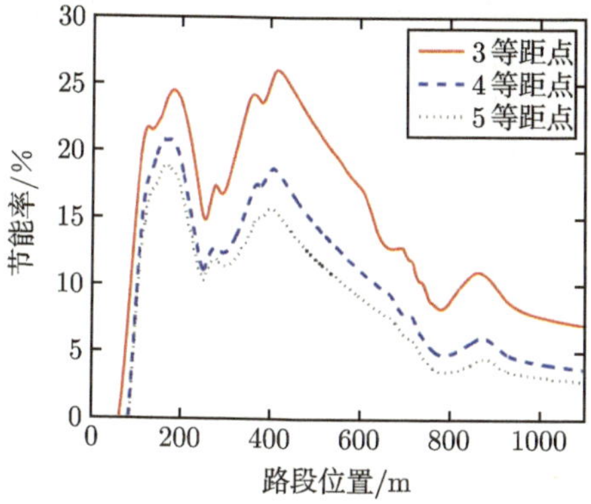

(a) 节能率

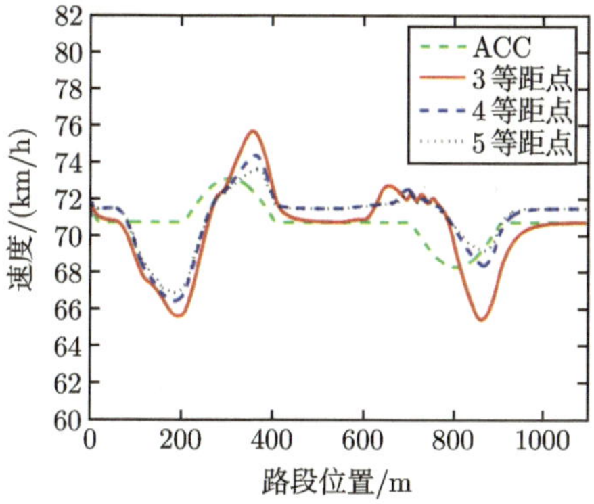

(b) 车速

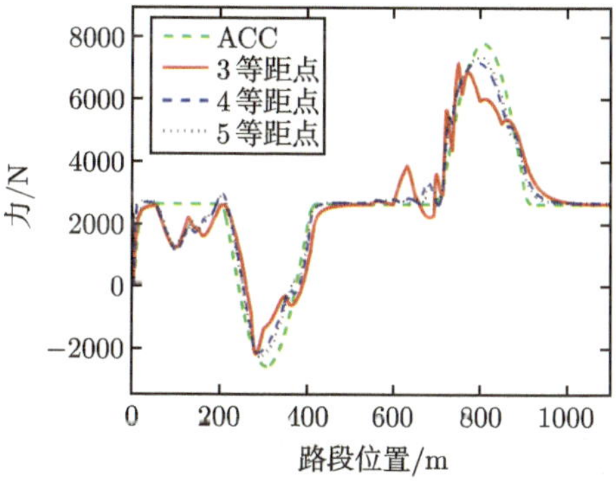

(c) 车辆驱动力

图 2.14 采样点的影响分析

图 2.15 显示了质量对速度和纵向力的影响, 分析了四种车辆质量: 1000kg, 3500kg, 8000kg 和 12000kg. 其他参数在仿真过程中不会改变. 图 2.15(a) 显示了道路沿线的节能情况, 这意味着考虑到道路条件, 可减少 6%—7%的能耗. 随着车辆质量的增加, 节能量略有增加. 图 2.15(b) 表明, 车辆质量的增加使速度变化不那么突然. 计算出的车辆纵向控制力如图 2.15(c) 所示. 由此可知, 车辆质量的增加提高了所述方法的效率, 这意味着在固定的性能加权系数 R_1, R_2 下, 最优化的解决方案 (图 2.2) 更接近最优化问题 1 的解. 它可以随着加权系数 R_1, R_2 的变化而恢复.

2.4.3 机动车道预测方法分析

最后的仿真中, 分析了一条具有实际数据的交通路线. 地形特征和地理信息是匈牙利塔塔布尼亚和布达佩斯之间的 M1 公路的地形特征和地理信息, 该公路长

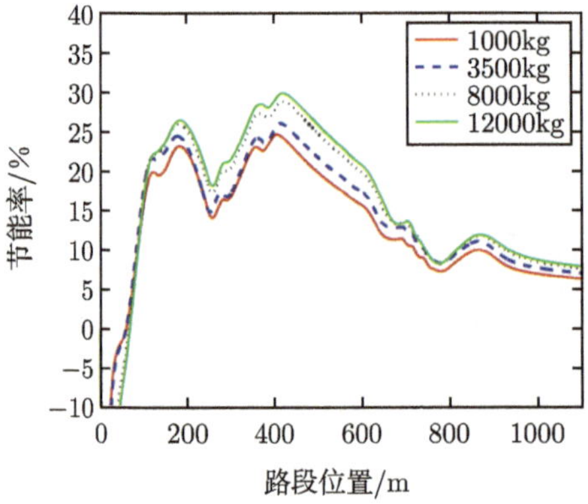

(a) 节能率

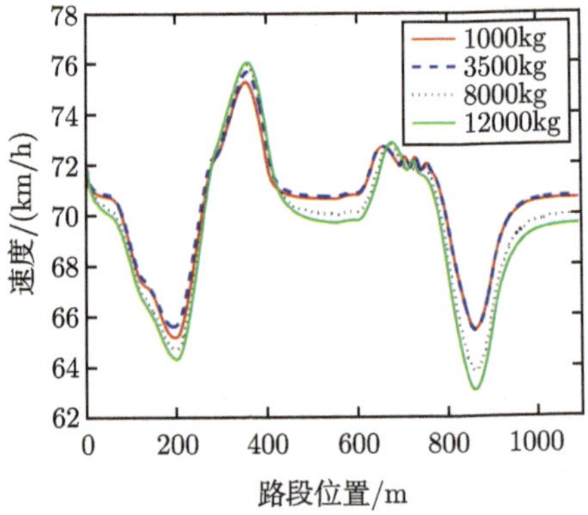

(b) 车速

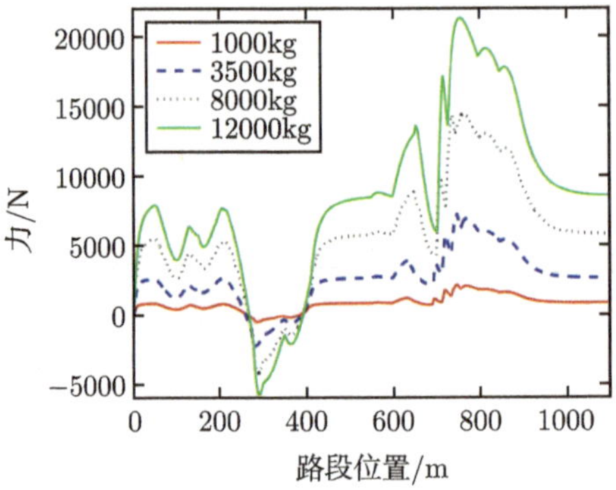

(c) 车辆驱动力

图 2.15　质量的影响分析

56km. 仿真中, 一辆典型的 F 级卡车沿着 56km 的路线行驶. 6 挡卡车的质量为 2023kg, 发动机功率为 300kW(402hp). 规定的最大速度为 130km/h, 但路段有其他限速要求 (如 80km/h 或 100km/h), 并且有丘陵地带. 因此, 这是一条可用于分析道路条件的路线, 此处道路条件指坡度和速度限制. 实验使用可公开访问的最新地理/导航数据库和可视化程序, 如谷歌地球和谷歌地图.

图 2.16(a) 显示了道路沿线的海拔. 结果表明, 所选公路有一些上坡段和下坡段. 在这个例子中, 比较了两种不同的控制器. 第一种是所设计的控制器, 它考虑了道路条件, 如坡度和速度限制, 并在图中用实线表示; 第二种控制器是传统的自适应巡航系统, 忽略了道路条件, 并用虚线表示. 图 2.16(b) 显示了均存在限速条件下车辆的速度. 传统的自适应巡航系统尽可能精确地跟踪预定的速度限制行驶, 跟踪误差最小. 在该方法中, 车辆的速度由限速速度决定, 同时根据最优化要求考虑道路的坡度. 在道路坡道路段, 实际速度与限速的平均相对差为 8%.

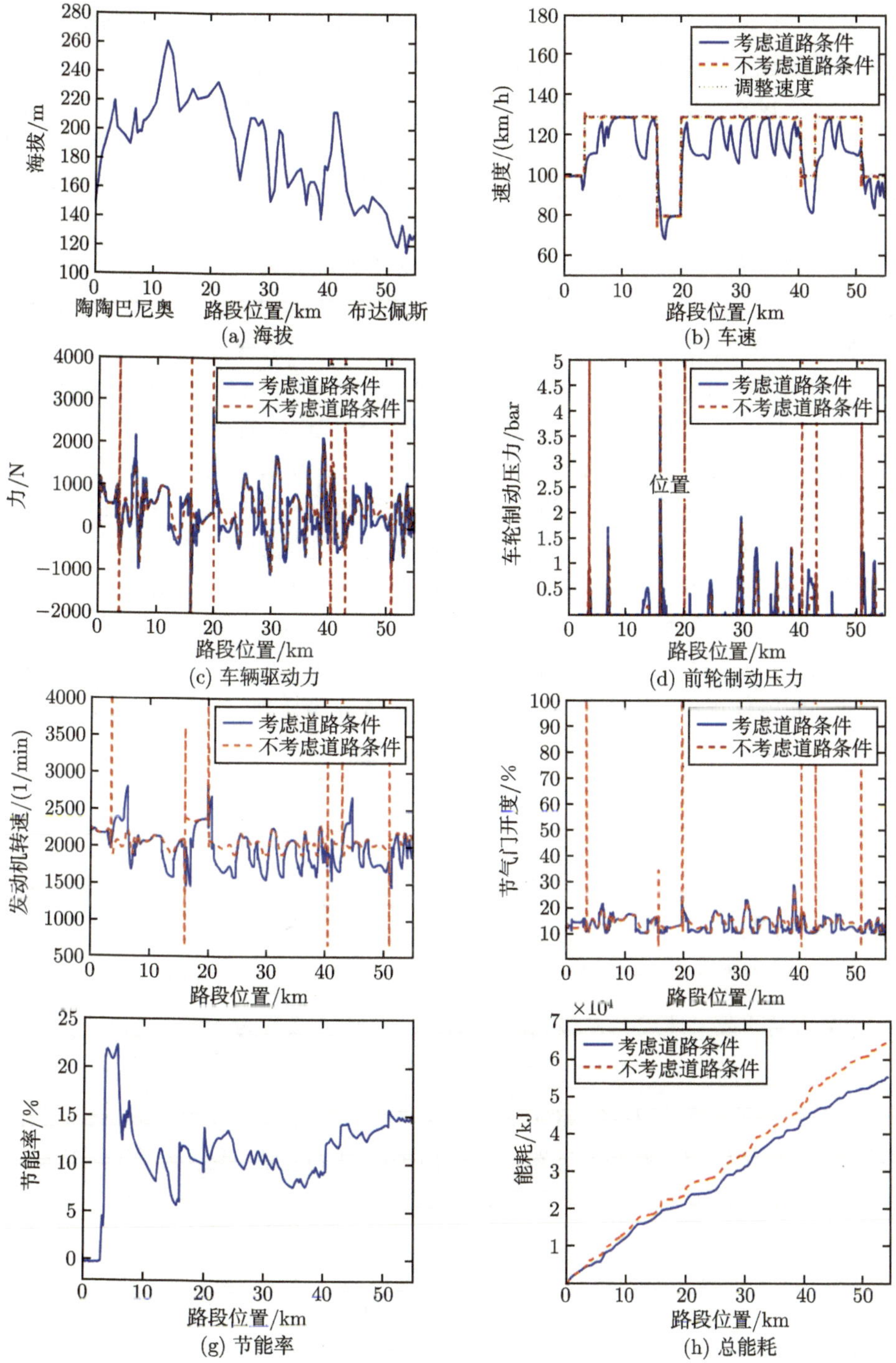

图 2.16 道路仿真的实际数据

图 2.16(c) 显示了所需的纵向力. 在传统的加速度控制系统中, 对预定速度的高精度跟踪往往需要非常大的力, 并且信号会发生突变. 由于所提出的方法在优化方法中预先设置了道路坡度和限速条件, 因此卡车能够以较小的驱动力沿道路行驶. 制动缸压力和节气门的实际物理控制输入分别如图 2.16(d) 和 (f) 所示. 如图 2.16(e) 所示, 在传统的自适应巡航系统中, 发动机曲轴旋转的跳动小于所设计的控制器执行的结果.

受道路条件的影响, 所提出的控制方法在行驶过程中所需的能量较少, 见图 2.16(g) 和 (h). 与传统方法 (55.6MJ) 相比, 所提出的方法需要更小的能量 (47.2MJ), 节约能量 8.4MJ, 节能约 15.1%. 大约一半的能量 (51.4%) 是通过传动系统节约的. 燃油消耗量也可以用以下公式计算: $V = (F_{l1}\dot{\xi}_0)/(\eta L_h \rho_{\text{fuel}})$, 其中 $\eta = 0.25$ 是传动系统的效率, $L_h = 47.3\text{MJ/kg}$ 是燃烧产生的热量, $\rho_{\text{fuel}} = 730\text{kg/m}^3$ 是汽油的密度. 常规系统的燃油消耗量为 6.44L, 而所提出方法的燃油消耗量为 5.47L, 这使得所分析的 56km 路段的燃油消耗量减少了 0.97L. 由于在该方法中, 车辆的速度可能低于给定路段允许的最大速度, 并且加减速比传统方法进行得更缓慢, 因此行程持续时间预计更长. 但是, 行驶时间的差异仅为 2 分钟.

仿真结果表明, 在车辆执行机构与道路条件的综合作用中, 所设计的控制系统减少了执行机构所需的能量, 并略微增加了行驶时间. 该方法的重要优点是, 在汽车工业的实际应用中, 可以在电子控制单元 (ECU) 中实现.

2.4.4　与动态规划的比较

通过仿真, 将所提出的预测巡航控制方法与动态规划方法的结果进行了比较. 本例中, 车辆必须沿匈牙利布达佩斯和塔塔班尼亚之间 M1 公路上一条 10km 长的路段行驶, 见图 2.17. 对于动态规划算法, 必须保证以下标准.

(1) 道路限速 130km/h, 最高车速减小 20%, 最低车速 105km/h.

(2) 车辆的最大速度允许最高高出 1.5%, 即速度最高为 132km/h.

(3) 车辆必须达到公路路段末端的最高限速.

在计算最佳速度剖面时, 将 10km 长的路段分为 200 个等距路段, 每个路段长度为 50m. 最优化的目标是保证路段总纵向控制力 $F_{l,i}$ 最小化, 从而保证控制力符合此前的标准, 并满足车辆的车辆动力学要求.

$$\min_{F_{l,1},\cdots,F_{l,200}} \sum_{i=1}^{200} |F_{l,i}|. \tag{2.70}$$

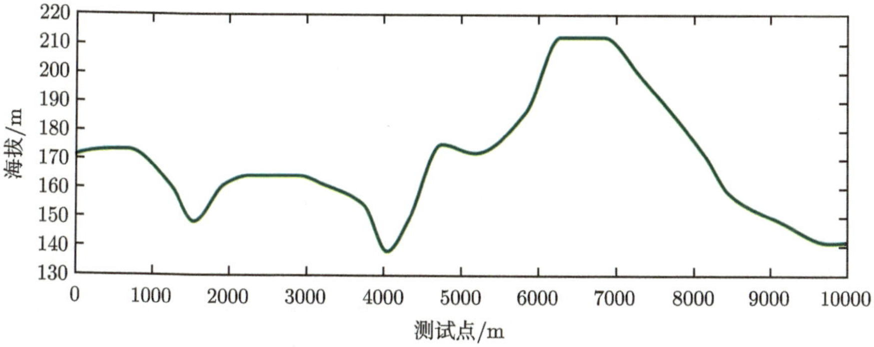

图 2.17 高速路各路段的海拔

动态规划的结果, 如速度剖面和控制力如图 2.18 所示. 由图 2.18 可知, 得出的速度剖面和控制力特性与公路的上坡/下坡路段的情况相符 (图 2.17), 均利用了公路的加速和减速效应. 图 2.18(a) 中的速度剖面显示, 在 3000—7000km 的路段区间内, 速度曲线受到地形特征的显著影响. 例如, 4000m 路段有一处山谷, 使

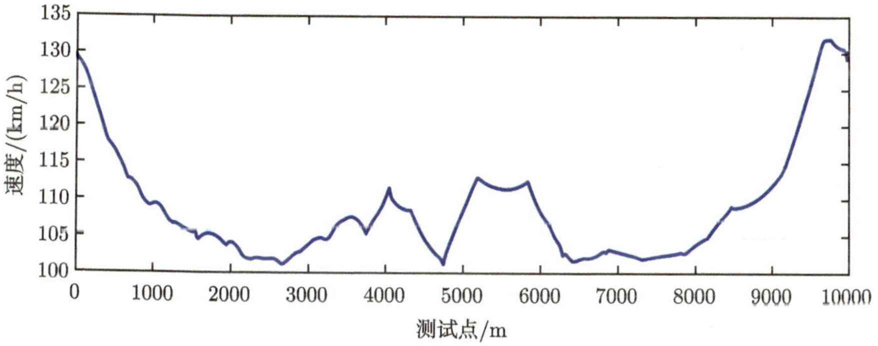

(a) 车速

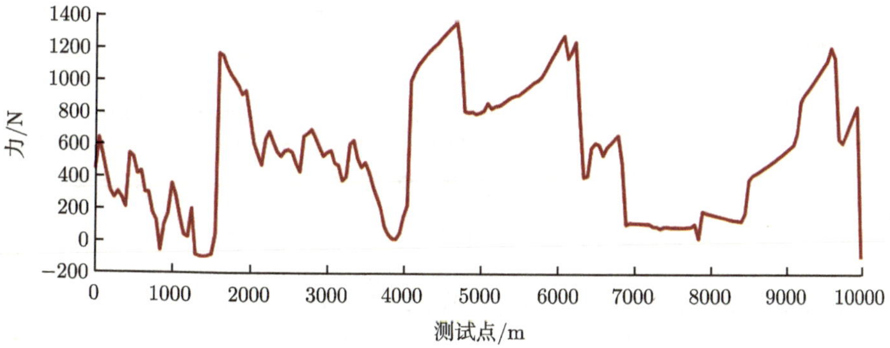

(b) 纵向控制力

图 2.18 动态规划的结果

得此路段出现最高车速. 此外, 在 4000m 路段点前, 纵向力不断减小, 而增加的速度有利于车辆通过山谷出口的上坡段.

图 2.19 说明了采用不同前瞻水平距离 L 的预测巡航控制的结果. 由于公路路段较长, 水平距离显著影响车辆的速度曲线. 虽然动态规划 (2.70) 的优化目标及其约束条件与所提出的预测巡航控制策略略有不同, 但它为该方法的评价提供了很好的参考基准. 当前瞻水平距离较短 (500—2000m) 时, 车辆的速度通常达到 130km/h 的速度限制, 而当前瞻水平距离为 5000—10000m 时, 地形特征的变化对速度剖面的影响较大. 此外, 随着前瞻水平距离的增加, 速度剖面近似于动态规划的结果. 在控制力方面, 可以发现类似的趋势, 见图 2.19(b). 因此, 所提出的预测巡航控制方法提供了适当的动态规划近似值.

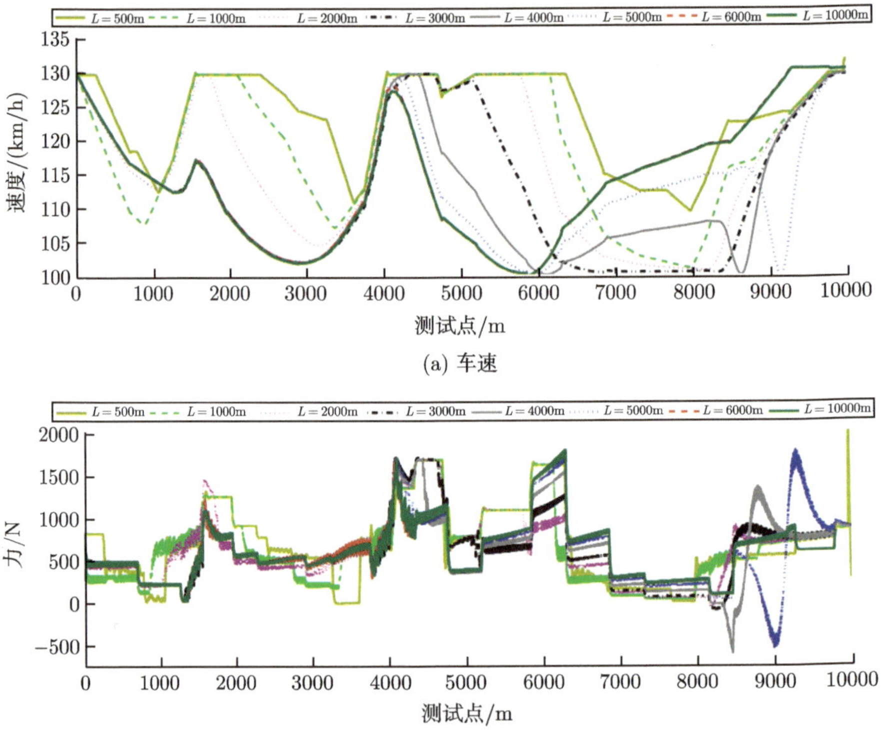

(a) 车速

(b) 纵向控制力

图 2.19 所提出的预测巡航控制得到的结果

各种方法的能耗值如图 2.20 所示. 结果表明, 在 $L > 3000$m 时, 预测巡航控制系统的能量消耗基本不变, 因此, 可以充分考虑来自车辆前方 3000—4000m 的信息. 此外, 通过对全局动态规划和预测巡航控制的比较, 证明了该方法的能耗结果非常接近动态规划的结果. 预测巡航控制在 $L = 3000$m 时的仿真过程中能耗仅增加 7%. 然而, 预测巡航控制的巨大优势在于减少了动态规划的计算工作量.

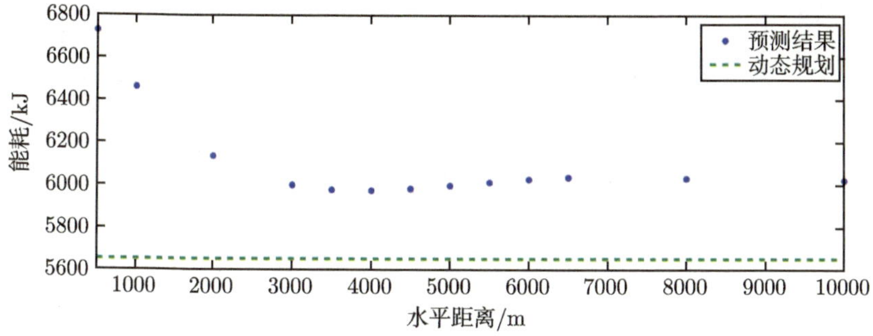

图 2.20 能耗随水平距离变化的情况

2.4.5 稳定性分析

通过真实的公路地形数据仿真场景, 说明了控制设计的参考信号发生器的工作情况. 该路段是法国阿尔萨斯 A36 高速公路的一部分, 位于米卢斯和贝尔福之间, 各路段规定的速度有所不同, 见图 2.21(a) 和 (b). 车辆的额定总重量为 3500kg. 预

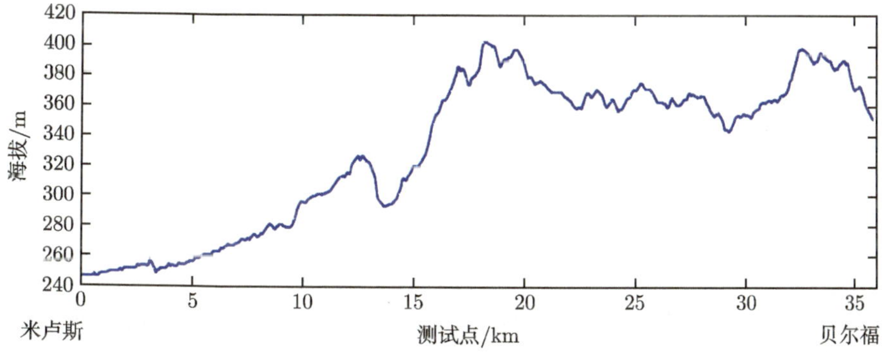

(a) 海拔

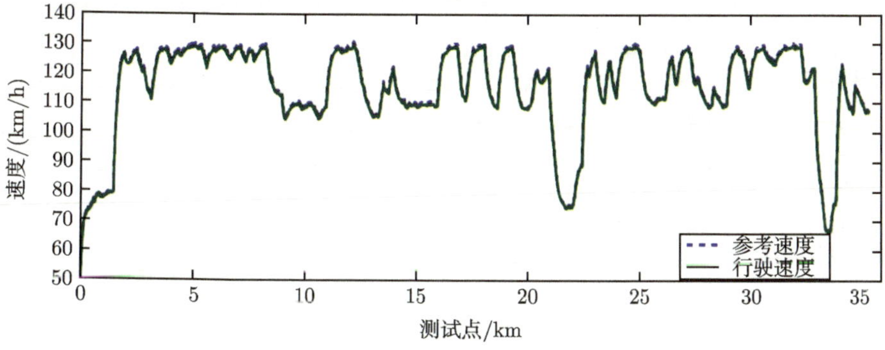

(b) 车速

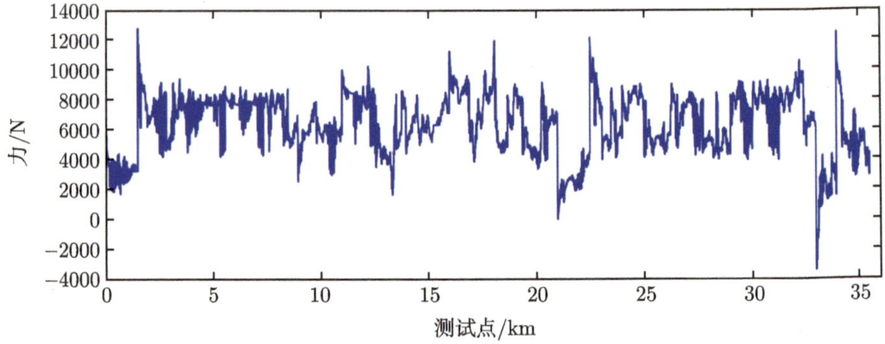

(c) 纵向力

图 2.21　性能结果比较

测控制中的前瞻道路水平距离为 500m, 分为 10 个路段. 仿真是为了说明闭环系统的速度跟踪性能和稳定性.

车辆的当前速度和产生的参考速度如图 2.21(b) 所示. 为了尽量减少燃油消耗和时间要求, 基于上坡和下坡路段以及速度限制设计最佳速度曲线. 速度信号表明, 该控制器具有良好的速度跟踪性能. 控制输入 F_{l1} 保证了图 2.21(c) 所示的鲁棒性能.

参考速度发生器的识别结果如图 2.22 所示. 传递函数参数

$$G_{\mathrm{gen}A}=\frac{B_{\mathrm{gen}A,1}+B_{\mathrm{gen}A,2}q^{-1}}{1+A_{\mathrm{gen},1}q^{-1}+A_{\mathrm{gen},2}q^{-2}},$$

$$G_{\mathrm{gen}B}=\frac{B_{\mathrm{gen}B,1}+B_{\mathrm{gen}B,2}q^{-1}}{1+A_{\mathrm{gen},1}q^{-1}+A_{\mathrm{gen},2}q^{-2}},$$

分别如图 2.22(a) 和 (b) 所示. 这些参数几乎是恒定的, 但会随着高度或速度限制的急剧变化而发生明显的变化.

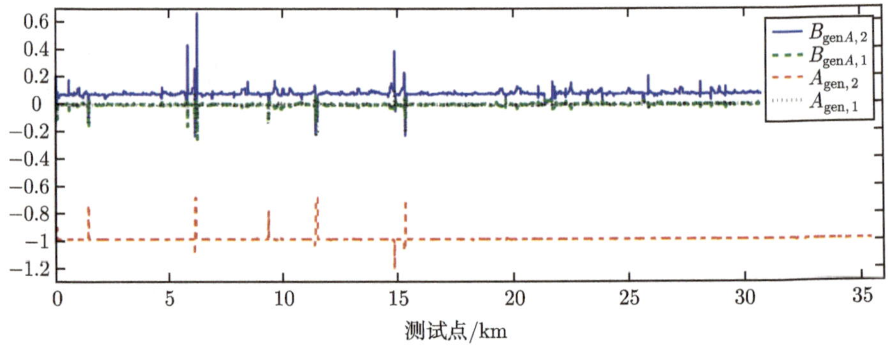

(a) 参数 $G_{\mathrm{gen}A}$

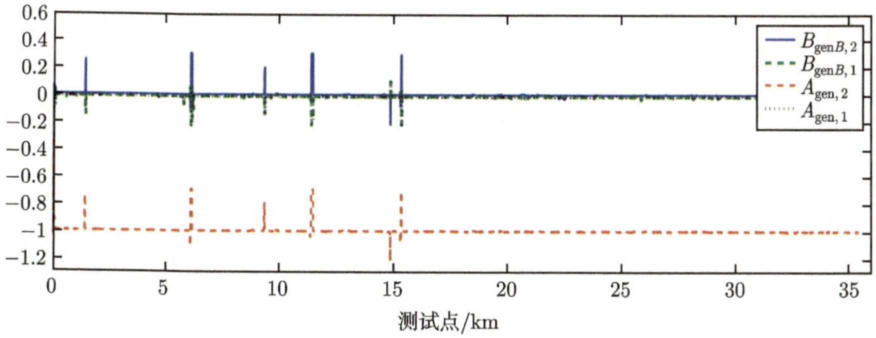

(b) 参数$G_{\mathrm{gen}B}$

图 2.22 G_{gen} 所得识别参数

利用 G_{gen} 识别方法对闭环系统的稳定性进行了验证. 计算而得的闭环系统无穷范数如图 2.23 所示. 由于无穷范数在临界值 1 以下, 保证了整个系统的鲁棒稳定性.

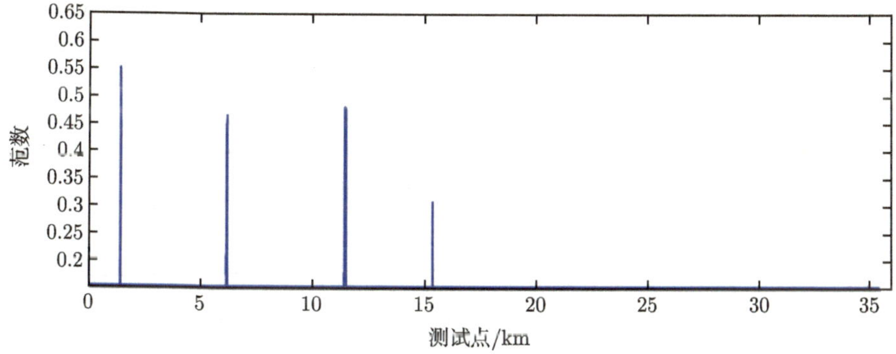

图 2.23 闭环系统的无穷范数

参 考 文 献

Bae HS, Ruy J, Gerdes J (2001) Road grade and vehicle parameter estimation for longitudinal control using GPS. In: 4th IEEE Conference on Intelligent Transportation Systems, vol 1, pp 1-6

Bokor J, Balas G (2005) Linear parameter varying systems: a geometric theory and applications. In: 16th IFAC world congress, Prague, vol 1, pp 1-12

Ebnre A, Hermann R (2001) A self-organized radio network for automotive applications. In: 8th World congress on intelligent transportation systems, Sydney, Australia

Faris WF, Rakha HA, Kafafy RI, Idres M, Elmoselhy S (2011) Vehicle fuel consumption and emission modelling: an in-depth literature review. Int J Veh Syst Model Test 6(3):

318-395

Festag A, Hessler A, Baldessari R, Le L, Zhang W, Westhoff D (2008) Vehicle-to-vehicle and road-side sensor communication for enhanced road safety. In: 15th World congress on intelligent transport systems

Hahn J, Rajamani R, You S, Lee K (2004) Real-time identification of road-bank angle using differ- ential GPS. IEEE Trans Control Syst Technol 12: 589-599

Hellström E, Åslund J, Nielsen L (2010) Horizon length and fuel equivalents for fuel-optimal look-ahead control. Adv Automot Control 43(7): 360-365

Hellström E, Ivarsson M, Åslund J, Nielsen L (2009) Look-ahead control for heavy trucks to minimize trip time and fuel consumption. Control Eng Pract 17(2): 245-254

Ivarsson M, Åslund J, Nielsen L (2009) Look ahead control-consequences of a non-linear fuel map on truck fuel consumption. Proc Inst Mech Eng Part D, J Automob Eng 223: 1223-1238

Kesting A, Treiber M, Schnhof M, Helbing D (2007) Extending adaptive cruise control to adaptive driving strategies. Transp Res Rec 2000: 16-24

Kiencke U, Nielsen L (2000) Automotive control systems for engine, driveline and vehicle. Springer, Heidelberg

Kolmanovsky I, Filev D (2009) Stochastic optimal control of systems with soft constraints and opportunities for automotive applications. In: IEEE conference on control applications

Kolmanovsky I, Filev D (2010) Terrain and traffic optimized vehicle speed control. In: IFAC advances in automotive control conference

Labayrade R, Aubert D, Tarel J (2002) Real time obstacle detection in stereovision on non flat road geometry through "v-disparity" representation. Intell Veh Symp IEEE 2: 646-651

Lingman P, Schmidtbauer B (2002) Road slope and vehicle mass estimation using Kalman filtering. Veh Syst Dyn Suppl 37: 12-23

Ljung L (1999) System identification: theory for the user. Prentice Hall

Marquardt D (1963) An algorithm for least-squares estimation of nonlinear parameters. J Soc Ind Appl Math 11(2): 431-441

Németh B, Gáspár P (2010) Considering predicted road conditions in vehicle control design using $\mathscr{H}_\infty$ method. In: IFAC advances in automotive control conference

Nouveliere L, Braci M, Menhour L, Luu H (2008) Fuel consumption optimization for a city bus. In: UKACC control conference

Nuevo J, Parra I, Sjoberg J, Bergasa L (2010) Estimating surrounding vehicles' pose using computer vision. In: 13th IEEE conference on intelligent transportation systems, pp 1863-1868

Pacejka HB (2004) Tyre and vehicle dynamics. Elsevier Butterworth-Heinemann, Oxford

Packard A, Balas G (1997) Theory and application of linear parameter varying control techniques. In: American control conference, workshop I, Albuquerque, New Mexico
Passenberg B, Kock P, Stursberg O (2009) Combined time and fuel optimal driving of trucks based on a hybrid model. In: European control conference, Budapest
Rakha H, El-Shawarby I, Arafeh M, Dion F (2006) Estimating path travel-time reliability. In: IEEE intelligent transportation systems conference, Toronto, Canada, pp 236-241
Rakha H, Van Aerde M, Case E, Ugge A (1989) Evaluating the benefits and interactions of route guidance and traffic control strategies using simulation. In: Vehicle navigation and information systems conference, 1989 Conference Record, pp 296-303
Sahlholm P, Johansson K (2009) Road grade estimation for look-ahead vehicle control using multiple measurement runs. Control Eng Pract (in press)
Swaroop D, Hedrick J (1996) String stability of interconnected systems. IEEE Trans Autom Control 41: 349-357
Trachtler A (2004) Integrated vehicle dynamics control using active brake, steering and suspension systems. Int J Veh Des 36: 1-12
Wu F, Yang X, Packard A, Becker G (1996) Induced L2 norm controller for LPV systems with bounded parameter variation rates. J Robust Nonlinear Control 6: 983-988
Zhou K, Doyle J, Glover K (1996) Robust and optimal control. Prentice Hall

第 3 章　基于道路和交通信息的预测巡航控制设计

研究背景及意义

制订道路车辆的经济性策略一直是研发中心、供应商和制造商关注的焦点. 该策略的目的是考虑诸如所需的控制能量、燃油消耗量、道路坡度、速度限制、排放和行驶时间等因素, 设定道路车辆的速度. 多目标优化准则由称为预测控制的方法来处理. 该方法在控制设计中也考虑了当地交通信息. 因此, 可以将预测控制视为具有道路和交通信息的自适应巡航控制的延伸.

关于该课题中的若干问题, 已有多篇相关的研究论文. Németh 和 Gáspár(2013b, 2014) 提出了基于道路坡度、速度限制、同车道前车和行驶时间的道路车辆速度设计. Gáspár 和 Németh (2015) 阐述了基于周围车辆信息的车道变换机动决策算法的设计方法. Saerens 等 (2013) 提出了一种经济性巡航控制策略, 将行程时间与燃油消耗之间的多准则优化转化为具有约束条件的燃油消耗优化任务. Asadi 和Vahidi (2011) 提出了一种预测性巡航控制系统, 该系统利用即将接收到的交通信号信息来提高燃油经济性并缩短行驶时间. 该算法利用雷达和交通信号来优化行驶速度. Barth 和 Franke (2008), Broadhurst 等 (2004) 针对以安全为重的交通系统的应用, 提出了可用于预测车辆运动的估算方法. 对混合动力电动汽车而言, 道路预测对于优化电池回收率非常重要. Ambuhl 和 Guzzella (2009) 提出了一种预测参考信号发生器方法, 利用未来路段的地形剖面和相应的平均行驶速度, 将再生能量最大化. van Keulen 等 (2010) 的研究, 预先定义了路段的速度剖面形状, 并在非线性约束优化过程中确定了其参数.

一些公开发表的文献已经说明了巡航控制中预览地形可以提高能量利用率, 但较少强调减速对交通流造成的损害. 具有预测功能的车辆, 其驾驶员能够根据自己的优先顺序在纵向节能和行驶时间之间建立平衡. 然而, 道路上的其他驾驶员有不同的优先顺序, 这可能会引发交通冲突. 例如, 按经济性要求行驶的车辆将快速行驶的车辆拦住. 研究的目标是设计一种能适应周围车辆运动的最优预测控制策略. 前瞻性概念与拥堵问题的结合产生了复杂的多准则优化任务.

本章提出在预测控制中考虑道路交通的各项因素, 使速度设计可实现经济性巡航控制策略. 多目标优化使得在考虑周围车辆时出现了诸多权重因素. 由此, 保证了设计速度和交通流之间的平衡.

3.1 速度设计中前方车辆的处理

由于车辆有可能会追上前方车辆, 因此有必要考虑后方车辆的速度 v_{lead}. 在正常交通情况下, 安全停车距离可能采用了保守的估计结果, 在此情况下, 前方车辆也可能会刹车, 因此, 车辆之间的距离可能会更小. 车辆之间的安全停车距离根据 91/422/EEC, 71/320/EEC 欧盟标准确定 (以 M1 类车辆为例, 速度以 km/h 为单位):

$$d_{\text{st}} = 0.1\dot{\xi}_0 + \dot{\xi}_0^2/150, \tag{3.1}$$

式中, $\dot{\xi}$ 是当前速度. 同样, 有必要考虑到, 如果前方没有车辆, 则既不可能也无必要考虑安全停车距离. 前方车辆的考虑因素由 W 决定, W 在以下结构中选择:

$$W = \begin{cases} 1, & d < d_{\text{st}}, \\ (\alpha d_{\text{st}} - d)/((\alpha - 1)d_{\text{st}}), & d_{\text{st}} \leqslant d \leqslant \alpha \cdot d_{\text{safe}}, \\ 0, & d > \alpha \cdot d_{\text{st}}, \end{cases} \tag{3.2}$$

式中, α 是设计参数, 例如, $\alpha = 0.5$ 意味着当距离小于 $1.5 \cdot d_{\text{st}}$ 时, 车辆必须减速. 权重如图 3.1 所示.

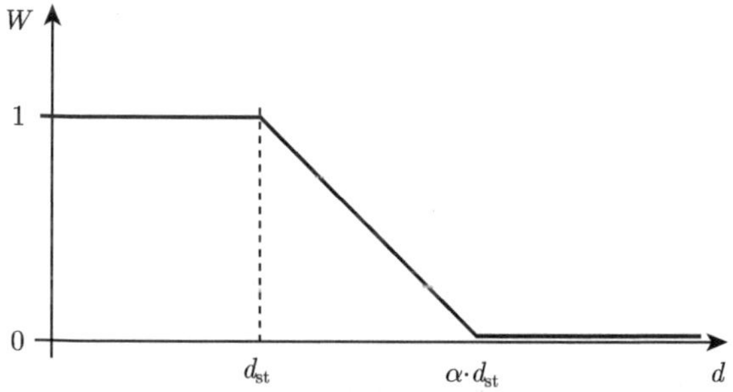

图 3.1 权重因素 W 的选择

利用最优化过程计算车辆的速度. 直到与前方车辆的距离大于预定义值时, 才会修改车辆速度. 但是, 当距离减小时, 即 $d \leqslant \alpha d_{\text{st}}$, 必须通过以下方式应用加权因子 W 来修改速度:

$$\lambda = W \cdot v_{\text{lead}}. \tag{3.3}$$

随后, 车辆之间的距离减小到安全值. 经最优化过程计算出车辆速度, 车辆必须按此速度行驶. 当前方车辆加速并超过计算的车速时, 可以再次进行优化并按最佳车速行驶.

出于安全考虑, 因子 W 的优先级高于加权系数 Q 和 γ_i. 因此, 在加权策略中, 加权系数总和应为

$$\gamma_1+\gamma_2+\cdots+\gamma_n+Q=1-W. \tag{3.4}$$

新的加权系数必须按以下方式减少:

$$Q_n=Q(1-W),\quad \gamma_{n,i}=\gamma_i(1-W),\quad i\in\{1,\cdots,n\}, \tag{3.5}$$

式中, Q 和 γ_i 为加权系数的初始值, 车辆的设计速度不超过式 (3.3) 所示结果.

3.2　考虑后方车辆运动的速度设计

3.2.1　安全距离的计算

以节能为优化条件的车辆在交通流中行驶, 可能与其他以限速优化条件行驶的车辆发生冲突. 首选权重 R_1 会使得交通流动态并非达到最佳情况. 通过修正 R_1 的值, 提出了经济性车速与当地交通流之间的平衡策略. 后方车辆的运动分三步考虑. 首先, 推测预测控制车辆在水平面上的速度剖面, 见图 3.2.

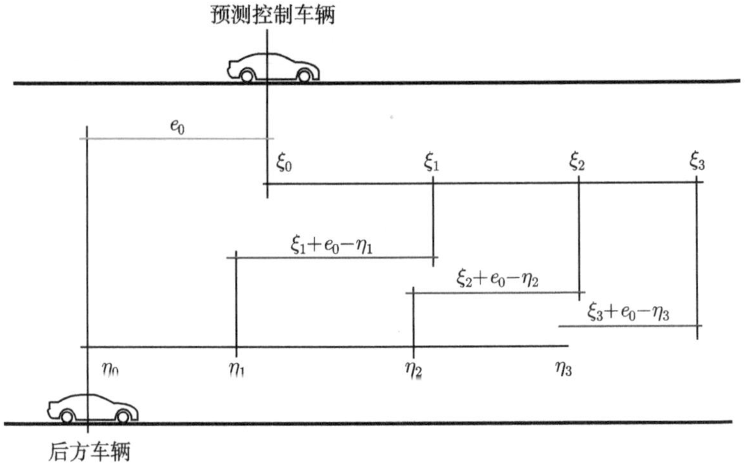

图 3.2　车辆行驶情况的预测

步骤 1　根据式 (2.26) 推测使用预测控制的车辆速度. 根据式 (2.27), ϑ 的表达式可以重新写成

$$\begin{aligned}\vartheta&=v_{\text{ref},0}^2-R_1(1-\bar{Q})v_{\text{ref},0}^2+R_1\sum_{i=1}^{n}\bar{\gamma}_i v_{\text{ref},i}^2+R_1\left(\frac{2}{m}\sum_{i=1}^{n}s_iF_{di,r}\sum_{j=i}^{n}\bar{\gamma}_j\right)\\&=v_{\text{ref},0}^2(1-R_1)+R_1\bar{\vartheta},\end{aligned} \tag{3.6}$$

式中, $\bar{\vartheta}$ 包含用高能效预测加权系数 $\bar{Q}$, $\bar{\gamma}_i$ 计算得出的值. 由式 (2.32), 根据预测道路信息计算参考速度 λ. 通过性能加权系数 Q 和 ϑ, R_1 在参考速度的计算中起着

重要作用. 此外, 预测加权系数 $\bar{\gamma}_i$ 的预测值也取决于 R_1, 见式 (2.47)—式 (2.49). 参考速度的平方按以下形式计算:

$$\begin{aligned}\lambda^2 &= v_{\text{ref},0}^2(1-R_1)+R_1\bar{\vartheta}-2s_1R_1(1-\bar{Q})(\ddot{\xi}_0^2+g\sin\alpha)\\ &= v_{\text{ref},0}^2(1-R_1)+R_1\bar{\lambda}^2.\end{aligned} \tag{3.7}$$

因此

$$\lambda=\sqrt{v_{\text{ref},0}^2(1-R_1)+R_1\bar{\lambda}^2}, \tag{3.8}$$

式中, $\bar{\lambda}$ 包含用高能效加权系数 $\bar{Q}$, $\bar{\gamma}_i$ 计算得出的 λ 值. 由式 (2.15) 和式 (3.7), 车辆在路段点 n 处的预测速度为

$$\begin{aligned}\dot{\xi}_n^2 &= v_{\text{ref},0}^2(1-R_1)+R_1\bar{\lambda}^2+\frac{2}{m}s_1F_{l1}-\frac{2}{m}s_1F_{d1,o}-\frac{2}{m}\sum_{i=1}^{n}s_iF_{di,r}\\ &= R_1\mathscr{N}_1+\mathscr{N}_2.\end{aligned} \tag{3.9}$$

根据式 (3.9), n 点的预测速度 $\dot{\xi}_n$ 独立于 $v_{\text{ref},n}$. 然而, 当 $R_1=0$ 时, n 点的预测速度必须为 $v_{\text{ref},n}$. 为了满足这一要求, 必须通过以下方式使用参考车速和加权系数修改预测速度:

$$\dot{\xi}_n^2=(R_1\mathscr{N}_1+\mathscr{N}_2)R_1+(1-R_1)v_{\text{ref},n}^2. \tag{3.10}$$

式中, $\mathscr{N}_1$ 与前方的路段点数无关, $\mathscr{N}_2$ 则包含每个路段的道路等级信息. 该计算式的优点是预测速度也考虑了参考速度, 使数值计算过程更加可靠.

步骤 2 预测后方车辆的运动. 在预估后方车辆的运动时, 提出了几个假设. 首先, 受控车辆具有后方车辆的速度和加速度 $(\dot{\eta}_0,\ddot{\eta}_0)$ 以及车辆之间的瞬时距离 e_0 等信息. 其次, 后方车辆是匀加速行驶的, 直到达到速度极限, 即 $i<j$ 后, 不再加速. 因此, 在前方路段, 车辆的预测速度为 $v_{\text{ref},j},\cdots,v_{\text{ref},n}$ 即 $i\geqslant j$.

根据信息 $(\dot{\eta}_0,\ddot{\eta}_0,e_0)$, 必须计算出行程时间为 Δt_i, $i\in\{1,\cdots,n\}$ 时车辆在各路段的运动情况. 在加速过程中, 后方车辆的位移为

$$\eta_k=\frac{\ddot{\eta}_0}{2}\left(\sum_{i=1}^{k}\Delta t_i\right)^2+\dot{\eta}_0\sum_{i=1}^{k}(\Delta t_i),\quad k\in\{1,\cdots,j-1\}. \tag{3.11}$$

其中, 在某路段上的移动时间为 Δt_i. 当后方车辆达到限速车速时, 将不再加速. 此外, 其速度不超过预定的参考速度 $v_{\text{ref},j},\cdots,v_{\text{ref},n}$. 车辆的位移为

$$\eta_l=\eta_{j-1}+\sum_{i-j}^{l}(v_{\text{ref,i}}\Delta t_i),\quad l\in\{j,\cdots,n\}. \tag{3.12}$$

步骤 3　计算安全距离. 现在, 必须保证受控车辆和后方车辆之间的安全距离. 假设预定义了安全距离 d_{safe}.

受控车辆采用经济性预测巡航控制策略, 而后方车辆保持按限速行驶. 因此, 考虑后方车辆的运动, 对预测控制策略进行了修改. 可行的方法之一是在行程中修改性能权重 R_1, 并在设计速度和后方车辆所需速度之间建立平衡. 本节的目的是建立一种方法来重新确定权重 R_1.

根据车辆的运动来确定安全距离. 在每个路段的行驶过程中, 两辆车之间的距离必须通过以下不等式来保证:

$$\xi_i + e_0 - \eta_i \geqslant d_{\text{safe}}, \quad i \in \{1,\ 2,\ \cdots,\ n\}, \tag{3.13}$$

式中, ξ_i 为受控车辆的预测位移, e_0 为车辆间的瞬时距离 (当 $t=0$ 时), η_i 为后方车辆的预测位移. 需要求出满足不等式 (3.13) 约束的性能加权系数 R_1 的最大值. 注意, 提高 R_1 会使行程时间更长. 因此, R_1 可以由驾驶员采用预设的 $R_{1,\max}$ 来限制.

3.2.2　安全巡航的优化

安全巡航优化准则如下

$$\max_{[0,R_{1,\max}]} R_1, \tag{3.14}$$

需满足以下条件:

$$\sum_{i=1}^{j} \xi_i + e_0 - \eta_i - d_{\text{safe}} \geqslant 0, \quad j \in \{1, \cdots, n\}. \tag{3.15}$$

最优化结果 $R_{1,\text{opt}}$ 用于计算预测加权系数 Q 和 γ_i. 根据预测加权系数, 计算出受控车辆的参考速度 λ. 在每个步骤中执行式 (3.14) 的优化过程, 从而根据当前本地交通信息连续重写性能加权系数 R_1. 实际上, 式 (3.14) 所示优化过程的求解需要大量的计算工作. 然而, 在式 (3.14) 所示的解决方案中, 上一步算得的 $R_{1,\text{old}}$ 可作为初始值. 如果在以下范围

$$[\max(R_{1,\text{old}} - \alpha, 0),\ \min(R_{1,\text{old}} + \alpha, R_{1,\max})],$$

内寻找新的加权系数 $R_{1,\text{new}}$, 则可大大缩短计算时间. 注意, $R_{1,\max}$ 由驾驶员在 $[0,1]$ 内设置.

3.3　预测控制理念下的变道方式

本节提出了变换车道的决策算法. 在变道过程中, 必须保证安全行驶, 防止车辆与后方车辆相撞. 首先, 必须保证与前车和后车在新车道上的安全距离. 因此, 在

变换车道之前, 必须检查安全距离. 其次, 必须避免节能型车辆与限速巡航型后方车辆之间的冲突. 因此, 在决策方法中必须考虑前车的控制和后方车辆的运动.

基本上, 如果使用节能控制的车辆不能在当前车道保持设计速度, 而在相邻车道上可确保以设计速度行驶, 并且可以安全地变道时, 则首选车道变换. 在预测控制中, 速度剖面受两个加权因子的影响. 加权系数 R_1 用于考虑后方车辆的情况, 加权系数 W 用于处理前方车辆的情况. 除计算最佳车速外, 在行驶过程中, 还要计算当前车道和相邻车道的可接受车速. 加权系数 R_1 和 W 会影响可接受车速, 因此同样要计算和考虑这两个加权系数. 在车道变换的决策方法中, 必须对这两个因素进行分析.

场景 1 受控车辆赶上前面的车辆. 由于 W 增加, 车辆适应前面车辆的速度. 因为前面的车辆行驶较慢, 当前速度可能与设计速度有很大差异, 因此必须分析车道变化的情况, 为换至相邻车道计算 W_{new}.

场景 2 后方车辆赶上受控车辆. 由于 R_1 减小, 车辆适应后方车辆的速度. 因为后方车辆行驶速度较快, 当前速度可能与设计速度有很大差异, 因此必须对车道变化进行分析. R_1 必须调整为根据相邻车道情况计算出的 $R_{1,\text{new}}$.

应根据两个基本不等式检查车道变换条件. 计算相邻车道的 W_{new} 和 $R_{1,\text{new}}$, 并将它们与当前 W 和 R_1 进行比较. 如果始终存在以下两个不等式, 则必须进行车道变换. W_{new} 明显小于 W, 这意味着在相邻车道上没有前面的车辆, 同时 $R_{1,\text{new}}$ 大于 R_1, 这意味着不会受到后面的车辆阻碍, 并且可以确保经济车速. 此外, 还可以保证在新车道上与前车和后车的安全距离. d_{pr} 和 d_{fo} 分别是新车道上与前一辆车和后一辆车间的距离.

综上所述, 可以形成以下基于逻辑的决策方法:

$$\text{如果} \quad W - W_{\text{new}} > \varepsilon_W \quad \text{且} \quad R_{1,\text{new}} - R_1 > \varepsilon_R, \tag{3.16}$$

更进一步

$$\text{如果} \quad d_{\text{pr}} \geqslant d_{\text{safe}} \quad \text{且} \quad d_{\text{fo}} \geqslant d_{\text{safe}}, \tag{3.17}$$

其中, ε_W 和 ε_R 为实现变道的预设值.

3.4 仿真结果

3.4.1 前方车辆的处理

仿真实例中, 将带有速度剖面的控制器和带有参考速度的控制器进行比较, 其中速度剖面是考虑了道路坡度和速度限制而计算得到的, 参考速度则为常数且不考虑道路信息, 即传统的自适应巡航控制系统 (控制器 2).

图 3.3(a) 显示了起伏道路的坐标. 该道路包含几个上坡段和下坡段, 因此适用于分析所提出的方法. 参考速度通常为 $v_{\mathrm{ref}} = 80\mathrm{km/h}$, 但道路上是有限速的, 即在

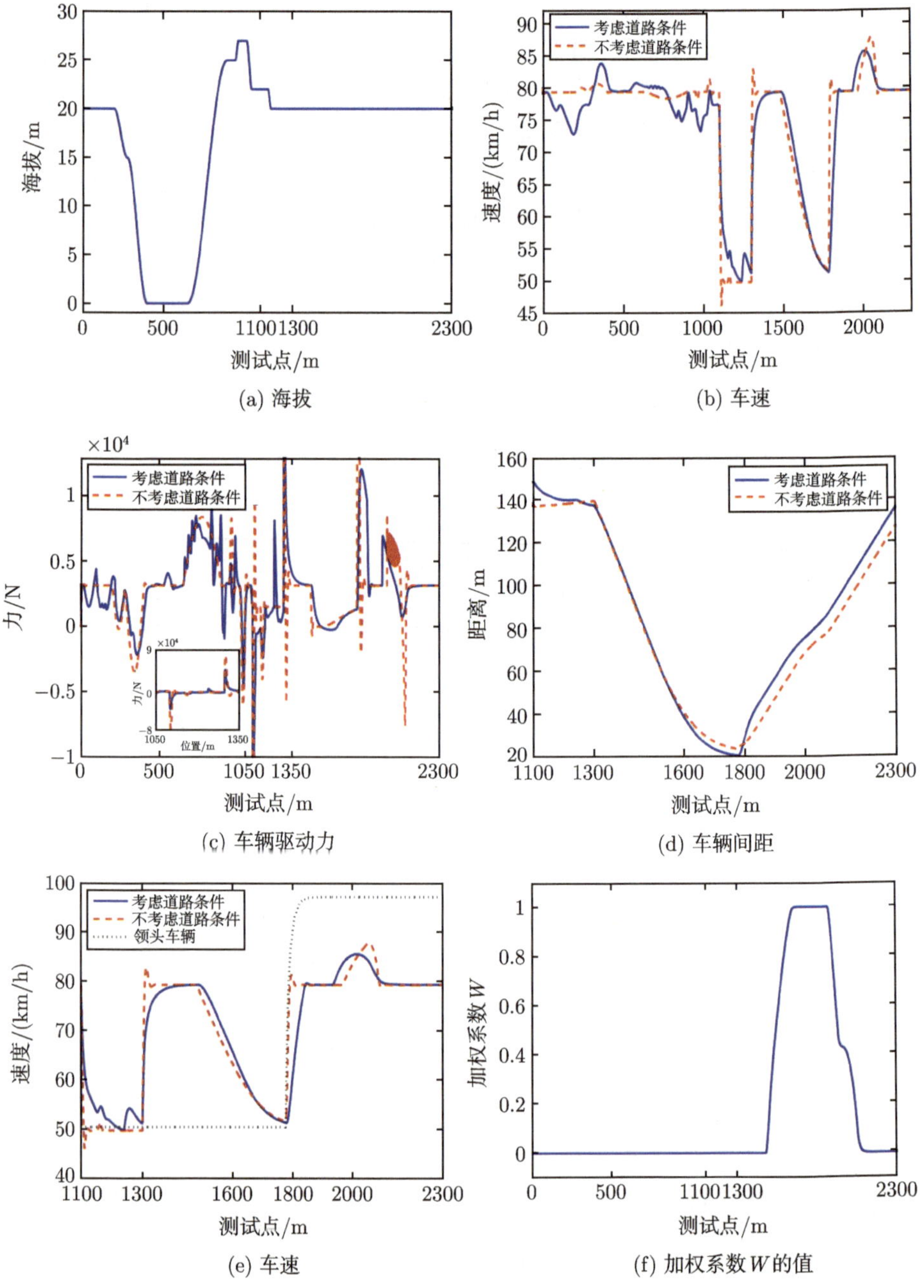

(a) 海拔　(b) 车速

(c) 车辆驱动力　(d) 车辆间距

(e) 车速　(f) 加权系数 W 的值

图 3.3　坡道行驶时的巡航控制系统

1100m 到 1300m 之间, 参考速度为 $v_{\mathrm{ref}} = 50\mathrm{km/h}$. 图 3.3(b) 显示了车辆的速度. 虚线表示控制器 2 以可接受的误差跟踪预设的恒定车速. 在下坡段和上坡段, 由于道路坡度的影响, 跟踪误差略有增加. 在限速标志处, 车辆速度迅速下降或增加. 同时, 由于控制器 1 减少了所需的纵向力, 下坡段的前方车速降低了, 见图 3.3(c). 考虑到道路条件, 利用了坡道阻力的减速效应, 节约了能源. 下坡段具有加速作用, 因此可以补偿下坡段开始时的速度损失. 在控制器 2 中, 制动系统也用于防止车速提高, 而在所提出的方法中, 需要进行制动的次数更少. 在这种情况下, 控制器 1 认为下坡段后有平坦的路段, 并且行驶阻力的减速效应可以减缓车速提升的情况. 在下坡段, 由于行驶阻力不使纵向力减小, 传统方法无法充分考虑坡道的影响. 在本节中, 控制器 2 还对恒定速度进行跟踪. 考虑到路况情况, 车辆在进入上坡段之前加速, 使得车辆可以以较小的纵向力按一定速度沿上坡段行驶. 图 3.3(c) 表明控制器 1 需要的纵向力较小, 其最大值约为控制器 2 所需纵向力的一半. 在 1100m 处, 限速标志出现、车速发生变化前, 车辆就已经开始减速.

仿真实例还表明了前方车辆的影响. 如图 3.3(d) 所示, 前方车辆仅以 50km/h 而不是 80km/h 的速度行驶, 使得车辆之间的距离缩短. 随后, 前方车辆加速, 车速超过 80km/h, 如图 3.3(e). 仿真结果表明, 由于车辆在接近前方车辆时考虑了制动距离, 所提出的巡航控制方法是能够适应前方车辆变化的. 而在有限速的路段, 跟踪车辆为了避免超过速度限制而落后于前方车辆. 此解决方案需要常规 ACC 车辆提供可用的雷达信息, 其速度控制是利用 W 值实现的, 如图 3.3(f) 所示. 仿真实例的结果表明, 考虑到道路坡度和速度限制, 控制器所需能量比传统控制器减少了 14%, 车速与初始速度的最大偏差约为 7km/h. 设计的控制系统能够适应外部环境.

3.4.2 后方车辆的处理

本节将在相对复杂的交通场景中说明该控制方法的有效性. 场景中, 采用节能的速度控制策略的受控车辆跟上了前方一辆速度较慢的车. 分析表明, 受控车辆一定会超过前方的慢行车辆. 但是, 如图 3.4(a) 所示, 此时相邻车道上有另一辆车正行驶在安全距离内. 由于车辆之间存在冲突, 受控车辆必须等到相邻车道变得适合通行了, 才能变道去超越前车. 然而, 受控车辆完成变道时, 在同一车道上, 另一辆在限速范围内行驶得更快的车辆赶上了受控车辆, 见图 3.4(b). 根据车道变换策略, 受控车辆将回到原来的车道. 本仿真实例中, 车辆处于下坡路段的起点, 其参考速度随速度限制变化而变化. 图 3.5 说明了在变道过程中当前车道和相邻车道中车辆控制信号和加权系数.

图 3.5(a) 显示了车辆的速度. 在第一部分中, 受控车辆以 110km/h 的恒定速度行驶追赶前方以 90km/h 速度行驶的车辆, 因此需提高加权系数 W 的值, 以避免与前方车辆发生碰撞, 见图 3.5(f). W 的提高是速度引起的. 前方车辆的速度

为 90km/h, 预设的安全距离为 $d_{\text{safe}} = 50\text{m}$. 同时, 由于相邻车道上有另一辆车, $R_{1,\text{new}} = 0$, 参见图 3.5(g). 当相邻车道上的车辆超过受控车辆时, $R_{1,\text{new}} = R_{1,\max}$, 其中 $R_{1,\max}$ 由驾驶员设置, 见 200m 路段点位置, 由于相邻车道车辆速度大于受控车辆速度, 故在相邻车道设置 $W_{\text{new}} = 0$, 见图 3.5(h), 由于不能保证新车道的安全距离, 故不启动超车操作. 超车和换道只在 310m 处开始, 当超车操作完成后, 新的车道成为当前车道, 而原来的车道则成为相邻车道. 受控车辆与被超的车辆之间的距离减小, 因此, 当前车道的 W 减小为零, 原车道的 W 增大为 1, 见图 3.5(f) 和 (h). 此外, 为了达到设计速度, 增加了速度, 见图 3.5(a), 油门信号见图 3.5(b).

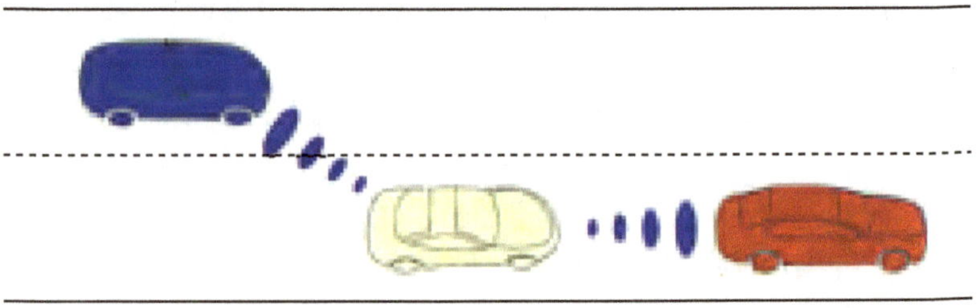

(a) 受控车辆与前方车辆的冲突

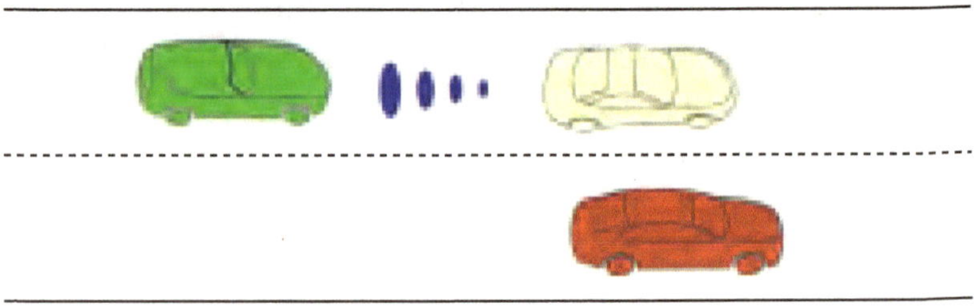

(b) 受控车辆与后方车辆的冲突

图 3.4　冲突情况示意图

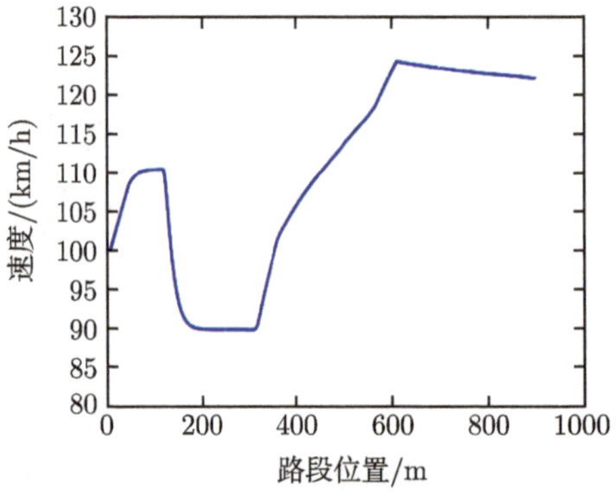

(a) 车速

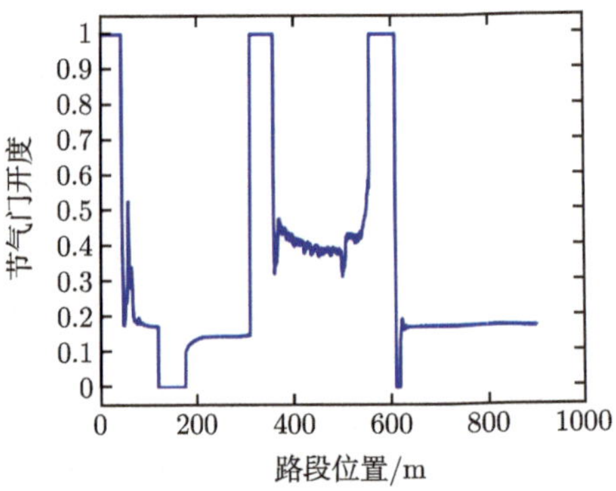

(b) 节气门开度

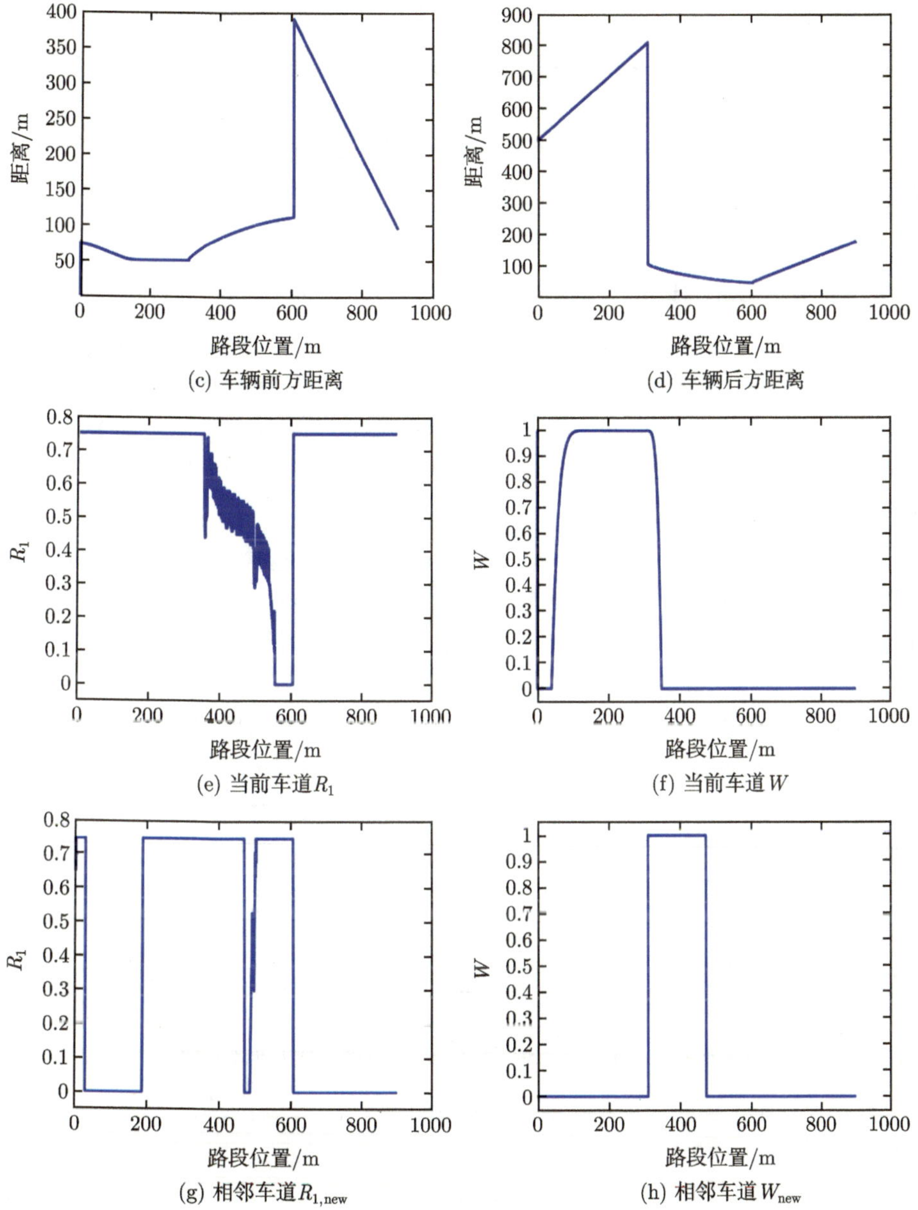

(c) 车辆前方距离　(d) 车辆后方距离

(e) 当前车道 R_1　(f) 当前车道 W

(g) 相邻车道 $R_{1,\mathrm{new}}$　(h) 相邻车道 W_{new}

图 3.5　车道变换过程中的信号

在仿真的第二部分 (有限速的路段), 后方车辆追赶上受控车辆的过程如图 3.5(d) 所示, 当受控车辆与后方车辆之间的距离减小到安全距离时, 为了使受控车辆加速, 减小了加权系数 R_1 的值, 如图 3.5(e) 所示 360m 路段点处. 因此, 受控车辆速度提高到 125km/h, 如图 3.5(a) 所示. 加速过程中, 超过相邻车道的车辆, 470m

路段点的 W_{new} 信号如图 3.5(h) 所示. 由于受控车辆比被超车辆快, 相邻车道的 $R_{1,\text{new}}$ 设置为 $R_{1,\max}$, 见图 3.5(g). 基于该信号, 车道变换策略会建议受控车辆返回原始车道. 当与被超车辆间的距离达到安全距离时, 即完成超车操作. 受控车辆驶回车道, 见 600m 路段点处. 因此, 与车辆后方的距离增加, 而车速和节气门开度显著减小, 见图 3.5(a) 和 3.5(f). 同时, 设置新车道的 $R_1 = R_{1,\max}$, 而相邻车道的 $R_{1,\text{new}} = 0$.

3.4.3 复杂的仿真场景

接下来, 通过复杂的仿真场景验证该方法的有效性. 仿真中, 采用 CarSim 软件建立高保真模型来分析车辆动力学特性, 并在 Simulink 中实现控制器的架构. 所选车辆是一辆质量为 2037kg 的小型货车. 受控车辆的速度和车道选择基于所提出的预测策略, 并考虑了周围车辆的信息. 仿真中, 车辆预测路段的水平距离为 1000m, 有 10 个路段点.

仿真包括三种不同的超车情况. 第一, 受控车辆超越前方车辆, 并且不再干扰车辆行驶, 见图 3.6. 第二, 受控车辆赶上前方行驶较慢的车辆, 见图 3.7. 然而, 在相邻车道上有一辆快速行驶的干扰车辆. 由于受控车辆与干扰车辆之间的距离小于 $d_{\text{safe}} = 40\text{m}$, 无法超车, 因此受控车辆必须减速以适应前面的慢速车辆. 当干扰车辆与受控车辆之间的距离大于 d_{safe} 时, 则可以超车, 如图 3.7 所示. 第三, 受控车辆超越慢行车辆, 进入相邻车道, 见图 3.8. 然而, 一辆快速干扰车辆赶上了受控车辆. 由于车辆速度慢, 受控车辆不能回到原来的车道. 因此, 受控车辆必须提高车速以适应后方车辆. 当受控车辆与领头慢行车辆之间的距离大于 d_{safe} 时, 受控车辆行驶回原来的车道, 可选择节能巡航.

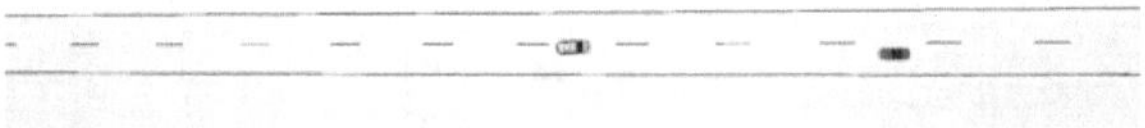

图 3.6 第一种超车操作 (受控车辆: 银色, 前方车辆: 蓝色)

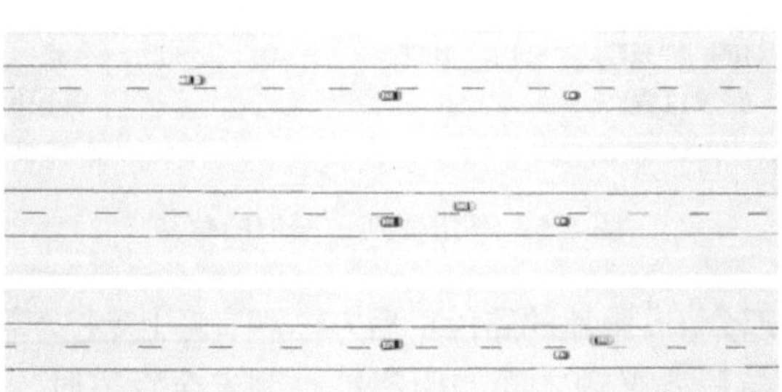

图 3.7 第二种超车操作 (受控车辆: 银色, 前方车辆: 白色, 干扰车辆: 黄色)

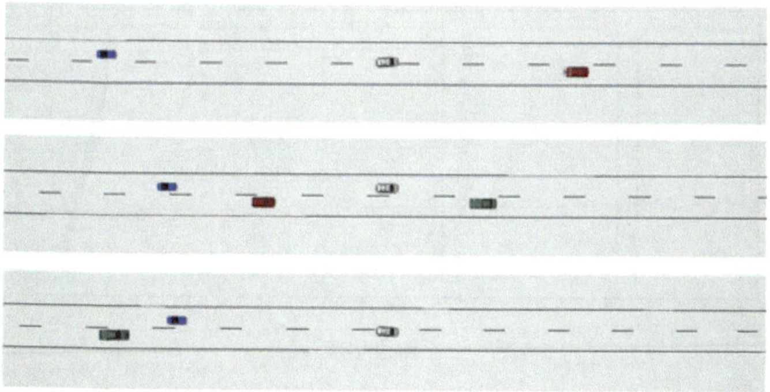

图 3.8 第三种超车操作 (受控车辆: 银色, 前方车辆: 红色和绿色, 干扰车辆: 蓝色)

图 3.9(a) 显示了道路的海拔. 在仿真实例中, 使用了匈牙利 M1 公路 15km 长路段的真实数据. 高度信息来自谷歌地球数据库. 整个路段的限速为 130km/h. 图 3.9(a) 显示, 公路包含多个上坡段和下坡段. 因此, 从能量最优巡航的角度来看, 预测控制是有效的. 图 3.9(b) 说明了车辆的速度变化. 清楚地显示了路段中地形特征对速度剖面的影响, 例如, 6.5km 至 9km 之间. 此外, 车速曲线还受交通和时间管理策略的影响.

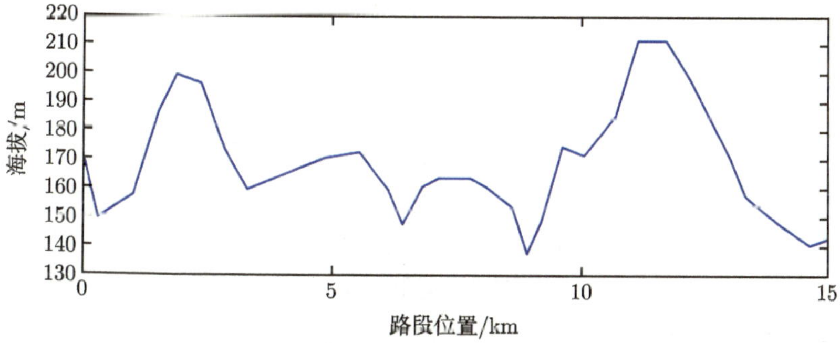

(a) 海拔

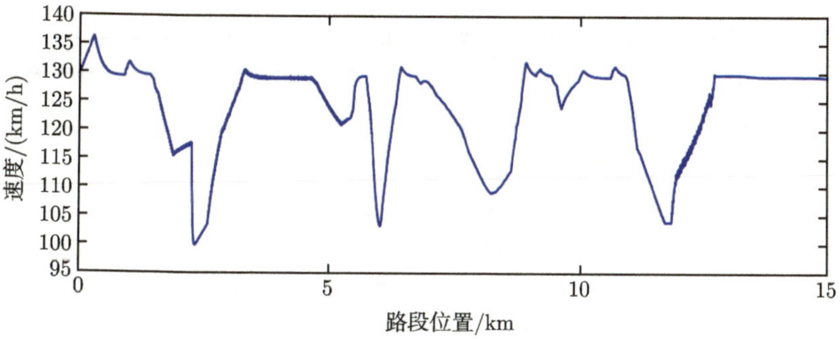

(b) 车速

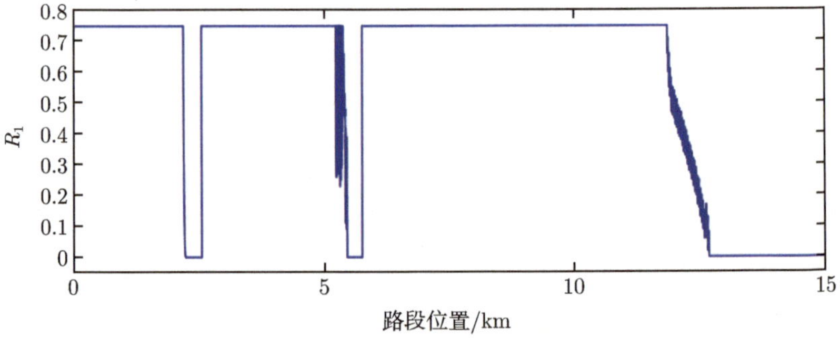

(c) 加权系数R_1

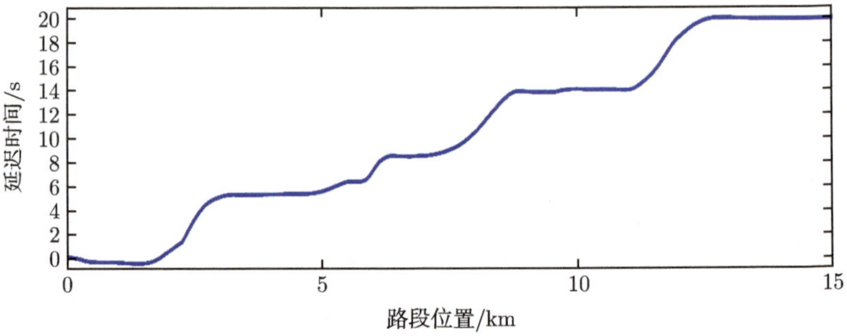

(d) 行驶延迟时间R_1

图 3.9 仿真结果

图 3.9(c) 显示了选择的 R_1. 在 2.3km 和 2.7km 之间, R_1 减小是第二种超车操作造成的. 也可以看出, 当受控车辆与低速车辆 v_{lead} 的速度相适应时, 选择 R_1 可改变车辆的速度 (图 3.9(b)). 此外, 在 5.2—6km 区段, 执行第三种超车操作. 在这种情况下, 必须降低权重 R_1 以适应后方车辆在 5.6km 处所达到的速度. 最后, 从路段点 12km 处开始修改 R_1, 以保证预定的时间延迟. 仿真中, 最大延迟为 5%, 即 20 秒. 延迟时间的增加如图 3.9(d) 所示. 结果表明, 最大延迟时间 $t_{\max}$ 是可以通过变化 R_1 来保证的.

仿真结果表明, 预测控制的车道变换策略是有效的, 确定了车道变换的必要性, 并在保证安全的情况下实现车道变换. 仿真实例表明, 通过调整预测速度, 可以减少与其他车辆的冲突和紧急情况的发生.

参 考 文 献

Ambuhl D, Guzzella L (2009) Predictive reference signal generator for hybrid electric vehicles. IEEE Trans Veh Technol 58(9): 4730-4740

Asadi B, Vahidi A (2011) Predictive cruise control: Utilizing upcoming traffic signal information for improving fuel economy and reducing trip time. IEEE Trans Control Syst Technol 19(3): 707-714

Barth A, Franke U (2008) Where will the oncoming vehicle be the next second? In Proceedings of the IEEE intelligent vehicles symposium, pp 1068-1073

Broadhurst AE, Baker S, Kanade T (2004) A prediction and planning framework for road safety analysis, obstacle avoidance and driver information. In: 11th World congress on intelligent trans-portation systems, vol 1, pp 1-12

Gáspár P, Németh B (2015) Design of look-ahead cruise control using road and traffic conditions. In: American control conference, Chicago, USA, pp 3447-3452

Németh B, Gáspár P (2013b) Design of vehicle cruise control using road inclinations. Int J Veh Auton Syst 11(4): 313-333

Németh B, Gáspár P (2014) Optimised speed profile design of a vehicle platoon considering road inclinations. IET Intell Transp Syst 8(3): 200-208

Saerens B, Rakha H, Diehl M, den Bulck EV (2013) A methodology for assessing eco-cruise control for passenger vehicles. Transp Res Part D 19: 20-27

van Keulen T, de Jager B, Foster D, Steinbuch M (2010) Velocity trajectory optimization in hybrid electric trucks. In: American Control Conference, pp 5074-5079

第 4 章　安全为重的车辆交互预测巡航控制设计

研究背景及意义

在智慧城市中，自动驾驶车辆间的交互作用是自动驾驶车辆研究的重要领域. 城市地区有大量道路交叉口，因此，在接近交叉口时，如何对车辆进行适当控制，这是一个具有巨大研究潜力的问题. 自动驾驶车辆的协调控制为交叉口车辆的交互作用提供了一种更灵活的解决方案，能够提高交通系统的效率，同时提高交通系统的安全性.

图 4.1 说明了自动驾驶车辆通过交叉口的情况. 带有交通标志的传统交叉口如图 4.1(a) 所示. 在这种情况下，有三辆车正接近交叉口. 由于 1 号车行驶在较高等级道路上，而其他两辆车的道路上有让路标志，因此 1 号车有权与其他两辆车相对行驶. 2 号车准备直行，而 3 号车准备左转. 在这种情况下，2 号车和 3 号车必须减速并在必要时停车. 它会使得能耗增加并造成延长通行时间.

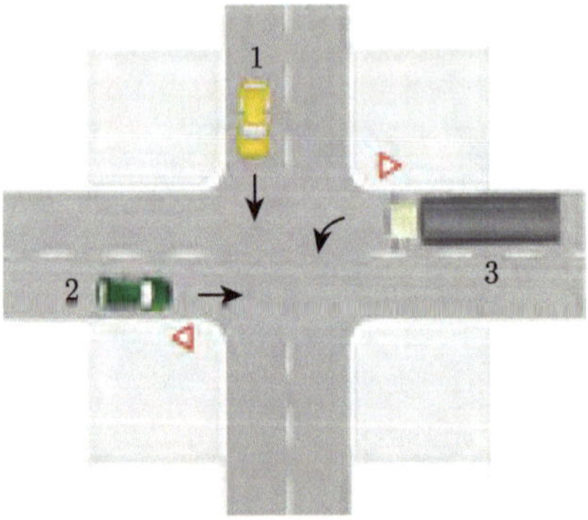

(a) 有交通信号灯的路口

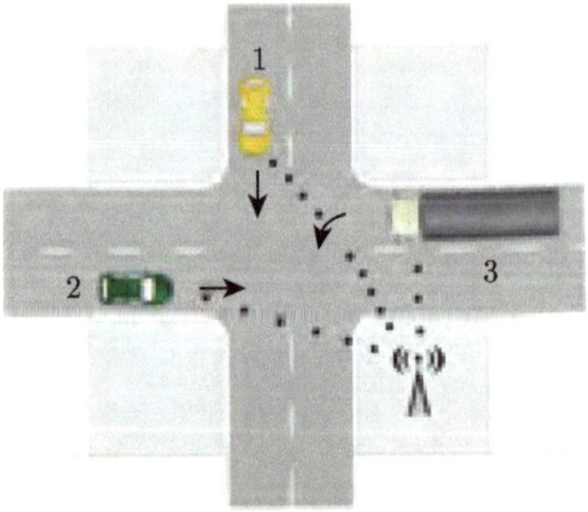

(b) 无交通信号灯的路口

图 4.1　交叉口通行场景

在场景中，如果没有交通标志 (图 4.1(b))，可以修改车辆的运动轨迹，以实现最短的行驶时间和最小的能耗. 然而，正如后续案例所述，该如何给交叉口的车辆排序才能得到最佳选择，这并不是简单的问题. 假设 1 号车为内燃机动力，且速度缓慢，2 号车是快速行驶的电动车辆，而 3 号车是一辆大质量的卡车. 根据目标函数的不同，车辆的顺序可能会有所不同.

(1) 如果目标是将行驶时间最小化，那么按 “2 号车–1 号车–3 号车” 的顺序交替通行是最佳选择, 这说明车辆的当前速度具有很高的相关性.

(2) 如果必须将能量损失降至最低, 则按 "3 号车–1 号车–2 号车" 的顺序交替通行是最佳选择, 这样一来重型车辆就不需要停车等待了.

(3) 但是, 如果以减少交叉口的排放为目标, 则按 "3 号车–1 号车–2 号车" 的顺序交替通行是最佳选择, 可避免常规车辆的启动/停止.

由于各种性能之间存在矛盾, 在自动驾驶车辆的控制中, 必须保证它们之间的平衡.

充分控制自动驾驶车辆在交叉口处的运动有几个优点. 在真实的交通场景中, 自动驾驶车辆与人工驾驶的车辆和行人共存. 明确交通规则是非常有必要的, 是决定各通行者运动的必要条件. 因此, 交通规则降低了自动驾驶车辆的可行性, 而且必须将人工的行为纳入交叉口的控制中. 人工行为的检测和预测是非常困难和复杂的问题 (Li et al., 2016; Aoude et al., 2012).

此外, 交叉口自动驾驶车辆控制策略的体系架构也应有所不同. 交叉口车辆的集中协调使交通系统的运行更加高效. 但是, 这需要增强基础设施, 例如, 车辆与车辆和车辆与基础设施间的通信 (Wuthishuwong and Traechtler, 2013). 此外, 自动驾驶车辆必须具有处理交互的决策逻辑. 因此, 交叉口的智能控制问题既有集中性又有个别性.

有几篇论文给出了关于交叉口的各种结果, 以下列出了部分内容. Tachet 等 (2016) 提出了基于排队理论的交叉口控制框架. 通过该框架, 提出了一种基于通行能力优化的双交叉口管理系统. Riegger 等 (2016) 提出了一种基于模型预测控制的交叉口集中控制方法. 与使用空间坐标的凸优化相比, 二次规划方法具备实时实现的可能性 (Murgovski et al., 2015). 通过特殊规则来定义交叉口区域, 降低问题的复杂性, 可保证避免发生碰撞, 但解决方案更加保守. Dresner 和 Stone (2008) 与 Hausknecht 等 (2011) 提出了一种自动交叉口管理系统, 从多智能体的角度来处理交叉口的连接. 此解决方案提供了一种快速倒车的可能性, 以响应快速变化的交通状况. Zohdy 和 Rakha (2012) 提出了另一种基于启发式优化算法的多智能体解决方案. 研究的目的是在避免碰撞的情况下, 减少整个交叉口总的延迟时间. Fayazi 等 (2017) 提出了一种基于混合整数线性规划的交叉口车辆协调方法. 控制的目标是找到车辆的到达时间表, 在减少停车次数和交叉口延时的同时确保安全.

此外, 新的基础设施元件在智能交叉口的自动驾驶车辆协调中发挥了一定的作用. 通过车辆与基础设施 (V2I) 间的通信技术, 智能元件能够向智能车辆传输信息 (Gardner et al., 2009). 运用交通信息, Asadi 和 Vahidi (2011) 提出了一种预测巡航控制, 可以考虑即将接收到的交通信号信息, 以提高燃油经济性并缩短行驶时间. 该算法利用雷达和交通信号来优化行驶速度. 然而, 在基础设施元件发生故障的情况下, 交通控制系统无法保证达到相应的标准. 因此, 智能车辆必须能够处理紧急情况, 而巡航控制系统必须保证车辆的经济性. 这就需要对交通场景中的其他参与者进行预估, 并由个人确定车辆自运动策略. Barth 和 Franke (2008), Broadhurst 等 (2004) 提出了在安全为重的交通应用中预测周围车辆运动的估算方法.

交通信号灯和基础设施故障的处理是智能车辆控制设计中的一项特殊任务. 以下提出了容错节能的速度剖面设计概念. 图 4.2 说明车辆从红绿灯这样的基础设施元件接收到有关当前信号灯 (红色/琥珀色/绿色) 的有效时间和运行信息. 如果交通灯的操作无故障, 则设计基于非周期时间的速度曲线 (Németh et al., 2013). 但是, 如果运行存在故障, 则需要其他信息源来保证车辆的安全运动, 例如, 其他车辆的运动 (距离、速度、加速度). 就像 Kesting 等 (2007) 和 Festag 等 (2008) 提出的, 信息可以由车辆与路边和车辆与车辆间的通信来提供. 此外, 还考虑了已知的道路坡度和限速数据. 车辆的路线是已知的, 因此加载此信息需要使用 GPS 测量当前位置, 例如, 在交通灯故障的情况下, 从安全的角度考虑, 可以区分两种更好的情况. 首先, 受控车辆沿主要路线行驶, 并且在交叉口处没有车辆具有优先权. 在这

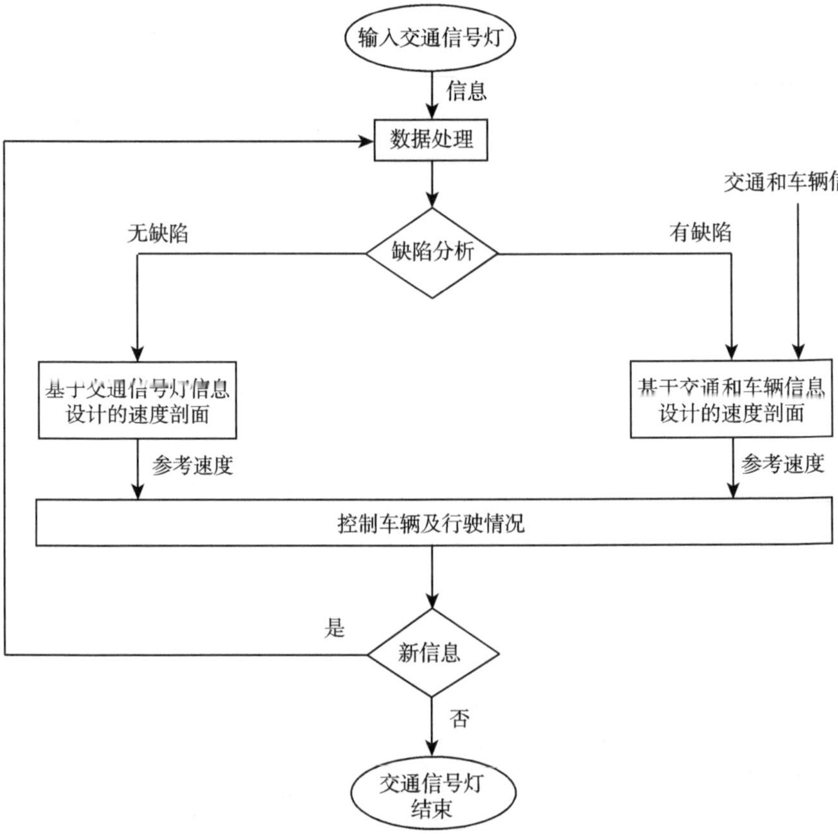

图 4.2　速度剖面设计策略流程图

种情况下, 车辆的运动不受其他车辆的影响. 非主要道路上的车辆必须遵守交通规则, 确保安全行驶. 速度曲线根据 Németh 等 (2013) 的设计. 其次, 受控车辆沿非主要路线行驶. 这意味着在设计速度剖面时必须考虑主要路线上车辆的运动. 影响受控车速曲线的车辆称为干扰车辆. 在这种情况下, 速度曲线的设计必须避免受控车辆和干扰车辆之间发生严重的安全冲突.

4.1 道路交叉口的车辆控制策略

研究表明, 交叉口智能车辆的控制取决于多个因素. 然而, 2.2 节中所提出的预测控制算法提供了适当的公式, 式中要将能耗和行驶时间一起处理. 在进一步研究交叉口问题时, 需要找出车辆的速度剖面. 这可以通过性能加权系数 R_1 来确保能耗和行驶时间之间的平衡. 此外, 设计的速度轨迹必须保证车辆能安全行驶, 即避免碰撞. 这是由 W 的选择来保证的. 这意味着对具有预测巡航控制功能的车辆的速度, 可以通过加权系数 R_1 和 W 产生影响.

交叉口车辆控制的基本思想是找出最大的车辆集合, 使车辆能够在其中进行合作. 配合是在没有停车指令的情况下, 能保证机组内受控车辆的安全运动. 在该装置中, 所有受控车辆都可以通过 R_1 和 W_0 来调整其行驶状态. 失控的受控车辆会受到 R_1 和 W_0 的影响, 以保证其安全行驶. 优化交叉口的作用是找到最大的一组车辆, 保证组内车辆可以协作行驶.

在交叉口的实际交通场景中, 人工驾驶的车辆和预测巡航控制的智能车辆一起行驶. 因为有人工驾驶, 于是有必要制订一些规则来控制其车辆的运动. 智能车辆则必须适应规则, 必须将这些约束条件纳入最优化问题中来考虑. 在智能车辆控制策略的设计过程中, 预估了人工驾驶车辆的运动, 由此得到基于可用信号 (如当前位置、速度和加速度) 的常规车辆的预测速度曲线, 见 4.2 节.

最优化过程中, 可以互相协作的车辆形成最大车辆集, 人工驾驶的车辆可以成为其中的一部分. 这意味着可以为智能车辆找到速度剖面, 从而避免其与人工驾驶的车辆发生碰撞, 并且不对车辆集中的车使用停车命令. 对于传统车辆, 假设人工是遵守交通规则的. 同样, 必须在人工驾驶员中建立一种信心, 即智能车辆也将遵守法规, 并避免在交叉口发生碰撞. 由此, 保证了传统车辆和智能车辆之间保持较长的安全距离.

计算协作车辆的最大车辆集需要定义车辆集的规模. 这将影响交叉口处车辆通行的顺序和协作车辆的规模. 此外, 这一数量可能代表了车辆在交通系统或某些社会方面扮演的重要角色. 例如, 规模可以定义为车辆中乘客的数量, 这意味着公共交通巴士的质量可能会增加. 另有实例说明交通流中存在高优先级车辆 (如救护车、消防车), 必须绝对保证其通行 (Dang et al., 2015; Smith et al., 2010; Nellore and

Hancke, 2016). 在这种策略中, 将准动能用于定义集合规模. i 号车的能量形成如下

$$E_i(t) = (1-\eta_i)\frac{1}{2}m_i v_i^2(t), \tag{4.1}$$

式中, m_i 是车辆的虚拟质量, $v_i(t)$ 是当前速度. 参数 η_i 与传动系统回收效率有关. 式 (4.1) 的参数选择如下所述.

(1) 虚拟质量 m_i 与车辆质量有关. 通常, m_i 等于车辆的整备质量, 如乘用车. 然而, 对公共交通巴士而言, m_i 也可能包括乘客的质量. 这样一来, 最优化问题中可以考虑车内乘客的数量. 由于 m_i 代表一项重要因素, 估计一下附加质量就可以了, 例如, 用乘客人数乘以单人平均质量就可以得到结果. 此外, 高优先级车辆的质量可以通过巨大的虚拟质量来衡量.

(2) 假定可获得各车的当前速度 $v_i(t)$. 这些速度值用于考虑这样一种情况：与低速车辆相比, 高速车辆停车可能带来更大的能量损失.

(3) 由于交通系统中可能有多辆混合动力和电动车辆, 可以通过能量回收它们的能量损失来减少. 参数 η_i 是传动系统中平均的能量回收效率. 结果表明, 与传统的内燃机驱动系统相比, 混合动力或电动汽车的能量损失更小.

在交叉口最优化问题中, 车辆集的准动能之和必须最大化：

$$\max_{\omega_{k,l}\in\Omega}\sum_{i=1}^{k}E_i(t), \tag{4.2}$$

式中, Ω 是交叉口周围感兴趣区域内所有车辆的集合, 在 $\omega_{k,l}$ 中, 子集 k 是 l 子集内的车辆数. 由于可以从 Ω 生成车辆的若干个 $\omega_{k,l}$ 子集, 因此需要根据 $\sum_i E_i(t)$ 对其进行排序. 随后, 有必要检查 $\omega_{k,l}$ 的车辆是否能够参与协作. 优化结果是得到可参与协作的 $\omega_{k,l}$ 的最大值.

例如, 将有四辆带预测巡航控制的智能车辆位置视为交叉口. 集合组成如下：

(1) 所有车辆均参与协作 $\omega_{4,A}$;

(2) 三辆车参与协作, 形成 $\begin{pmatrix}4\\3\end{pmatrix}=4$ 种组合方式, 即 $\omega_{3,A}$, $\omega_{3,B}$, $\omega_{3,C}$,$\omega_{3,D}$;

(3) 两辆车参与协作, 得到 $\begin{pmatrix}4\\2\end{pmatrix}=6$ 种组合方式, 如 $\omega_{2,A}$, $\omega_{2,B}$, $\omega_{2,C}$, $\omega_{2,D}$, $\omega_{2,E}$, $\omega_{2,F}$;

(4) 不能找到协作车辆, 最终得到单个元素的集合, 即 $\begin{pmatrix}4\\1\end{pmatrix}=4$ 种组合方式 $\omega_{1,A}$, $\omega_{1,B}$, $\omega_{1,C}$, $\omega_{1,D}$.

由此, 总共可得候选组合数为 $\begin{pmatrix}4\\4\end{pmatrix}+\begin{pmatrix}4\\3\end{pmatrix}+\begin{pmatrix}4\\2\end{pmatrix}+\begin{pmatrix}4\\1\end{pmatrix}=15$. 需将组合 $\omega_{k,l}$ 按能量 $\sum_i E_i(t)$ 排序.

总之, 交叉口车辆速度剖面设计的过程如下:

(1) 确定交叉口周围的感兴趣区域;

(2) 预测人工驾驶车辆的速度曲线;

(3) 车辆准动能的测定;

(4) 合作车辆候选子集的排列顺序;

(5) 通过预测优化算法选择合作车辆的最大集合;

(6) 超出设定范围的车辆的顺序和速度剖面设计.

4.2 道路交叉口的车辆轨迹预测

设计智能车辆的速度剖面需要对其自身运动和人工驾驶车辆的运动进行预测. 以下内容介绍了车辆的预测过程.

4.2.1 人工驾驶车辆轨迹预测

在预测人工驾驶车辆的过程中, 提出了几个假设. 首先, 假设受控车辆具有干扰车辆的速度和加速度 $(\dot{\eta}, \ddot{\eta})$ 以及当前与交叉口 e_η 的距离信息. 其次, 干扰车辆匀加速行驶, 直到达到限速值. 当人工驾驶的车辆达到限速 $v_{\text{ref},j}$ 时, 不再进一步加速. 因此, 在迎面而来的路段, 车辆的预测速度为 $v_{\text{ref},j}, \cdots, v_{\text{ref},n}$.

传统驱动车辆所选择的速度剖面如图 4.3 所示. 以下距离和加速度方程描述了速度剖面情况:

$$e_\eta = \dot{\eta} t_{\text{acc}} + \frac{v_{\text{ref,int}} - \dot{\eta}}{2} + v_{\text{ref,int}}(t_{\text{int}} - t_{\text{acc}}), \tag{4.3}$$

$$\ddot{\eta} = \frac{v_{\text{ref,int}} - \dot{\eta}}{t_{\text{acc}}}, \tag{4.4}$$

其中 $v_{\text{ref,int}}$ 是路线上车辆的限速值, t_{acc} 是加速的持续时间, 而 t_{int} 是到达交叉口所需的时间. t_{int} 由式 (4.3) 与式 (4.4) 表示为

$$\begin{aligned} t_{\text{int}} = {} & \frac{v_{\text{ref,int}} - \dot{\eta}}{\ddot{\eta}} \\ & + \frac{1}{v_{\text{ref,int}}} \left[e_\eta - \dot{\eta} \frac{v_{\text{ref,int}} - \dot{\eta}}{\ddot{\eta}} - \frac{(v_{\text{ref,int}} - \dot{\eta})^2}{2\ddot{\eta}} \right]. \end{aligned} \tag{4.5}$$

时间 t_{int} 表示了人工驾驶车辆到达交叉口时的临界情况, 在计算受控车辆运动时会考虑该时间值.

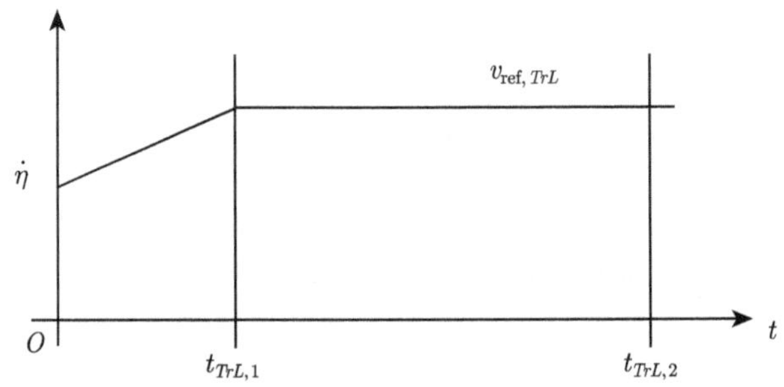

图 4.3　人工驾驶车辆的速度剖面

4.2.2　受控车辆的速度预测

此外, 还需要对受控车辆提供速度预测方法. 计算结果与后方车辆的运动情况相同, 在 3.2 节中进行了分析.

以下步骤用于计算车辆在路段点 n 处的预测速度. 使用式 (3.6), 重新计算得到 ϑ 为

$$\vartheta = v_{\mathrm{ref},0}^2(1 - R_1) + R_1\bar{\vartheta}, \tag{4.6}$$

式中, $\bar{\vartheta}$ 包含用高能效预测加权系数 $\bar{Q}, \bar{\gamma}_i$ 计算得出的 ϑ 值. 由式 (3.7), 根据推测的道路信息得到参考速度 λ 的平方:

$$\lambda^2 = v_{\mathrm{ref},0}^2(1 - R_1) + R_1\bar{\lambda}^2. \tag{4.7}$$

由式 (3.10), 预测车辆在路段点 n 处的速度平方如下

$$\dot{\xi}_n^2 = (R_1\mathcal{N}_1 + \mathcal{N}_2)R_1 + (1 - R_1)v_{\mathrm{ref},n}^2 \tag{4.8}$$

与加权系数 R_1 有关. 式中, $\mathcal{N}_1$ 与前面的路段点数无关, $\mathcal{N}_2$ 包含每个路段的道路等级信息.

速度预测的目的是确定受控车辆在不同时间的位置. 本节中, 当行驶时间为 Δt_1 时, 受控车辆从点 ξ_0 移动到点 ξ_1, 经过的距离为 s_1. 在最优化方法中, 假设车辆的加速度可能在不同的距离间隔内发生变化, 但在同路段内, 加速度是恒定的. 因此, 在第一个区间中行驶时间用 $\Delta t_1 = 2s_1/(\dot{\xi}_1 + \lambda)$ 表示, 其中 λ 和 $\dot{\xi}_1$ 可由方程 (3.7) 和 (3.10) 得到. 点 ξ_1 到 ξ_2 之间的行驶时间可类似地表示 $\Delta t_2 = 2s_2/(\dot{\xi}_2 + \dot{\xi}_1)$. 使用计算的时间值得到向量 $\Delta T = [\Delta t_1, \cdots, \Delta t_n]^{\mathrm{T}}$. 此外, 路段点的位置也以向量形式排列, 如 $\varXi = [\xi_1, \cdots, \xi_n]^{\mathrm{T}}$.

4.3　速度剖面的优化设计

最优化过程主要通过修改候选协作车辆集合中所有车辆的加权系数 R_1 来完

成. R_1 的作用是保证能量最优和最短行驶时间运动剖面之间的平衡. 与超车情况下的巡航策略类似 (第 3 章), 有必要找到每辆车的最大 R_1, 从而保证交叉口处其他车辆的安全行驶.

然而, 如果交叉口出现问题, 则需要同时为多辆车设计加权系数 R_1. 因此, 在下文中, 用 $R_{1,i}(t)$ 表示 t 时刻车辆 i 的性能权重. 此外, 有必要定义目标函数, 通过该函数可以衡量受控车辆的重要性. 可采用之前定义的 $R_{1,i}(t)$, 该值具有相同的作用. 因此, 优化的目标函数是

$$\max_{R_{1,i}(t)\in[0,R_{1,\max}]} \sum_{i\in\omega} E_i(t)R_{1,i}(t), \tag{4.9}$$

式中, $R_{1,\max}$ 是 $R_{1,i}(t)$ 的上限值.

最优化的目标受到一些安全准则的约束, 这些准则保证了集合 ω 中车辆之间避免发生碰撞. 关于限制条件, 车辆之间的安全距离 s_{safe} 是预先确定的. s_{safe} 的值取决于交叉口的限速值 $v_{\text{ref},i}$ 和连接到交叉口的道路数量. 车辆 i 和 j 之间的约束表示如下. 如果车辆 j 在预测时间 t_j 到达交叉口, 则车辆 i 必须至少与交叉口区域保持距离 s_{safe}. 约束条件定义为

$$e_i - \xi_i(t_j) > s_{\text{safe}}, \quad \forall i \neq j, \tag{4.10}$$

式中, i 表示车辆 i, e_i 表示当前车辆 i 与交叉口之间的距离; $\xi_i(t_j)$ 是车辆 i 在 t_j 时与其当前位置之间的预测距离.

因此, 最优化问题可表示为

$$\max_{R_{1,i}(t)\in[0,R_{1,\max}]} \sum_{i\in\omega} E_i(t)R_{1,i}(t), \tag{4.11}$$

约束条件为

$$e_i - \xi_i(t_j) > s_{\text{safe}}, \quad \forall i \neq j.$$

最优化问题方程 (4.11) 的求解需要一些预测过程. 需为每辆车 j 选择候选 $R_{1,j}$ 值, 并提供如下预测. 用 $R_{1,j}$ 计算车辆 j 的预测向量 $\varXi, \Delta T$, 见 4.2 节. 利用车辆 j 与交叉口的当前距离 e_j, 计算 t_j 为

$$t_j = \text{interp}(\varXi_j, \Delta T_j, e_j). \tag{4.12}$$

随后, 确定所有 $i \neq j$ 的车辆的 $\xi_i(t_j)$.

(1) 对于智能控制车辆, 计算 $\varXi_i$ 和 ΔT_i (4.2 节).

随后, 计算 $\xi_i(t_j)$ 为

$$\xi_i(t_j) = \text{interp}(\Delta T_i, \varXi_i, t_j). \tag{4.13}$$

(2) 对人工驾驶的车辆, $\xi_i(t_j)$ 是通过预测运动剖面来计算的, 见图 4.3.

因此, 使用式 (4.10) 计算与车辆 j 和 i 有关的约束.

例如, 对于三辆智能车, 确定了以下限制条件:

(1) $j=1$, 对于选定的 $R_{1,1}$ 值, 计算向量 $\varXi_i, \Delta T_i$, 从而使用测得的 e_1 得出 t_1, 见式 (4.12). 另外, 式 (3.10) 通过计算 $\Delta T_2, \Delta T_3, \varXi_2, \varXi_3$, 得到了 $\xi_2(t_1), \xi_3(t_1)$. 约束条件是 $e_2-\xi_2(t_1)>s_{\text{safe}}$ 及 $e_3-\xi_3(t_1)>s_{\text{safe}}$.

(2) $j=2$, 同样, 对于给定的 $R_{1,2}$, 计算 t_2 的值. 形成约束条件 $e_1-\xi_1(t_2)>s_{\text{safe}}$ 及 $e_3-\xi_3(t_2)>s_{\text{safe}}$, 如上所示.

(3) $j=3$, 最后, 由 $R_{1,3}$ 计算得到 t_3, 并形成约束条件 $e_1-\xi_1(t_3)>s_{\text{safe}}$ 及 $e_2-\xi_2(t_3)>s_{\text{safe}}$. 因此, 形成本例中的最优化问题如下

$$\max_{R_{1,i}(t)\in[0,R_{1,\max}]} \sum_{i=1}^{3} E_i(t)R_{1,i}(t), \tag{4.14}$$

使得

$$\begin{aligned}
&e_2-\xi_2(t_1)>s_{\text{safe}}, \quad e_3-\xi_3(t_1)<s_{\text{safe}}, \quad e_1-\xi_1(t_2)>s_{\text{safe}},\\
&e_3-\xi_3(t_2)>s_{\text{safe}}, \quad e_1-\xi_1(t_3)<s_{\text{safe}}, \quad e_2-\xi_2(t_3)>s_{\text{safe}}.
\end{aligned}$$

实际上, 最优化过程方程 (4.11) 的求解可能需要大量的计算. 因此, 在计算中采用了前面优化步骤的结果, 如 $R_{1,1}^{\text{old}}, R_{1,2}^{\text{old}}, R_{1,3}^{\text{old}}$. 新的解决方案 $R_{1,i}^{\text{new}}$ 是在区间 $[\max(R_{1,1}^{\text{old}}-\alpha,0), \min(R_{1,i}^{\text{old}}+\alpha, R_{1,\max})]$ 中搜索, 其中区间分为 n 个点, 用 α 定义搜索范围. 该求解过程的目的是保证降低最优化方法的复杂性, 从而使其在实际中得到应用.

4.4 仿真结果

通过两个仿真实例说明如何设计交叉口车辆的预测速度剖面. 在第一个场景中, 三辆自动驾驶车位于交叉口周围的感兴趣区域. 因此, 可以同时控制三辆车的运动. 在第二个实例中, 在交叉口发现两辆车: 一辆人工驾驶的车和一辆自动驾驶的车. 这个场景说明巡航控制策略能够处理各种车辆的混合交通.

4.4.1 自动驾驶车辆间的交互情况

在该方案中, 有三种智能车辆具有预测巡航控制, 其位置和转向意图如图 4.4 所示. 此外, 路网的限速为 50km/h, 但两条道路的限速要求有所不同. 尽管认为交叉口是平面交叉口, 但由于各种速度限制, 必须优化车辆的速度曲线. 本例中, 车辆的质量及其与交叉口中心的距离 ξ_0 是各不相同的. 车辆的初始速度即视同为限速值, 例如, 1 号车和 2 号车的速度为 50km/h, 而 3 号车的速度为 60km/h.

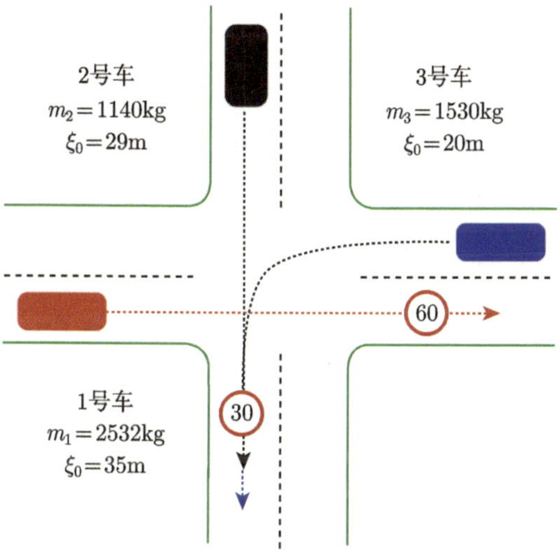

图 4.4 车辆初始位置的场景

根据 4.1 节中提出的车辆能量值, 确定最大协作车辆组. 考虑到所有车辆的 $\eta_i = 0$, 当 $t = 0$ 时的能量值为 $E_1(0) = 244\text{kJ}$, $E_2(0) = 109\text{kJ}$, $E_3(0) = 212\text{kJ}$. 因此, 集合的顺序如下.

(1) 所有车辆参与协作: ω_3 能量为 565kJ;

(2) 两辆车协作: $\omega_{2,1}$ (1 号车–3 号车) 能耗 456kJ, $\omega_{1,2}$ (1 号车–2 号车) 能耗 353kJ, $\omega_{2,3}$ (2 号车–3 号车) 能耗 321kJ;

(3) 无法协作: $\omega_{1,1}$ (1 号车) 能耗 244kJ, $\omega_{1,2}$ (3 号车) 能耗 212kJ, $\omega_{1,3}$ (2 号车) 能耗 109kJ.

仿真实例表明, 3 号车是交叉口的第一辆车, 1 号车是第二辆车, 2 号车是最后一辆车, 见图 4.5. 在仿真过程中, 安全距离设为 $s_{\text{safe}} = 3\text{m}$, 在所有的交互作用中都必须保证安全距离.

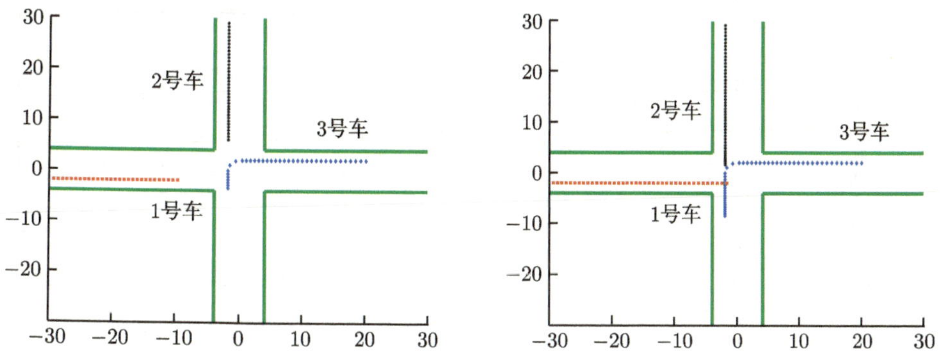

(a) 3号车左转　　(b) 1号车在路口巡航直行

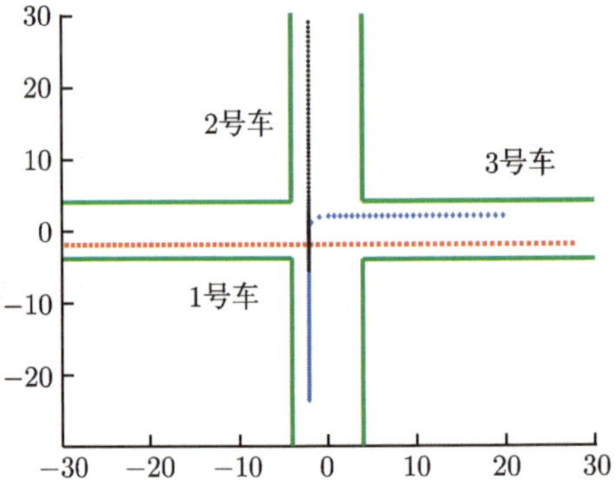

(c) 2号车巡航行驶最后通行

图 4.5　智能车辆在交叉口的巡航

预测巡航控制策略的最重要仿真结果如图 4.6 所示. 车辆的速度值如图 4.6(a) 所示, 表明 3 号车的速度曲线在稳定下降, 而 2 号车必须停车以避免与 1 号车发生碰撞. $R_{1,i}$ 值如图 4.6(b) 所示. 它表明 $R_{1,3}$ 在仿真过程中具有最大值, 这意味着

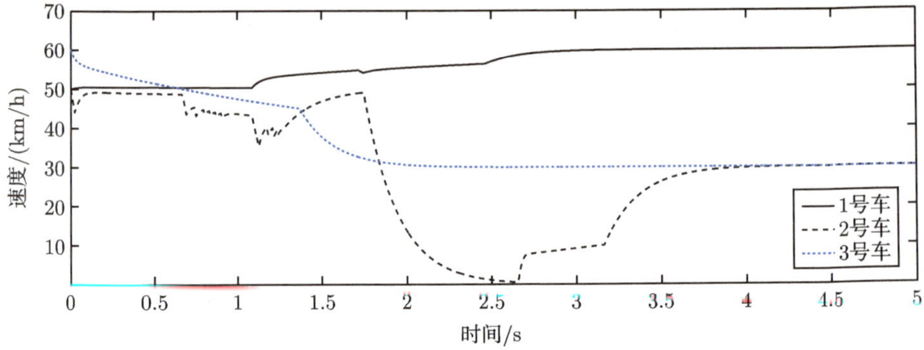

(a) 车速

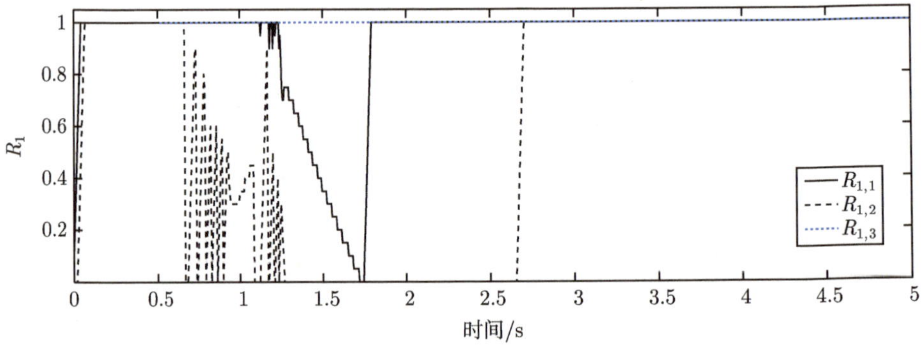

(b) $R_{1,i}$ 的值

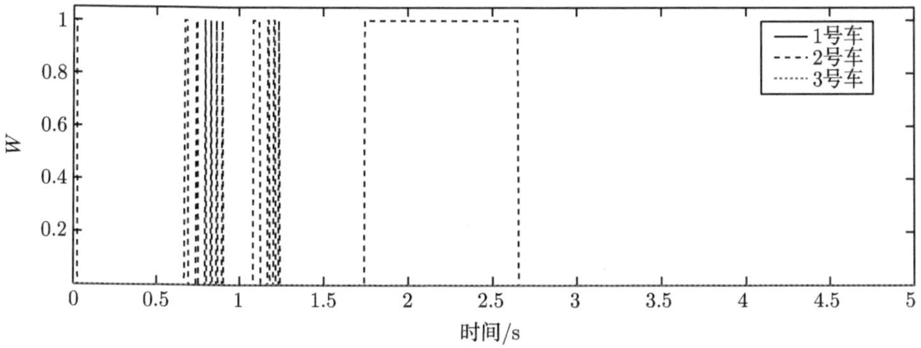

(c) 车辆加权系数 W_i

图 4.6 三辆车的仿真结果

3 号车能够以其最小的能耗巡航. 然而, $R_{1,1}$ 在 1.2—1.7s 减小, 这使得加速度提高, 以保证 1 号车与 2 号车之间保持安全距离 s_{safe}. 如图 4.6(b) 所示, 2 号车的 $R_{1,2}$ 信号变化最大. 此外, 图 4.6(c) 表明, 必须多次修改 2 号车的 W 值. 因此, 大部分仿真都可以达到 ω_3, 但在某些时间段内 (例如, 0.6—0.9s, 1.1—1.3s, 1.7—2.6s) $\omega_{2,1}$ 是与 1 号车和 3 号车协调的最大集合. 然而, 所提出的策略能够使车辆之间保持预先确定的安全距离.

4.4.2 人工驾驶与自动驾驶车辆间的交互情况

第二个仿真场景包括两辆车, 三种仿真情况由 CarSim 车辆动力学软件完成. 根据智能网联车辆的初始位置区分出不同的情况. 仿真中, 人工驾驶的车辆处于主要路线上, 而具有预测巡航控制功能的自动驾驶车辆处于非主要道路上, 见图 4.7. 请注意, 如果只涉及智能网联车辆, 则不足以定义道路之间的层次结构, 而在混合交通情况下, 需为人工驾驶的车辆提供规则. 此外, 安全距离 s_{safe} 增加到 20m, 表明对驾驶员有信心, 并由智能网联车辆前面的锥体区域表示.

仿真中, 交通灯的运行存在故障, 因此, 必须采用所提出的速度剖面设计方法来解决问题. 在所有情况下, 干扰车辆到达交叉口所需的预测时间为 1s. 安全距离设为 $s_{\text{safe}} = 20\text{m}$.

所有仿真实例中, 传统车辆的初始速度和位置都相同. 因此, 在所有仿真中 $t_{\text{int}} = 8.5\text{s}$. 这三种情况的区别在于受控车辆的初始位置. 在情况 1 中, 智能网联车辆与交叉口的初始距离为 90m, 而在情况 2 中, 初始距离为 110m, 在情况 3 中, 初始距离增加到 150m. 图 4.7 显示了传统车辆到达交叉口时的时间 t_{int}. 在情况 1 中, 车辆之间可实现协作, 这意味着智能网联车辆将首先到达交叉口, 见图 4.7(a). 图 4.7(b) 显示了情况 2 的场景, 车辆之间无法完成协作, 并且必须显著降低智能网联车辆的速度. 然而, 可以看出, 交叉口的冲突是可以避免的, 安全巡航是可以得到保证的. 情况 3 证明了在两辆车中加入最大合作集标准的结果. 如图 4.7(c) 所示, 人工驾驶的车辆首先到达交叉口, 智能网联车辆随后到达.

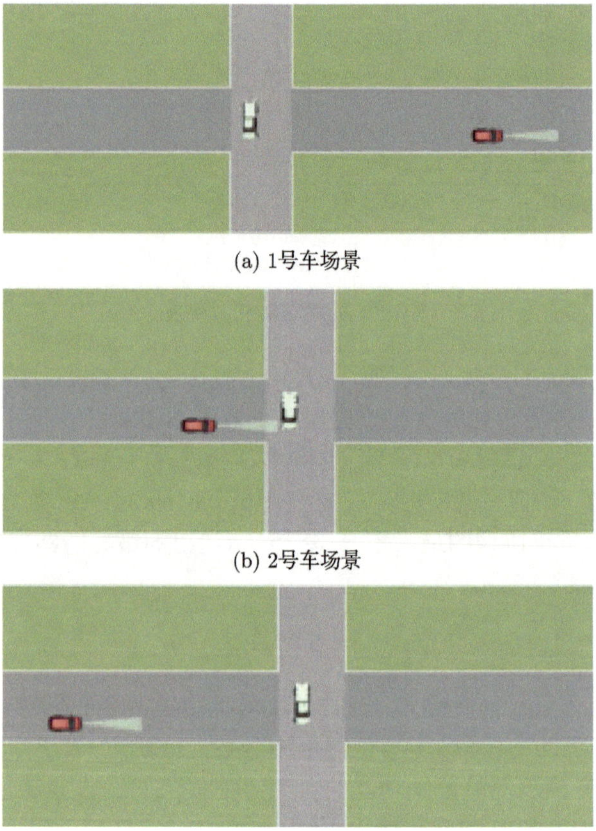

(a) 1号车场景

(b) 2号车场景

(c) 3号车场景

图 4.7　交叉口的车辆通行情况 (智能网联车–红色; 人工驾驶车辆–绿色)

仿真实例的数值结果如图 4.8 所示. 车辆的速度如图 4.8(a) 所示. 在情况 1 中, 提高受控车辆的速度以便快速到达交叉口, 而在情况 3 中, 速度略有降低. 原因是选择了不同的 R_1 权重, 如图 4.8(b) 所示. 情况 3 中的 R_1 一直处于 $R_{1,\max}=1$ 的状态, 而情况 1 中的 R_1 则略有降低. 在这两种情况下, 可以认为协调后, 车辆的运动达到了能量最优的状态, 但在情况 3 中, 能耗有所降低.

情况 2 中, 交叉口的情况与之前的实例不同. 在距离站点 70m 处之前, 最大协调集都包含两辆车. 预测智能车能够先到达交叉口, 这使得 R_1 明显减小, 车速提高, 见图 4.8(a)、图 4.8(b), 但 70m 后, 修改了预测情况, 将无法保证车辆运动的协调性. 所有计算步骤可预测到, 这种变化是人工驾驶车辆造成的, 见图 4.8(d). 因此, 在 70m 处后, 激活 W 值, 如 4.8(c) 所示.

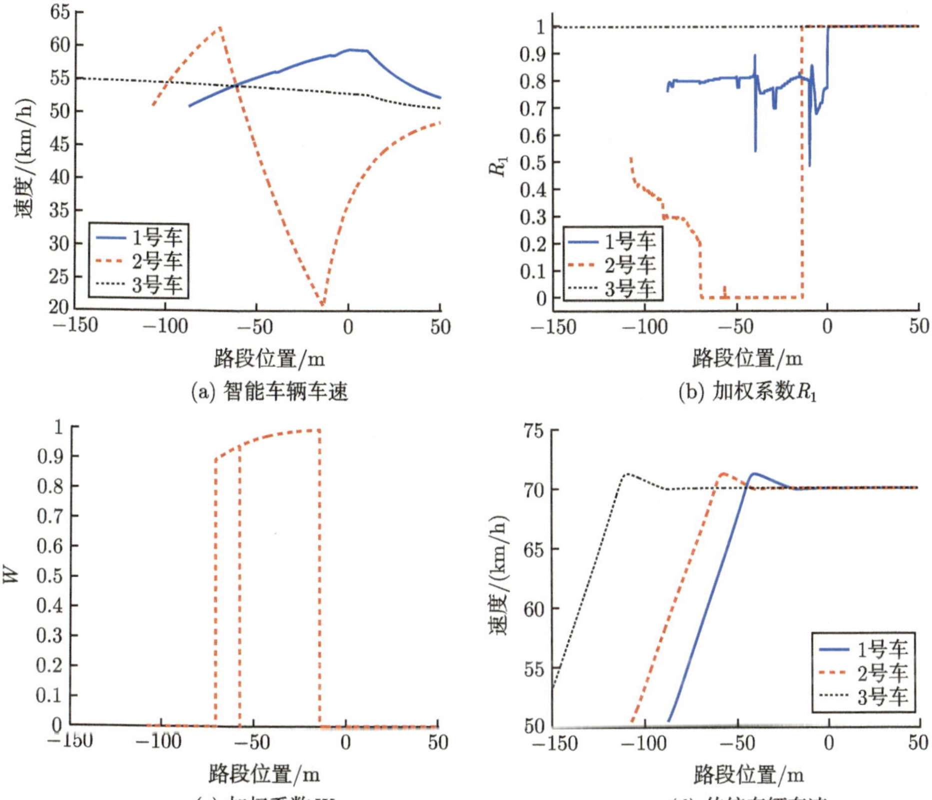

(a) 智能车辆车速 (b) 加权系数R_1 (c) 加权系数W (d) 传统车辆车速

图 4.8 混合交通情况下两辆车的仿真结果

参 考 文 献

Aoude G, Desaraju V, Stephens L, How J (2012) Driver behavior classification at intersections and validation on large naturalistic data set. IEEE Trans Intell Transp Syst 13(2): 724-736

Asadi B, Vahidi A (2011) Predictive cruise control: utilizing upcoming traffic signal information for improving fuel economy and reducing trip time. IEEE Trans Control Syst Technol 19(3): 707-714

Barth A, Franke U (2008) Where will the oncoming vehicle be the next second? In: Proceedings of the IEEE intelligent vehicles symposium, pp 1068-1073

Broadhurst AE, Baker S, Kanade T (2004) A prediction and planning framework for road safety analysis, obstacle avoidance and driver information. In: 11th world congress on intelligent trans-portation systems, vol 1, pp 1-12

Dang D, Tanwar J, Masood S (2015) A smart traffic solution for high priority vehicles. In:

2015 1st international conference on next generation computing technologies (NGCT), pp 466-470
Dresner K, Stone P (2008) A multiagent approach to autonomous intersection management. J Artif Intell Res 31(1): 591-656
Fayazi SA, Vahidi A, Luckow A (2017) Optimal scheduling of autonomous vehicle arrivals at intelligent intersections via MILP. In: 2017 American control conference (ACC), pp 4920-4925
Festag A, Hessler A, Baldessari R, Le L, Zhang W, Westhoff D (2008) Vehicle-to-vehicle and road-side sensor communication for enhanced road safety. In: 15th world congress on intelligent transport systems
Gardner K, Souza C, Hounsell N, Shrestha B, Bretherton D (2009) Review of bus priority at traffic signals around the world. UITP Working Group Technical Report
Hausknecht M, Au TC, Stone P (2011) Autonomous intersection management: multi-intersection optimization. In: 2011 IEEE/RSJ international conference on intelligent robots and systems, pp 4581-4586
Kesting A, Treiber M, Schnhof M, Helbing D (2007) Extending adaptive cruise control to adaptive driving strategies. Trans Res Rec 2000: 16-24
Li J, He Q, Zhou H, Guan Y, Dai W (2016) Modeling driver behavior near intersections in hidden markov model. Int J Environ Res Public Health 13(12)
Murgovski N, de Campos GR, Sjöberg J (2015) Convex modeling of conflict resolution at traffic intersections. In: 2015 54th IEEE conference on decision and control (CDC), pp 4708-4713
Nellore K, Hancke G (2016) Traffic management for emergency vehicle priority based on visual sensing. Sensors 16(11) (Basel, Switzerland)
Németh, Csikós A, Gáspár P, Varga I (2013) Design of optimal cruise control considering road and traffic information. In: IFAC joint conference, 5th symposium on system structure and control, Grenoble, France
Riegger L, Carlander M, Lidander N, Murgovski N, Sjöberg J (2016) Centralized MPC for autonomous intersection crossing. In: 2016 IEEE 19th international conference on intelligent transportation systems (ITSC), pp 1372-1377
Smith S, Pavone M, Bullo F, Frazzoli E (2010) Dynamic vehicle routing with priority classes of stochastic demands. SIAM J Control Optim 48(5): 3224-3245
Tachet R, Santi P, Sobolevsky S, Reyes-Castro LI, Frazzoli E, Helbing D, Ratti C (2016) Revisiting street intersections using slot-based systems. PloS one 11: e0149607
Wuthishuwong C, Traechtler A (2013) Vehicle to infrastructure based safe trajectory planning for autonomous intersection management. In: 2013 13th international conference on ITS telecom-munications (ITST), pp 175-180
Zohdy I, Rakha H (2012) Optimizing driverless vehicles at intersections. In: 19th ITS world congress, Vienna, Austria

第二部分
交通流分析

第 5 章　从微观角度分析交通流与巡航控制间的关系

研究背景及意义

为道路车辆制订高能效策略一直是汽车工业各研发中心关注的重点. 实现高能效策略的方法之一是预测控制, 主要针对的是车辆的速度控制. 预测控制的目的在于设计车辆的行驶速度, 从而在保证行程时间的同时降低驱动能耗和燃料消耗量. 此外, 在设计中, 还需要考虑道路坡度、速度限制等道路信息, 以及当前速度、交通流和周围车辆运动等当地交通信息. 可以将预测控制视为包含道路和交通信息的自适应巡航控制的一种扩展.

Rakha 等 (2012) 提出了一种动力系统模型来分析车辆动力、燃料消耗量、加速度、速度和位置等特性. 文献 (Zhu and Barth, 2006) 将道路类型和拥堵程度估计方法与主因素分析相结合用于分析和解决各类问题, 例如, 交通信息系统、智能实时控制系统和能耗/排放比等.

虽然一些出版物中已经提出了道路和交通信息对预测控制的影响, 但是对减速造成的交通流影响的关注则较少. 交通流与预测控制之间存在着强烈的交互作用, 因此, 在设计中必须考虑交通流对预测控制的影响. 一种方法由此应运而生, 此方法考虑了交通流的速度并且改善了预测控制对交通流的影响. 本章将分析交通流对预测控制方法的影响. 由于各车辆的速度也会影响交通流的速度, 因此将对预测控制中的参数变化进行灵敏度分析. 如果预测控制中还考虑到了交通信息, 则可能会对交通流造成负面影响.

关于研究的意义, 本章通过两个仿真实例说明了交通流与预测控制之间的权衡情况. 第一个实例表明, 高效的交通流需要交通流速度的信息. 因此, 在预测控制中, 必须要考虑交通流速度信息. 同时, 在不做任何进一步考虑的情况下, 当交通流中的所有车辆都包含交通速度信息时, 预测控制可能会对交通流产生不利的结果. 第二个实例说明了这种不利影响.

第一个实例提出了研究的意义, 即为什么在预测控制中纳入交通流速度很重要. 在此实例中, 一辆车以 130km/h 的速度在公路上行驶, 见图 5.1(a). 它呈现了某一真实的欧洲公路路段的地形数据 (源自谷歌地球). 从 1600m 开始, 前方的路段出现了拥堵, 车辆在此期间以 90km/h 的速度行驶着. 第一辆车配有预测控制和交通信息, 可以接收预测算法中前方交通流的速度, 因此车速在相对较长的时间内会逐渐降低, 直到车辆抵达拥堵处, 如图 5.1(b) 中的虚线所示. 至于第二辆车, 由于没有考虑交通流信息, 因此当车辆抵达拥堵处时, 必须突然地减速, 如图 5.1(b) 中的实线所示. 在考虑交通流信息的情况下, 需要较小但更长久的纵向控制力来降低车速, 见图 5.1(c). 这种解决方案的优势在于可以避免突然减速. 在第二种情况下, 车辆的制动距离更短但制动力明显更大, 这种情况会危及交通安全.

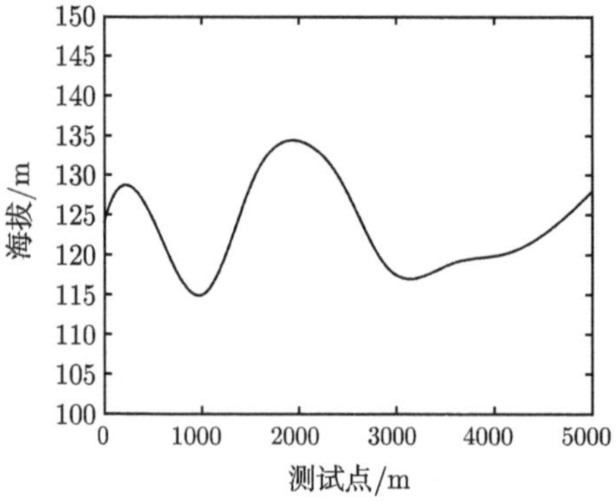

(a) 道路剖面

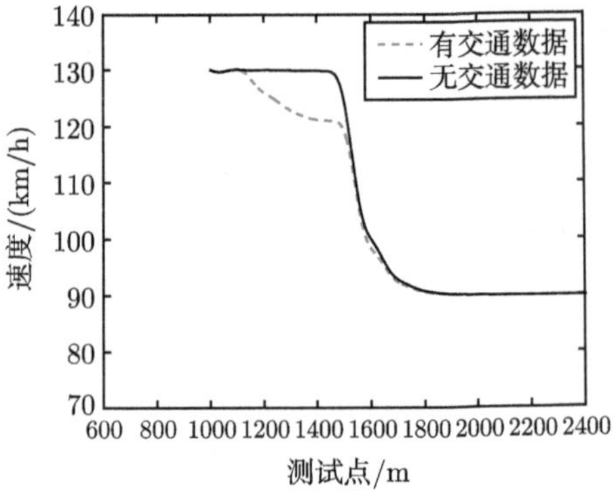

(b) 车速

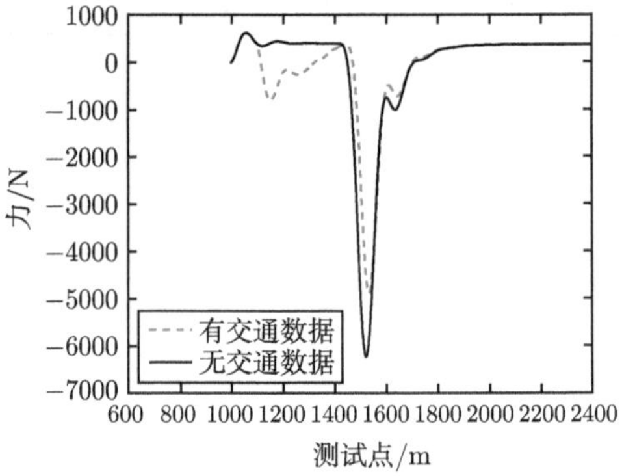

(c) 纵向控制力

图 5.1　考虑交通信息所带来的优势实例

在第二个实例中, 配有预测控制和交通速度信息的若干车辆一辆接一辆地沿同一条道路行驶. 每辆车均使用了预测控制方法并且会计算自身的速度, 从而最大限度地减少控制能耗和燃料消耗量. 注意, 交通流速度必定是由各车辆的速度决定的. 在此仿真场景中, 每辆车均使用了车辆前方约 500m 处路段的相关信息. 由于此实例中两辆车之间的距离为 50m, 因此有 500m 的范围会重叠. 图 5.2 显示交通高峰期某些车辆的运动情况. 在计算它们的最优速度时, 可以使用前方路段的相关交通流速度信息. 本实例中分析了两个场景: 在第一个场景中, 车辆会考虑交通流信息 (虚线), 而在第二个场景中, 车辆不考虑交通流信息 (实线).

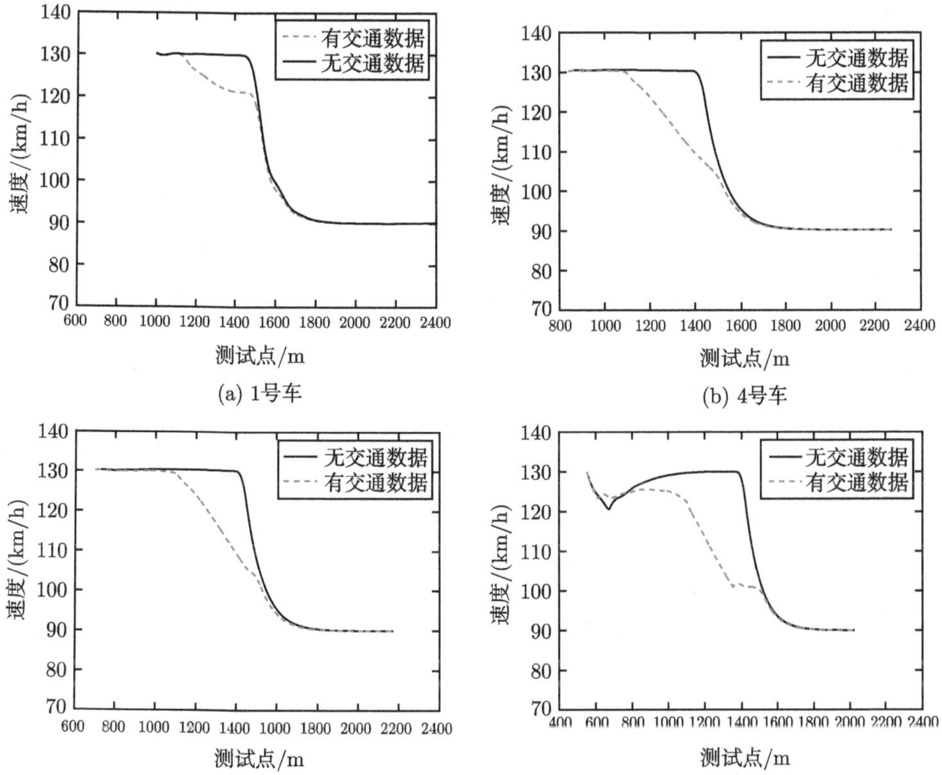

(a) 1号车 (b) 4号车 (c) 7号车 (d) 10号车

图 5.2 预测控制对交通流的影响

1 号车的速度剖面如图 5.2(a) 所示. 由于在第一个场景中, 车辆拥有前方拥堵的信息, 因此它会从路段点 1100m 处开始减速. 减速不仅会影响燃料消耗量, 而且还会对交通流产生影响. 考虑交通流的能耗最优速度会显著降低, 如图 5.2(b)、图 5.2(c)、图 5.2(d) 中 4 号、7 号和 10 号车的虚线所示. 如图所示, 与不考虑交通流的预测控制相比, 考虑交通流的预测控制会使交通流的速度明显降低. 此外, 减速会随着交通流量和距离的增加而降低. 因此, 需要制订改善的预测策略来避免这种明显的减速, 并且必须进行一定的分析, 在能效和是否考虑交通流之间做出权衡.

5.1 最优解的灵敏度分析

本节分析了原始参考速度 $v_{\mathrm{ref},i}$ 与修改后的参考速度 λ 之间的关系. 由于交通流的速度也会影响参考速度 $v_{\mathrm{ref},i}$, 因此其变化对设计参考速度 λ 而言有着重要的作用. 对 λ 的选择取决于显式因子和隐式因子:

$$\lambda = f(v_{\mathrm{ref},i}, Q, \gamma_i) = f(v_{\mathrm{ref},i}, Q(v_{\mathrm{ref},i}), \gamma_i(v_{\mathrm{ref},i})). \tag{5.1}$$

通过加权表达式 (2.26), 显式因子取决于式 (5.1), 而隐式因子取决于最优化过程式 (2.41), 其中 β_i 的值取决于 $v_{\text{ref},i}$.

参考信号 λ 是在式 (3.7) 中形成的. 在此表达式中, 能耗最优参考速度 $\bar{\lambda}$ 是唯一取决于 $v_{\text{ref},i}$ 的部分. 如果修改了 $v_{\text{ref},i}$, 那么在 (3.7) 中, 新的能耗最优解是 $\bar{\lambda}^2+\delta$, 而非 $\bar{\lambda}^2$. 此处, δ 表示与 $\bar{\lambda}^2$ 的偏差, 这是由 $v_{\text{ref},i}$ 的变化产生的. 在这种情况下, 新的参考速度 λ_{new} 为

$$\begin{aligned}\lambda_{\text{new}} &= \sqrt{R_1\delta + R_1\bar{\lambda}^2 + v_{\text{ref},0}^2(1-R_1)} \\ &= \sqrt{R_1\delta+\lambda^2}.\end{aligned} \tag{5.2}$$

式 (5.2) 表明在新的参考信号中 δ 会发生修改. 如果 R_1 较小, 那么 $\lambda_{\text{new}}\to\lambda$. 如果 R_1 增加, 那么 δ 在新的参考速度 λ_{new} 中会起到重要的作用.

R_1, δ 和 λ 之间的关系表明, 使用预测控制的车辆, 其速度是由加权系数 R_1 决定的. 因此, 此权重也会通过 λ 影响交通流. 在高密度的交通中, 对 R_1 的选择非常重要. 如果交通中的车辆同时应用高 R_1 来降低能耗, 那么即使对 $v_{\text{ref},i}$ 进行很小的修改, 也会对车速产生很大的影响. 因此, 高 R_1 会导致交通流上偏差 δ 的传播.

在下文中, 结合 $\bar{\lambda}$ 的灵敏度分析对偏差 δ 进行分析. δ 由 $\bar{\lambda}^2$ 的全导数表示, 如式 (5.3) 所示

$$\delta = \sum_{i=1}^{n}\frac{\partial(\bar{\lambda}^2)}{\partial v_{\text{ref},i}}dv_{\text{ref},i}, \tag{5.3}$$

其中, $dv_{\text{ref},i}$ 值是路段点 i 中参考速度的变量. 为了进一步分析, 需要计算导数:

$$\begin{aligned}\frac{\partial(\bar{\lambda}^2)}{\partial v_{\text{ref},i}} &= \frac{\partial Q}{\partial v_{\text{ref},i}}v_{\text{ref},0}^2 + \sum_{j=1}^{n}\frac{\partial\gamma_j}{\partial v_{\text{ref},i}}v_{\text{ref},i}^2 + 2\gamma_i v_{\text{ref},i} \\ &\quad + \frac{2}{m}\sum_{j=1}^{n}s_jF_{dj,r}\sum_{k=j}^{n}\frac{\partial\gamma_k}{\partial v_{\text{ref},i}} + 2s_1\frac{\partial Q}{\partial v_{\text{ref},i}}(\ddot{\xi}_0+g\sin\alpha).\end{aligned} \tag{5.4}$$

此导数包含若干涉及 $v_{\text{ref},i}$ 的依赖因子, 用偏导数表示. 因此, 需要计算导数 $\dfrac{\partial\gamma_k}{\partial v_{\text{ref},i}}$ 和 $\dfrac{\partial Q}{\partial v_{\text{ref},i}}$. 计算过程中, Q 是网格化的并且在每个路段点中是固定的, 因此非线性最优化过程会转化为带约束的二次最优化过程. $\dfrac{\partial\gamma_k}{\partial v_{\text{ref},i}}$ 的值是根据此带约束的二次最优化问题的结果式 (2.41) 计算的. 依赖项 $v_{\text{ref},i}$ 是根据拉格朗日函数推导得出的. 最优化问题的损失函数为

$$\bar{F}_{l1}^2 = (\beta_0(\bar{Q})+\beta_1(\bar{Q})\bar{\gamma}_1+\cdots+\beta_n(\bar{Q})\bar{\gamma}_n)^2, \tag{5.5}$$

其中, 约束条件为 $0\leqslant \gamma_j \leqslant 1$ 和 $Q+\sum_{j=1}^{n}\gamma_j=1$. 通过使用这些约束, 拉格朗日函数会表示为

$$\begin{aligned}\mathscr{L} &= (\beta_0(\bar{Q})+\beta_1(\bar{Q})\bar{\gamma}_1+\cdots+\beta_n(\bar{Q})\bar{\gamma}_n)^2\\&\quad+\sum_{j=1}^{n}u_j(\gamma_j-1)+\sum_{j=n+1}^{2n}u_j(-\gamma_j)+u_{2n+1}\left(Q+\sum_{j=1}^{n}\gamma_j-1\right),\end{aligned}\tag{5.6}$$

式中, u_j 是系统的拉格朗日乘数. 在文献 (Fiacco, 1983) 中, 灵敏度分析由以下推导表示为

$$\frac{\partial\Gamma}{\partial v_{\mathrm{ref},i}}=-\left(\nabla^2\mathscr{L}\right)^{-1}\cdot\frac{\partial}{\partial_{\mathrm{ref},i}}\nabla\mathscr{L},\tag{5.7}$$

式中,

$$\Gamma=\begin{bmatrix}\gamma_1(v_{\mathrm{ref},i})\\ \vdots\\ \gamma_n(v_{\mathrm{ref},i})\\ u_1(v_{\mathrm{ref},i})\\ \vdots\\ u_{2n+2}(v_{\mathrm{ref},i})\end{bmatrix}\tag{5.8}$$

且

$$\nabla\mathscr{L}=\begin{bmatrix}2\beta_0\beta_1+2\beta_1\sum_{j=1}^{n}\beta_j\gamma_j+u_1-u_{n+1}+u_{2n+1}\\ \vdots\\ 2\beta_0\beta_n+2\beta_n\sum_{j=1}^{n}\beta_j\gamma_j+u_n-u_{2n}+u_{2n+1}\\ \gamma_1-1\\ \vdots\\ \gamma_n-1\\ -\gamma_1\\ \vdots\\ -\gamma_n\\ Q+\sum_{j=1}^{n}\gamma_j-1\end{bmatrix},\tag{5.9}$$

$$\nabla^2\mathscr{L}=\begin{bmatrix}\nabla_1 & I_{n\times n} & -I_{n\times n} & J_{n\times 1}\\ I_{n\times n} & & 0_{n\times(2n+1)} & \\ -I_{n\times n} & & 0_{n\times(2n+1)} & \\ J_{1\times n} & & 0_{1\times(2n+1)} & \end{bmatrix},\tag{5.10}$$

式中, $I_{n\times n}$ 是 n 维方阵, J 是全 1 矩阵, 0 是全零矩阵, 并且

$$\nabla_1=\begin{bmatrix}2\beta_1^2 & \cdots & 2\beta_1\beta_n\\ 2\beta_2\beta_1 & \cdots & 2\beta_2\beta_n\\ \vdots & & \vdots\\ 2\beta_n\beta_1 & \cdots & 2\beta_n^2\end{bmatrix}\tag{5.11}$$

是值 β_i 的 n 维方阵. 矩阵 $\nabla\mathscr{L}$ 可转化为

$$\nabla\mathscr{L}=\sigma+\nabla^2\mathscr{L}\Gamma,\tag{5.12}$$

其中,

$$\sigma=[2\beta_0\beta_1\cdots2\beta_0\beta_n\quad -J_{n\times 1}\quad 0_{n\times 1}\quad Q-1]^{\mathrm{T}},\tag{5.13}$$

考虑到式 (5.12), 关系式 (5.7) 可转化为

$$\frac{\partial\Gamma}{\partial v_{\mathrm{ref},i}}=-\left(\nabla^2\mathscr{L}\right)^{-1}\frac{\partial\sigma}{\partial v_{\mathrm{ref},i}}-\left(\nabla^2\mathscr{L}\right)^{-1}\frac{\partial\nabla^2\mathscr{L}}{\partial v_{\mathrm{ref},i}}\Gamma-\left(\nabla^2\mathscr{L}\right)^{-1}\nabla^2\mathscr{L}\frac{\partial\Gamma}{\partial v_{\mathrm{ref},i}}.\tag{5.14}$$

因此, Γ 的导数表示为

$$\frac{\partial\Gamma}{\partial v_{\mathrm{ref},i}}=-\frac{1}{2}\left(\nabla^2\mathscr{L}\right)^{-1}\left(\frac{\partial\sigma}{\partial v_{\mathrm{ref},i}}+\frac{\partial\nabla^2\mathscr{L}}{\partial v_{\mathrm{ref},i}}\Gamma\right).\tag{5.15}$$

注意, 可以将式 (5.15) 简化以得到更为紧致的解. 首先, 在微分项 $\partial\sigma/\partial v_{\mathrm{ref},i}$ 中, 只有元素 $1,\cdots,n$ 取决于 $v_{\mathrm{ref},i}$. 所以, 元素 $n+1,\cdots,3n+1$ 为 0. 其次, 在微分项 $\partial(\nabla^2\mathscr{L})/\partial v_{\mathrm{ref},i}$ 中, 块 ∇_1 也取决于 $v_{\mathrm{ref},i}$. 因此, 在偏导项 $\partial(\nabla^2\mathscr{L})/\partial v_{\mathrm{ref},i}$ 中, $u_1,\cdots,u_{2n+1}$ 的系数为 0.

以上两个表达意味着式 $\dfrac{\partial\sigma}{\partial v_{\mathrm{ref},i}}+\dfrac{\partial(\nabla^2\mathscr{L})}{\partial v_{\mathrm{ref},i}}\Gamma$ 是 $(3n+1)\times 1$ 的向量, 它的元素 $n+1,\cdots,3n+1$ 为 0. 因此, 可以将 $(\nabla^2\mathscr{L})^{-1}$ 作为块矩阵的逆矩阵来处理, 并且分块 $n\times n$ 足以用于进一步求解

$$\nabla^2\mathscr{L}=\left[\begin{array}{c|c}\nabla_1 & E\\ \hline E^{\mathrm{T}} & 0_{2(n+1)\times(2n+1)}\end{array}\right].\tag{5.16}$$

将逆 $(\nabla^2\mathscr{L})^{-1}$ 分块为

$$(\nabla^2\mathscr{L})^{-1}=\left[\begin{array}{c|c}B_{11} & B_{12}\\ \hline B_{21} & B_{22}\end{array}\right].\tag{5.17}$$

通过应用矩阵求逆引理, 按以下方式计算块 B_{11}

$$
\begin{aligned}
B_{11} &= \nabla_1^{-1} + \nabla_1^{-1}E(-E^{\mathrm{T}}\nabla_1^{-1}E)^{-1}E^{\mathrm{T}}\nabla_1^{-1} \\
&= (\nabla_1 + E(-2^{\mathrm{T}}\nabla_1^{-1}E)^{-1}E^{\mathrm{T}})^{-1} \\
&= \left(\nabla_1 - \frac{1}{2}EE^{-1}\nabla_1^{-1}(E^{\mathrm{T}})^{-1}E^{\mathrm{T}}\right)^{-1} \\
&= 2\nabla_1^{-1}.
\end{aligned} \tag{5.18}
$$

最后, 式 (5.7) 得到的 $\dfrac{\partial \Gamma}{\partial v_{\mathrm{ref},i}}$ 如下所示

$$
\begin{bmatrix} \dfrac{\gamma_1}{v_{\mathrm{ref},i}} \\ \vdots \\ \dfrac{\gamma_n}{v_{\mathrm{ref},i}} \end{bmatrix} = -\nabla_1^{-1}\frac{\partial \beta_i}{\partial v_{\mathrm{ref},i}} \begin{bmatrix} 2\beta_1\gamma_i \\ \vdots \\ 2\beta_{i-1}\gamma_i \\ 2\beta_i\gamma_i + 2\beta_0 + \sum\limits_{j=1}^{n}\beta_j\gamma_j \\ 2\beta_{i+1}\gamma_i \\ \vdots \\ 2\beta_n\gamma_i \end{bmatrix}. \tag{5.19}
$$

将计算得出的 $\gamma_i/v_{\mathrm{ref},i}$ 代入式 (5.4) 中, 即可得出所需的导数 $\partial(\bar{\lambda}^2)/\partial v_{\mathrm{ref},i}$.

最后值得注意的是, 计算 ∇_1^{-1} 是灵敏度分析的关键部分. 但是, ∇_1 是奇异矩阵, 难以对 ∇_1^{-1} 进行数值计算, 这几乎是不可能的; 而且 ∇_1 的条件数非常高. 因此, 在实践中, 会将 Moore-Penrose 伪逆 ∇_1^{+1} 而不是 ∇_1^{-1} 应用于分析.

灵敏度分析实例

下文给出的实例说明了基于导数 $\partial(\bar{\lambda}^2)/\partial v_{\mathrm{ref},i}$ 的分析. 在此分析中, 考虑了一台两吨重的车辆行驶在一条平坦的公路上的场景 ($\alpha_i = 0$). 车辆将考虑前方 150m 范围内的信息, 设有三个路段点. 这条道路有速度限制, 因此这些路段点处的参考速度为 $v_{\mathrm{ref},0} = 130\mathrm{km/h}$, $v_{\mathrm{ref},1} = 130\mathrm{km/h}$, $v_{\mathrm{ref},2} = 90\mathrm{km/h}$ 和 $v_{\mathrm{ref},3} = 90\mathrm{km/h}$. 当前的车速为 $\dot{\xi}_0 = 125\mathrm{km/h}$, 加速度为 $\ddot{\xi}_0 = 0.1\mathrm{m/s^2}$. 在此分析中, 研究了 $v_{\mathrm{ref},3}$ 变化所带来的影响. 因此, 需要计算 $\partial(\bar{\lambda}^2)/\partial v_{\mathrm{ref},3}$, 见式 (5.4) 和式 (5.19). 式 (5.19) 的元素为

$$
\nabla_1 = 10^9 \cdot \begin{bmatrix} 1.3604 & 0.6520 & 0.6520 \\ 0.6520 & 0.3125 & 0.3125 \\ 0.6520 & 0.3125 & 0.3125 \end{bmatrix},
$$

$$
\frac{\partial \beta_3}{\partial v_{\mathrm{ref},3}} = 1000,
$$

$$\begin{bmatrix} 2\beta_1\gamma_3 \\ 2\beta_2\gamma_3 \\ 2\beta_3\gamma_3 + 2\beta_0 + \sum_{j=1}^{3}\beta_j\gamma_j \end{bmatrix} = \begin{bmatrix} 26080.2 \\ 12500 \\ -15253.6 \end{bmatrix}.$$

式 (5.19) 的计算结果为

$$\begin{bmatrix} \dfrac{\gamma_1}{v_{\text{ref},3}} \\ \dfrac{\gamma_2}{v_{\text{ref},3}} \\ \dfrac{\gamma_3}{v_{\text{ref},3}} \end{bmatrix} = \begin{bmatrix} -91144884 \\ -43684898 \\ 233851386 \end{bmatrix},$$

因此, 通过式 (5.4) 得出的导数为 $\partial(\bar{\lambda}^2)/\partial v_{\text{ref},3} = 8.74$. 由于在此实例中只修改了参数, 即 $v_{\text{ref},3}$, 因此通过 (5.3) 得出的 δ 推导为

$$\delta = \frac{\partial(\bar{\lambda}^2)}{\partial v_{\text{ref},3}} dv_{\text{ref},3} = 8.74 \cdot dv_{\text{ref},3}.$$

修改后的新参考速度 λ_{new} 是通过 (5.2) 计算得出的

$$\lambda_{\text{new}} = \sqrt{8.74 \cdot dv_{\text{ref},3} R_1 + \lambda^2},$$

式中, λ 由式 (5.1) 计算而得.

表 5.1、表 5.2 给出了灵敏度分析的结果. 表 5.1 显示了 R_1 和 $dv_{\text{ref},3}$ 值不同的场景. 计算是为了说明交通拥堵对参考速度的影响, 当 $v_{\text{ref},3}$ 的值减小时, $dv_{\text{ref},3} \leqslant 0$. 如果 $R_1 = 0.25$, 原始速度则为 $\lambda = 121.1\text{km/h}$; 当 $R_1 = 0.5$ 时, 此速度为 $\lambda = 111.5\text{km/h}$. 分析结果表明, $v_{\text{ref},3}$ 的减小会引起 λ_{new} 的减小. 此外, 这种减小也受到 R_1 的影响. 如果系统的节能需求具有较高的优先级, 则 λ_{new} 会比 λ 减小的幅度更大. 因此, 分析符合预期, 详见式 (5.2) 的阐释. 平衡 λ_{new} 减小的一种可能的方法是减小 R_1.

表 5.1　分析结果 $dv_{\text{ref},3}$　　(单位：km/h)

	$R_1 = 0.25$		
$dv_{\text{ref},3}$	−15	−30	−45
λ_{new}	120.6	120.1	119.6
$dv_{\text{ref},3}$	−60	−75	−90
λ_{new}	119.1	118.7	118.2
	$R_1 = 0.5$		
$dv_{\text{ref},3}$	−15	−30	−45
λ_{new}	110.5	109.4	108.3
$dv_{\text{ref},3}$	−60	−75	−90
λ_{new}	107.2	106.1	104.9

表 5.2 分析结果 $dv_{ref,2\text{-}3}$ (单位：km/h)

	$R_1 = 0.25$		
$dv_{ref,2\text{-}3}$	-15	-30	-45
λ_{new}	120.1	119.1	118.2
$dv_{ref,2\text{-}3}$	-60	-75	-90
λ_{new}	117.1	116.1	115.1
	$R_1 = 0.5$		
$dv_{ref,2\text{-}3}$	-15	-30	-45
λ_{new}	109.4	107.2	105.0
$dv_{ref,3}$	-60	-75	-90
$dv_{ref,2\text{-}3}$	102.7	100.4	98

如果同时修改 $v_{ref,2}$ 和 $v_{ref,3}$, 减速效果会更加明显. 在这种情况下, 将按以下方式计算 δ

$$\begin{aligned}\delta &= \frac{\partial(\bar{\lambda}^2)}{\partial v_{ref,2}} dv_{ref,2} + \frac{\partial(\bar{\lambda}^2)}{\partial v_{ref,3}} dv_{ref,3} \\ &= 8.73 \cdot dv_{ref,2} + 8.74 \cdot dv_{ref,3}.\end{aligned} \tag{5.20}$$

表 5.2 中详述了不同的 $v_{ref,2}$ 和 $v_{ref,3}$ 以及相应的 λ_{new} 参考速度. 结果表明, $v_{ref,i}$ 的成倍减少给 λ_{new} 带来更为明显的影响. 在仿真场景中, $v_{ref,2} = v_{ref,3} \leqslant 0$.

5.2 速度剖面的最优化

前面的章节提出了交通流速度变化对预测策略的影响以及预测中对交通流的考虑. 结果表明, $v_{ref,i}$ 的参数变小会使车辆的参考速度 λ_{new} 降低. 如果减少若干 $v_{ref,i}$ 的值, 它们则可能会显著影响 λ_{new} 的减小. 这对以下预测控制车辆会产生直接的影响. 由于各车辆的速度也会影响交通流的速度, 因此这可能会对交通流的速度产生负效应, 如图 5.2 所示. 但是, 结果还表明, 可以通过性能权重 R_1 来考虑参数变化的影响. 本节详细阐述了适用于权重 R_1 的最优化策略, 此策略可处理各车辆的能耗最优化问题及其对交通流的影响.

因此, 下文中速度最优化进一步的目的在于保证 δ 效应对速度设计的影响显著降低. 这实际上意味着, 对于交通流中的所有车辆, 计算得出的 λ_{new} 接近原始 λ.

由于 R_1 对 δ 效应有很大的影响, 因此需要构造函数 $R_1(x)$, 其中 x 是车辆在道路上的位置. $R_1(x)$ 必须提供 $\lambda_{new}(R_1(x)) \to \lambda(R_{1,ref})$, 其中原始 R_1 由 $R_{1,ref}$ 表示.

需要找到一种计算方法, 以保证车辆的速度趋于全局最优值. 必须针对速度限制的问题详细制订单独的分散方法. 最优化标准定义如下

$$\min_{R_1(x)} \sum_{x=-\infty}^{S} |\lambda_{new}(R_1(x)) - \lambda(R_{1,ref})|, \tag{5.21}$$

此标准认为路段上的所有车辆均位于区间 $x \in (-\infty, S)$ 内. 此处的 S 为路段点, 由于拥堵, 需修改 $v_{\text{ref},i}$. 最优化的结果是 $R_1(x)$ 函数, 道路上的所有车辆均会考虑此函数. 因此, δ 对交通流速度的影响消失了.

实际上, $R_1(x)$ 的形状是固定的, 并且最优化参数的数量减少了, 如图 5.3 所示. 所选函数 $R_1(x)$ 的形状必须保证车速在拥堵的环境中会增加. 如此一来, 可以避免在抵达拥堵处前进行不必要的减速. 但是, 当车辆抵达拥堵处 x_{lim} 时, 车速与拥堵点车速一致后, 会再次应用高能效速度. 这会导致加权系数 R_1 变大. 提出的函数 $R_1(x)$ 可以表示为

$$R_1(x) = \begin{cases} R_{1,\text{ref}}, & x < x_{\text{lim}} - S \text{ 或 } x_{\text{lim}} + S \leqslant x, \\ R_{1,\text{ref}} - (R_{1,\text{ref}} - R_{1,\text{min}}) \left(\dfrac{x + S - x_{\text{lim}}}{S} \right)^{\varepsilon}, & x_{\text{lim}} - S \leqslant x < x_{\text{lim}}, \\ R_{1,\text{ref}} - (R_{1,\text{ref}} - R_{1,\text{min}}) \left(\dfrac{x_{\text{lim}} + S - x}{S} \right)^{\varepsilon}, & x_{\text{lim}} \leqslant x < x_{\text{lim}} + S, \end{cases} \tag{5.22}$$

式中, x_{lim} 是拥堵的位置. $R_{1,\text{ref}}$ 是之前的参考值 R_1, 此值在 $[x_{\text{lim}} - S, x_{\text{lim}} + S]$ 路段外有效. $R_{1,\text{min}}$ 是 $[x_{\text{lim}} - S, x_{\text{lim}} + S]$ 内 R_1 的最小值. ε 表示区间内函数 $R_1(x)$ 的形状. 在 $R_{1,\text{ref}}$ 的最优化中, S 和 x_{lim} 的值是固定的, 而 $R_{1,\text{min}}$ 和 ε 是设计参数. $R_1(x)$ 的图解如图 5.3 所示.

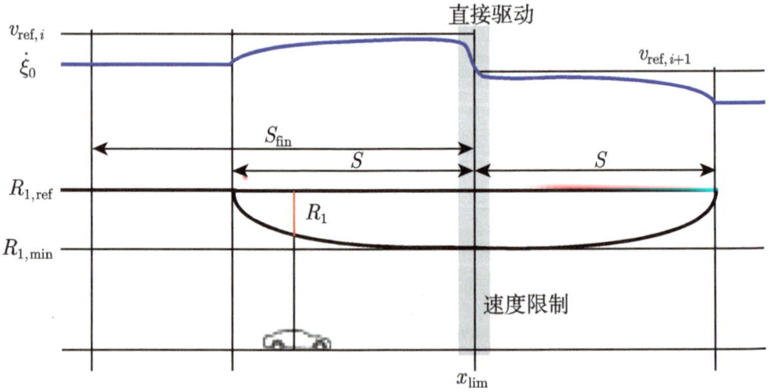

图 5.3 函数 R_1 的形状

因此, 最优化标准式 (5.21) 会转化为

$$\min_{R_{1,\text{min}},\varepsilon} \sum_{x=S_{\text{fin}}}^{S} |\lambda_{\text{new}}(R_{1,\text{min}}, \varepsilon) - \lambda(R_{1,\text{ref}})|, \tag{5.23}$$

式中, S_{fin} 表示车辆考虑 λ_{new} 后的道路位置. 注意, 最优化方法式 (5.23) 需要知道交通流中每台车辆的当前位置和速度. 此过程的可能解决方案是基于仿真的最优

化, 在此解决方案中会使用给定的 ε 和 $R_{1,\min}$ 来完成交通场景的仿真, 然后调整最优化参数以保证满足式 (5.23) 的标准.

5.3 最优化方法示例

本节通过仿真实例给出了函数 $R_1(x)$ 最优化的结果, 此仿真实例已在 "研究背景及意义" 一节中提到. 在此分析中, 对两辆车进行了比较. 第一辆车配有预测控制和交通流信息, 而第二辆车使用了预测控制, 但没有考虑交通信息. 最优化过程的目的在于减少它们之间的速度差异并计算最优速度剖面.

在此提出的实例中, 设计参数采用以下常数: $R_{1,\text{ref}} = 0.25$, $S = 500\text{m}$ 和 $S_{\text{fin}} = 1200\text{m}$. 式 (5.23) 的最优化结果为 $\varepsilon = 0.1982$ 和 $R_{1,\min} = 0.05$. 选择的预测距离为 500m, 包含 10 个采样点. 图 5.4 显示了交通中车辆修改后的速度. 如图 5.2 所示, 车辆的速度通常高于它们在原始场景中的速度.

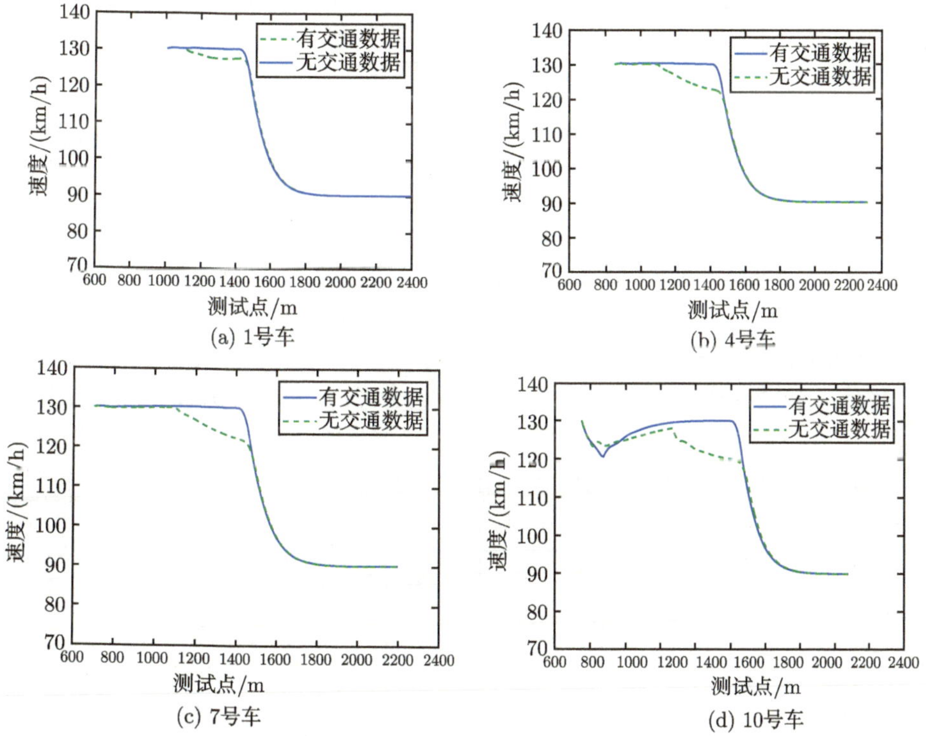

(a) 1号车 (b) 4号车 (c) 7号车 (d) 10号车

图 5.4 车辆的速度剖面

图 5.5 清楚地展现了 R_1 变化对 1 号车的影响. 因为没有对地形特征多做考虑, 所以当 R_1 增加时, 所需的纵向控制力和能耗会减少; 当 R_1 减小时, 则会增加. 在

1100m 处, R_1 的值会减小. 因为 $v_{\mathrm{ref},0} > \bar{\lambda}$, 所以第一辆车的速度会增加. 它会对传输到后方车辆的交通流数据产生影响. 在 2100m 路段点后, 性能权重 R_1 会设为 $R_1 = R_{1,\mathrm{ref}} = 0.25$, 因此, 车辆速度剖面会非常接近另一场景的车辆速度剖面, 此场景中没有考虑交通数据并且 $R_1 = R_{1,\mathrm{ref}}$.

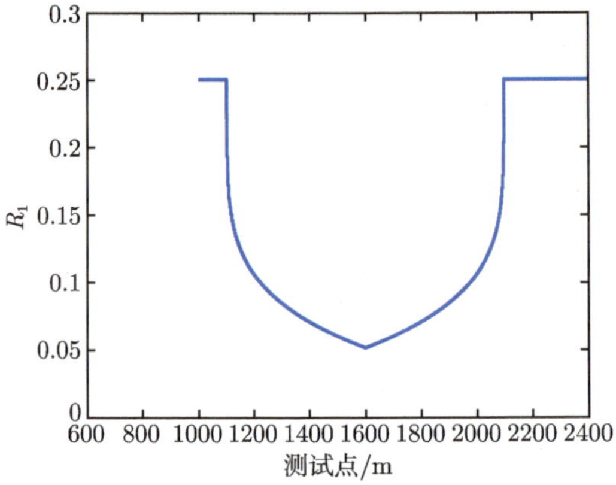

图 5.5　1 号车的 R_1

1 号车速度提高会对交通流速度产生影响, 因此, 前方车辆的 $v_{\mathrm{ref},i}$ 值更高. 由此得出, 与图 5.2 中的实例相比, 仿真期间所有前方车辆的速度会更快. 速度修正量明显更小, 例如, 在 1500m 处, 10 号车的速度降低, 降幅为 30km/h, 而在提出的解决方案中, 速度下降的幅度缩小至 10km/h, 见图 5.2(d) 和图 5.4(d). 这意味着考虑到交通流数据后, 需要减少 R_1 以避免降低交通流的速度. 在预测控制得到改善后, 10 号车的运动 (图 5.4(d)) 得到了改善, 接近于 1 号车的速度水平, 见图 5.2(a).

最后, 车辆的控制力如图 5.6 所示. 此图包含考虑/未考虑交通信息的预测控制

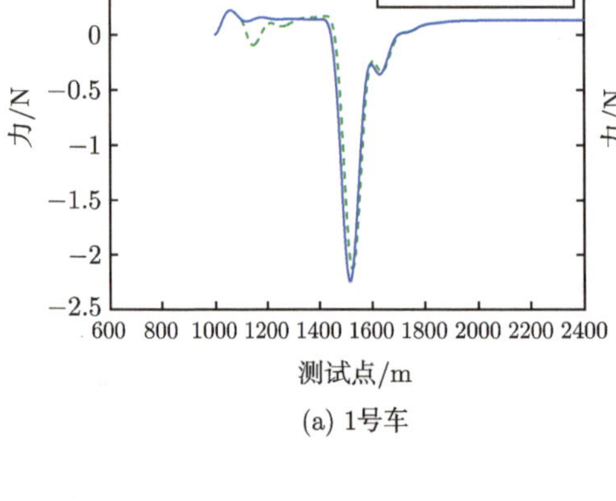

(a) 1号车

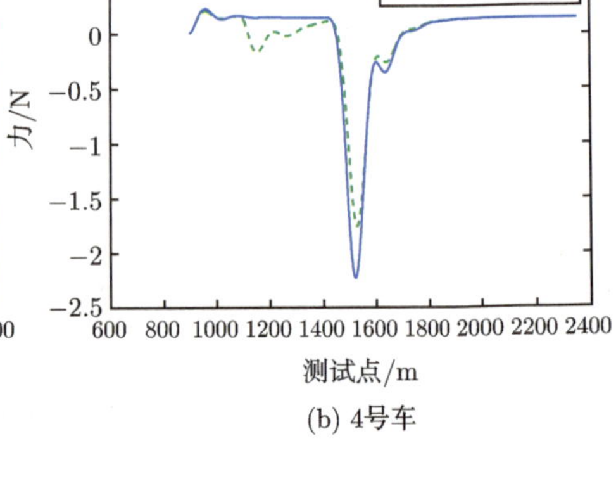

(b) 4号车

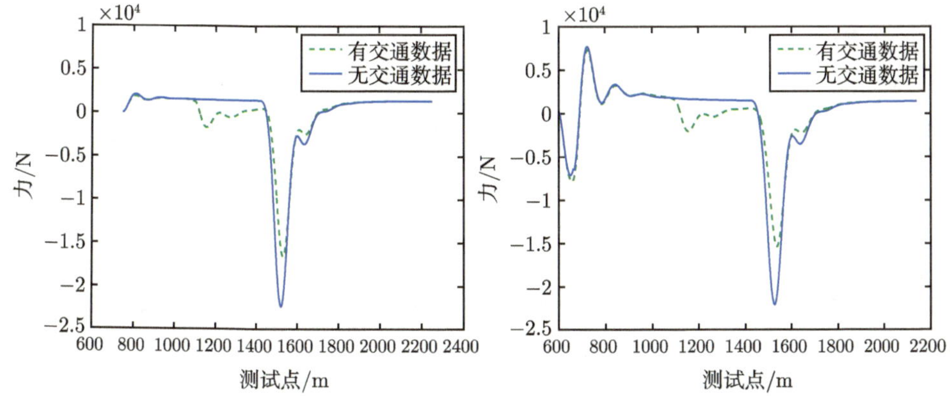

(c) 7号车　　(d) 10号车

图 5.6　车辆的控制力

车辆的数据. 在图 5.6(a) 中, 可以看到具有交通信息的第一辆车会驱动更多的 F_{l1}. 与图 5.4(a) 相比, 这是由提高速度带来的结果. 至于其他车辆, 控制力会减小. 通常, 与传统的预测解决方案相比, 驱动车辆所需的能量减少了约 7%.

此实例表明, 所提出的方法可以降低预测控制中考虑交通流所带来的不利影响. 修改 R_1 是有效的, 并且这会对速度设计产生很大的影响. 尽管在预测控制中考虑交通流所带来的优势得到了利用, 但车辆的驱动能耗也会降低.

参考文献

Fiacco AV (1983) Introduction to sensitivity and stability analysis in nonlinear programming, mathematics in science and engineering, vo1165. Academic Press

Rakha H, Kyoungho A, Faris W, Moran K (2012) Simple vehicle powertrain model for modeling intelligent vehicle applications. IEEE Trans Intell Transp Syst 13(2): 770-780

Zhu W, Barth M (2006) Vehicle trajectory-based road type and congestion recognition using wavelet analysis. In: IEEE Intelligent transportation systems conference, Toronto, Canada, pp 879-884

第 6 章 从宏观角度分析交通流与巡航控制间的关系

研究背景及意义

混合交通是自动控制的车辆和传统的非控制车辆一起行驶的交通情况. 混合交通的建模和分析需要新的方法. Li 和 Ioannou (2004) 提出了以自动驾驶车辆为特征的交通流模型. Schakel 等 (2010) 以及 van Arem 等 (2006) 提出了对半自动驾驶车辆和自动驾驶车辆与传统车辆一起行驶的交通流进行分析. 由于半自动驾驶车辆可以通过其滤波效果实现畅通的交通流, 因此 Bose 和 Ioannou (2003) 提出了一种控制率. Zhang 和 Vahidi (2011) 也在混合交通领域中取得了类似的成果. Chin 等 (2015) 研究了混合交通中多辆车的协同巡航控制, 其认为传统的非控制车辆的运动近似于混合动力系统连续运动的情况. 此论文表明, 协同控制能够提高整体稳定性. 同样, 例如, Talebpour 和 Mahmassani (2015) 所发表的论文中所提出的, 通过防止冲击波的形成和传播, 巡航控制车辆的连接能够提高队列稳定性. 此外, 还从车辆集群的角度对混合交通进行了建模和研究. Jerath 等 (2015) 提出了一种方法, 此方法能够预测混合交通中一小群车辆的分布. 在此信息的基础上, 研究了巡航控制车辆对混合交通的影响. 然而, 在一些情况下, 交通流信号不是直接测量的 (Jia et al., 2016). Bekiaris-Liberis 等 (2016) 提出了一种基于卡尔曼滤波估计混合交通的车辆总密度和流量的方法. 结果同样用于分析和控制交通中的车辆.

虽然这些方法探索了车辆巡航控制和交通流之间的复杂关系, 但并没有成为指定的预测巡航控制策略. 文献 (Johannesson et al., 2015) 提出了一种专门针对巡航控制车辆而精心制定的方法, 与周围车辆相关的预测信息已被纳入了凸最优化问题中. 此方法存在限制, 即在预测中未考虑卡车的变道问题. 然而, 正如文献 (Bevly et al., 2016) 中所总结的, 它对网联车辆和自动驾驶车辆的巡航有着重要的作用. Gáspár 和 Németh (2015) 提出了一种适用于预测控制车辆的决策算法, 该算法考虑了周围车辆的情况来实现变道操作.

本章分析了应用预测控制策略的车辆对交通流的影响. 由于预测巡航控制的速度剖面可能与传统车辆的速度剖面不同, 因此交通流的特征会发生变化. 本书应用一种新的方法进行分析. 此方法考虑涉及巡航控制和交通流的三个主要参数. 它们分别是当前道路的交通密度、使用巡航控制的车辆在交通中所占的比率以及巡航控制本身的高能效尺度参数. 基于分析, 考虑混合交通信息, 将提出一种扩展的巡航控制方法, 以实现交通流控制和高能效行驶之间的平衡. 在选择策略中, 会涉及交通量增加和预测控制车辆比率的相关信息. 此方法保证车辆能在交通流中实现高能效行驶, 同时可以避免极大降低交通速度.

6.1 多类车辆的交通动态

车辆类型对整个交通的平均速度和能源需求有很大的影响. 对于预测控制车辆而言, 对当前速度的选择取决于几个因素, 例如, 前方的地形特征、道路条件和速度限制. 在可能的情况下, 传统车辆却会尽可能地以最高车速行驶, 具有速度控制的预测控制车辆与传统车辆一起行驶, 形成了混合交通流的情况. 由于预测控制的速度剖面可能与传统车辆的速度剖面不同, 因此交通流的结构会发生变化.

可以通过几种方法对多类交通进行建模, 参见 Wageningen-Kessels (2013) 所进行的调查. 下文会将 Ngoduy 和 Liu (2007) 所提出的方法转化为现有的交通建模问题.

模型的密度–速度关系是分段函数, 描述不同车辆类别的交通速度 v_u. 它包含如下所述的两个部分.

(1) 在低交通密度 $0 \leqslant \tilde{\rho} \leqslant \tilde{\rho}_{\mathrm{crit}}$ 的条件下, 用线性函数会逼近交通流速度, 其中 $\tilde{\rho}_{\mathrm{crit}}$ 是临界密度. 在临界密度下, 将交通动态视为稳定的系统来处理. 此时, 考虑自由的交通流, 如式 (6.1) 所示

$$v_u = v_{u,\max} - \frac{v_{u,\max} - v_{\mathrm{crit}}}{\tilde{\rho}_{\mathrm{crit}}}\tilde{\rho}, \tag{6.1}$$

式中, v_u 是各类车辆的行驶速度. 同时, $v_{u,\max}$ 是各类车辆的最高车速, 在自由的交通流中受速度调整的限制.

(2) 在高交通密度 $\tilde{\rho}_{\mathrm{crit}} \leqslant \tilde{\rho} \leqslant \tilde{\rho}_{\mathrm{jam}}$ 的条件下, 这种关系是非线性的, 其中 $\tilde{\rho}_{\mathrm{jam}}$ 是模型中的最大交通密度. 此时, 考虑交通拥堵的情况, 与不稳定的交通动态有关. 交通流速度为

$$v_u = w\left(\frac{\tilde{\rho}_{\mathrm{jam}}}{\tilde{\rho}} - 1\right), \tag{6.2}$$

式中,

$$w = \frac{\tilde{\rho}_{\mathrm{crit}} v_{\mathrm{crit}}}{\tilde{\rho}_{\mathrm{jam}} - \tilde{\rho}_{\mathrm{crit}}}, \tag{6.3}$$

参数 v_{crit} 是交通流的临界速度, 与 $\tilde{\rho}_{\mathrm{crit}}$ 相关.

整个系统的交通密度的公式表示各交通流密度的未加权和

$$\tilde{\rho} = \sum_u \rho_u. \tag{6.4}$$

在交通模型中, 根据各车辆类别的参数计算临界交通密度和最大交通密度.

将得出以下关系：

$$\tilde{\rho}_{\text{crit}} = \rho_{\text{crit}} \sum_{u} \frac{\alpha_u}{\eta_u}, \tag{6.5}$$

$$\tilde{\rho}_{\text{jam}} = \rho_{\text{jam}} \sum_{u} \frac{\alpha_u}{\eta_u}, \tag{6.6}$$

式中, η_u 是乘用车当量数, α_u 是道路车辆的比率参数, 表示各类车辆在整体交通中的比率：

$$\alpha_u = \frac{\rho_u}{\tilde{\rho}}. \tag{6.7}$$

图 6.1 呈现了密度–速度关系的函数. 根据 ρ 的不同, 此函数分为两个不同的部分, 即线性部分和非线性部分. 通过这种方式, 此模型恰当地体现了交通动态情况 (Wageningen-Kessels, 2013).

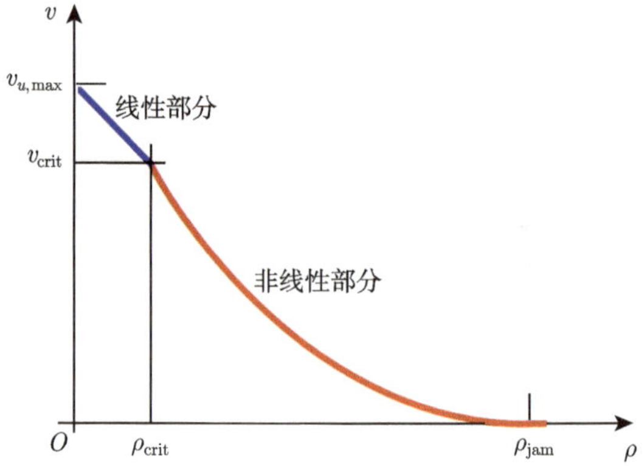

图 6.1　密度–速度关系的函数

6.2　对交通中预测巡航控制的分析

本研究中, 在 VisSim 微观交通仿真系统中构建了测试网络中的交通模型和测量方法. 示例中, 采用 VisSim 对匈牙利 M1 公路上布达佩斯和陶陶巴尼奥之间一段 3 车道、长 20km 的路段进行建模, 其中考虑地形特征 (图 6.2) 和速度限制. 此路段的速度限制为 130km/h, 但是在 5.6—8.5km 路段的速度限制为 90km/h. 运用该模型进行了几次不同交通流密度的仿真. 此外, 交通流中包含大量采用最优化方法进行预测控制的车辆.

在研究过程中, 进行了几次交通仿真来分析预测控制车辆对整个交通的影响. 在这些仿真中, 通过以下三个参数的变化来研究它们的作用：

(1) q_{in}, 公路路段上车辆的汇入量;

(2) κ, 预测控制车辆在交通中所占的比率;

(3) $R_{1,\max}$, 速度剖面最优化中高能效参数的上限.

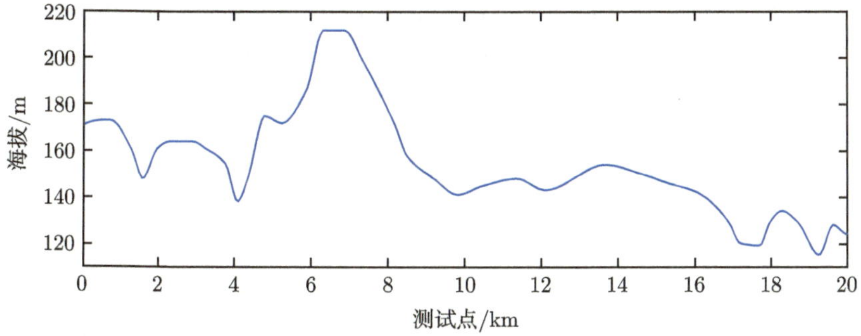

图 6.2 公路路段的地形特征

接下来, 描述最具代表性的场景, 解释受控车辆出现的场景及其影响. 数值结果概括在表 6.1 中. 分析的目的是根据 q_{in}, κ, $R_{1,\max}$ 来研究车辆的平均速度和牵引力.

表 6.1 分析结果

q_{in}	κ/%	$R_{1,\max}$	力的平均值/N			行程时间/s	平均速度/(km/h)
			传统	预测	总体		
3000	1	0.7	678.1	622.1	677.5	608.3	118.4
3000	20	0.7	676.2	629.4	666.8	609.9	118.1
3000	50	0.7	673.4	630.4	651.9	610.0	118.0
5000	20	0.7	662.8	623.8	566.1	627.3	114.8
3000	20	0.9	674.8	598.7	659.0	613.5	117.4
3000	50	0.9	667.4	598.9	633.2	622.4	115.7

图 6.3 中给出了第一个场景. 在此实例中, 所选参数是 $q_{\text{in}}=3000$veh/h, $R_{1,\max}=0.7$ 和 $\kappa=1\%$. 这意味着公路上预测控制车辆的数量较少. 因此, 自动驾驶车辆对整个交通流的影响可以忽略不计. 如此一来, 交通流的平均速度接近其最大值 130km/h, 见图 6.3(a). 然而, 在外车道中, 速度略有降低, 因为速度最慢的巡航控制车辆都在这条车道上行驶. 这意味着较小的 κ 值对交通流的影响非常小. 传统车辆和巡航控制车辆的平均牵引力见图 6.3(b). 预测控制车辆的运动不受传统车辆或车辆间的干扰, 因此可以达到其最优速度. 此最优速度控制会使整条路线上的牵引力减小, 这意味着平均牵引力减小了 8.6%.

在第二个场景中, 预测控制车辆的比率增加到 $\kappa=20\%$. 在这种情况下, 预测控制车辆对交通流会产生很大的影响. 图 6.4(a) 显示了各车道中的平均速度存在明显差异, 例如, 13km 至 20km 的路段. 由于 κ 的增加, 并非所有预测控制车辆都能够按其设计的速度行驶. 此外, 传统车辆的速度剖面也会受到预测控制车辆的影响. 较高的 κ 对牵引力的影响如图 6.4(b) 所示. 可以看出, 预测控制车辆的牵引力更接近传统车辆的牵引力. 因此, 由于交通量的增加, 并非所有预测控制车辆都能够保证按经济性的要求行驶. 此外, 传统车辆的牵引力略微降低. 如此一来, 在此场景中, 预测控制车辆对交通流的影响较小：与未采用预测控制的车辆相比, 其速度剖面和牵引力没有明显的改变.

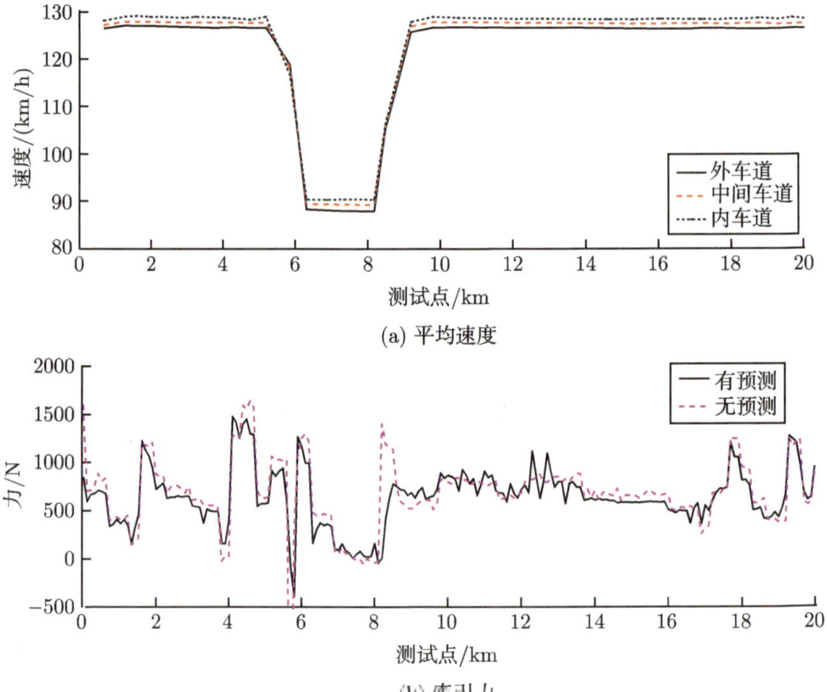

(a) 平均速度

(b) 牵引力

图 6.3 场景 1：$q_{\text{in}} = 3000\text{veh/h}$, $\kappa = 1\%$, $R_{1,\max} = 0.7$

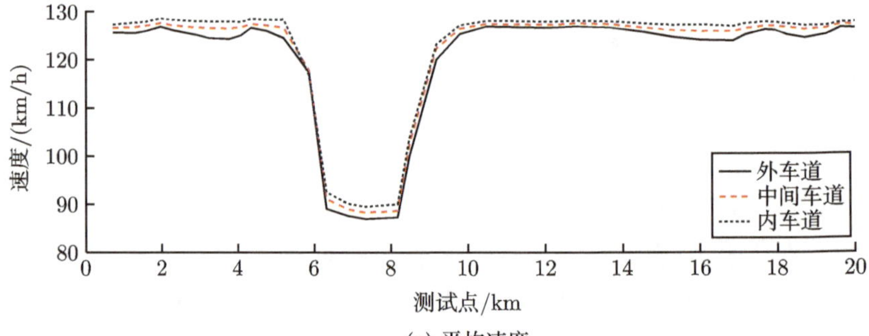

(a) 平均速度

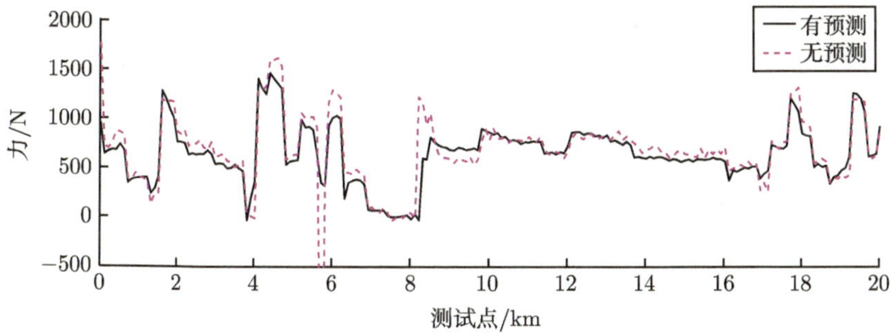

(b) 牵引力

图 6.4 场景 2：$q_{\text{in}} = 3000\text{veh/h}$, $\kappa = 20\%$, $R_{1,\max} = 0.7$

在第三个场景中, κ 增加到 50%, 这对交通流会产生很大的影响. 针对此场景的分析结果如图 6.5 所示. 强制对所有车道中的传统车辆使用预测速度剖面, 见图 6.5(a) 结果; 交通流中的平均牵引力减小了, 如图 6.5(b) 所示. 此场景说明使用高 κ 比率可以影响交通流的能源消耗. 将结果与包含 99%传统车辆的第一个场景进行比较, 传统车辆的平均牵引力从 678.1N 降低到 673.4N.

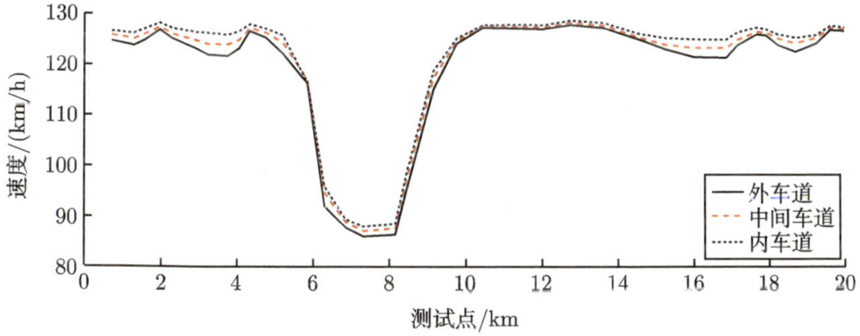

(a) 平均速度

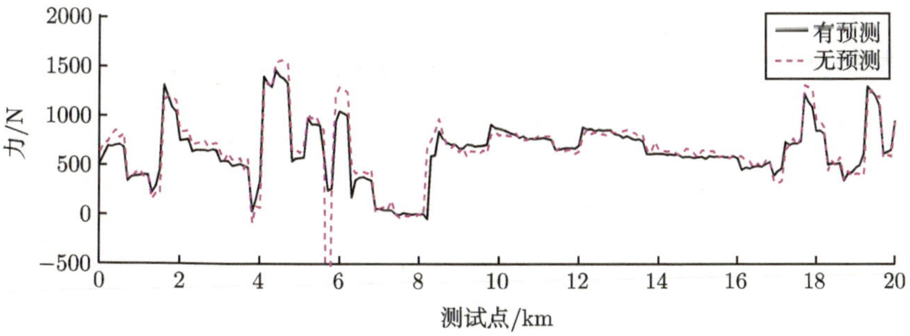

(b) 牵引力

图 6.5 场景 3：$q_{\text{in}} = 3000\text{veh/h}$, $\kappa = 50\%$, $R_{1,\max} = 0.7$

在第四个场景中, 说明了 q_{in} 对交通流的影响. 该场景中, 汇入量增加到 $q_{\text{in}} =$

5000veh/h, 代表了交通高峰期的车流量. 图 6.6 显示了对此场景的分析结果. 交通高峰期的结果是预测控制车辆和传统车辆相互适应. 由于预测控制车辆的运动更接近传统车辆的运动, 相较于 $q_{\text{in}} = 3000\text{veh/h}$ 的类似场景, 预测控制车辆的牵引力略有增加. 此外, 传统车辆的运动也有所不同, 与 $q_{\text{in}} = 3000\text{veh/h}$ 相比, 它们的牵引力减少了 2.3%. 因此, 在交通更为拥堵的情况下, 就牵引力需求方面而言, 预测控制对所有车辆都有显著的影响.

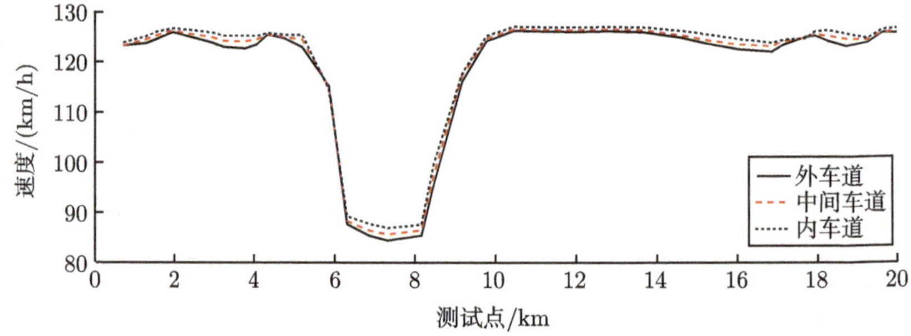

(a) 平均速度

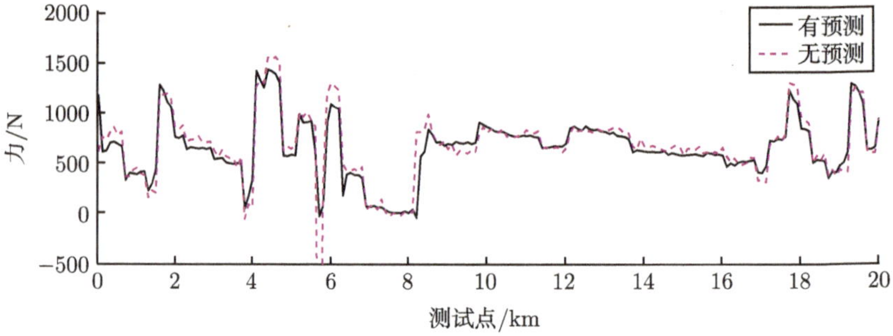

(b) 牵引力

图 6.6 场景 4: $q_{\text{in}} = 5000\text{veh/h}$, $\kappa = 20\%$, $R_{1,\max} = 0.7$

最后的场景显示了提高 $R_{1,\max}$ 对交通速度和平均牵引力的影响, 见图 6.7 和

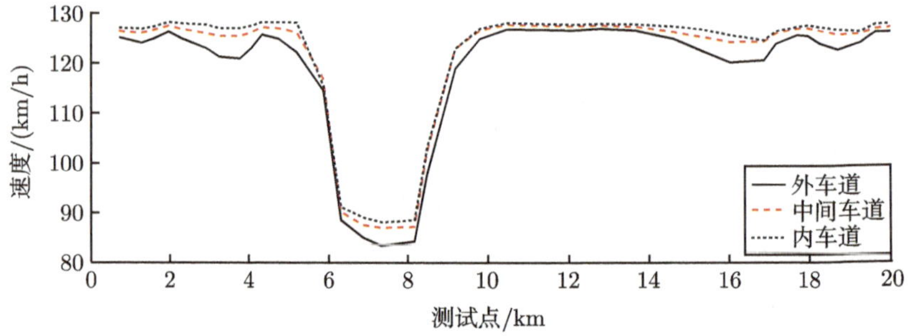

(a) 平均速度

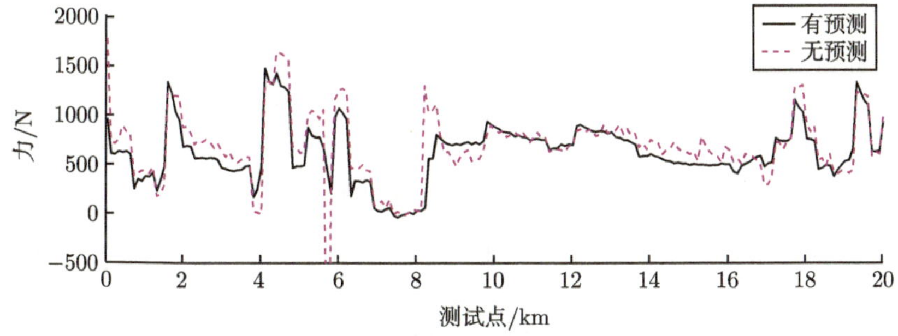

(b) 牵引力

图 6.7 场景 5: $q_{\text{in}} = 3000\text{veh/h}$, $\kappa = 20\%$, $R_{1,\max} = 0.9$

图 6.8. 由于最优化参数的增加, 在自动驾驶车辆的运动中会优先考虑高能效. 由此可以得出, 与第二和第三个场景的分析结果相比, 外车道中车辆的平均速度会显著降低, 见图 6.7(a) 和图 6.8(a). 但是, 在其他车道中, 平均速度接近包含参数 $R_{1,\max} = 0.7$ 的场景. 因此, 大多数自动驾驶车辆会进入外车道. 由这些场景可以得出, 预测控制车辆的牵引力更小, 并且它们对传统车辆的牵引力几乎没有影响, 如表 6.1 中的数值所示. 因此, $R_{1,\max}$ 的增加将导致整个交通的能源消耗降低.

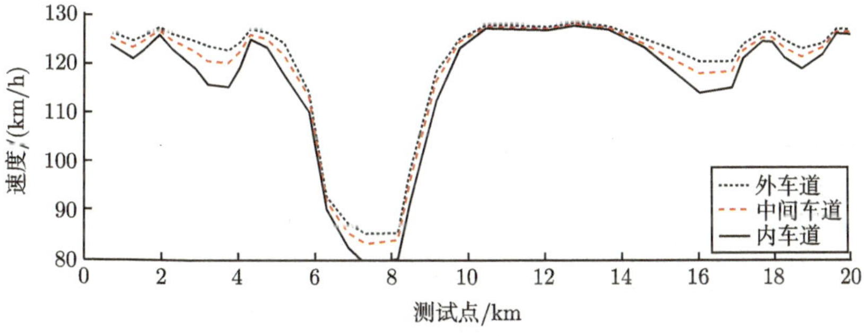

(a) 平均速度

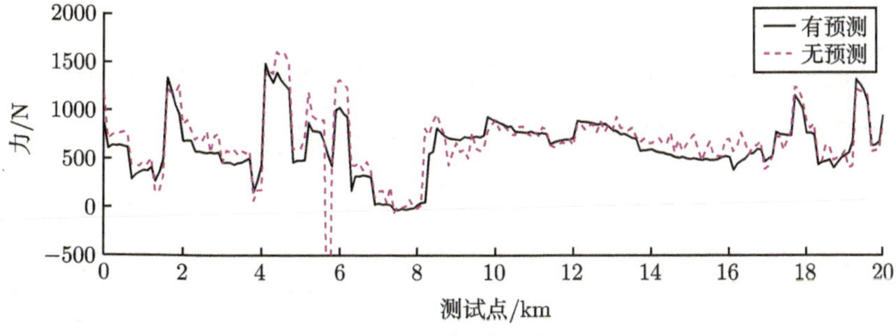

(b) 牵引力

图 6.8 场景 6: $q_{\text{in}} = 3000\text{veh/h}$, $\kappa = 50\%$, $R_{1,\max} = 0.9$

表 6.1 概括了两类车辆所需的牵引力、行程时间和平均速度需求, 显示出传统车辆和预测控制车辆的平均牵引力以及其差异. 根据仿真得到的牵引力, 可得出如下结论:

(1) 交通流中车辆汇入量 q_{in} 的增加会导致传统车辆和预测控制车辆的牵引力同时降低. 然而, 由于交通拥堵, 它增加了车辆的行程时间.

(2) 如果预测控制车辆的比率增加, 这对预测控制车辆的运动略有不利, 但可以进一步减小传统车辆牵引力.

(3) $R_{1,\max}$ 的增加会使得预测控制车辆的牵引力明显减小, 并且对传统车辆会产生很大的影响.

6.3 使用预测控制改善交通流

6.2 节研究了三个参数对交通流的影响. 研究表明, 交通流中预测控制车辆的比率 κ 对所有车辆的能源消耗会产生显著的影响. 总的来说, 加权系数 R_1 减小了预测控制车辆的牵引力, 并且改变了交通流的平均速度. 而交通流的车辆汇入量 q_{in} 的增加使得交通流速度和车辆牵引力同时减小.

由于参数 q_{in}, κ 和 R_1 对交通流速度和车辆牵引力会产生影响, 必须为预测控制车辆设计出一种合适的速度剖面. 在现实的交通场景中, 可以测量 q_{in} 并获取有关 κ 的信息. 此外, 预测控制车辆中的加权系数 R_1 是可以影响整个交通的参数. 通过选择合适的 R_1, 可以提高交通流的能耗效率和平均速度. 在下文中, 提出了选择 R_1 的策略, 此策略考虑了预测控制对交通流的影响.

此策略的核心是基于 $R_{1,\max}$ 的设计. 该参数与 R_1 的设计有关, 见式 (3.14). 这意味着 $R_{1,\max}$ 确定了 R_1 的最大值. 在最优化问题中, 式 (3.14) 中的 $R_{1,\max}$ 是最优化变量 R_1 的上限值. 由于加权系数 R_1 对交通流会产生很大的影响 (图 6.7), 因此上限值 $R_{1,\max}$ 在限制交通流速度降低方面也很重要.

在 $R_{1,\max}$ 的选择策略中, 涉及 q_{in} 和 κ 的相关信息.

(1) 通过选择合适的 $R_{1,\max}$, 可以减少 q_{in} 较大时对交通速度的不利影响, 见图 6.6. 如果在交通高峰期权重 R_1 减小, 预测控制车辆的速度剖面则更接近传统车辆的速度剖面. 因此, 预测控制车辆在适应了传统车辆的行驶后会使交通流速度提高.

(2) 比率 κ 对交通流会产生很大的影响, 见图 6.5. 如果 κ 较高, 整个交通的平均速度则会降低. 虽然较高的 κ 可以实现低能耗的交通流, 但可能会明显限制传统车辆的运动. 因此, 建议限制 $R_{1,\max}$ 值以避免出现过高的 κ 值, 从而产生不利影响.

q_{in} 和 κ 的估计值可用函数来表示, 例如

$$R_{1,\max} = f(q_{\text{in}}, \kappa), \tag{6.8}$$

其中, f 是根据当前路段和交通流的需求适当选择而得的函数. 例如, 在一些路段中, 车辆的快速运动比节约能源更为重要. 在这种情况下, 必须选择 f 为低值函数. 从分析结果得出的函数 $f(q_{\text{in}},\kappa)$ 的典型形式如图 6.9 所示. 此函数表明, 在低 κ 和 N 值的条件下, 会倾向于选择高 $R_{1,\max}$ 值, 这样可以节约能源. 如果 κ 或 q_{in} 值增加, 则 f 会减小. 但是, 必须保证不等式 $R_{1,\max}>0,\forall\kappa,N$ 是成立的, 从而改善交通流的能耗率.

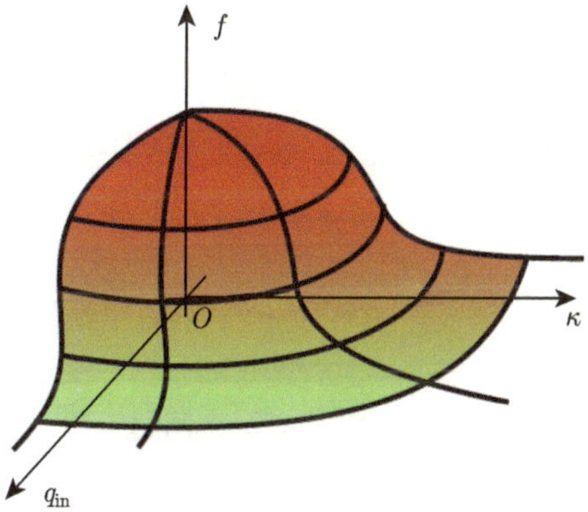

图 6.9 函数 $f(q_{\text{in}},\kappa)$ 的典型形式

6.4 控制方法示例

本节说明了如何基于改进的预测控制策略来改善交通流的情况. 本节提出了交通仿真场景, 其中公路路段的交通量会不断变化. 这个例子是为了表明预测控制车辆能够适应 q 的变化. 由此, 使整个交通流的能源效率得到改善.

此仿真场景包含所分析的匈牙利 M1 公路中一段长 20km 的路段, 见图 6.10. 在这条公路路段的 2km 处发现了入口匝道, 车辆在此处汇入这条公路. 此外, 在 4km 处设有出口匝道. 这使得这条公路 2—4km 路段的交通量增加. 由于 q 增加, 必须减小预测控制的 $R_{1,\max}$, 见图 6.9 中的控制规则. 因此通过二阶多项式定义了 q 和 $R_{1,\max}$ 之间的关系, 见图 6.11. 该二阶多项式保证了当交通量增加时 R_1 的最大值会减小.

本节给出了三个场景. 在第一个场景中, $R_{1,\max}=0.7$, 这意味着会首选车辆更快速地运动. 在第二个场景中, $R_{1,\max}=0.9$, 会首选高能效巡航. 而在第三个场景中, $R_{1,\max}$ 是变化的. 交通流中预测控制车辆的比率是恒定的 $\kappa=20\%$. 图 6.12(a) 中可见所有仿真场景的交通量. 它说明了入口匝道和出口匝道的作用, 见 2—4km 路段的 q 值. 由于存在匝道, 一小段路段内的交通量将明显增加, 这可能会对交通

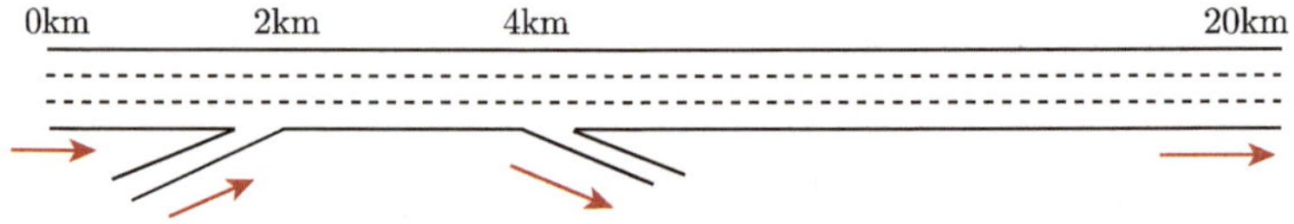

图 6.10　公路路段上的交通流

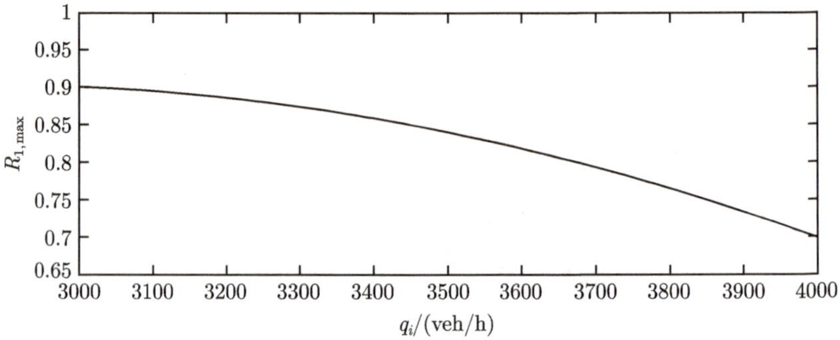

图 6.11　q 和 $R_{1,\max}$ 之间的关系

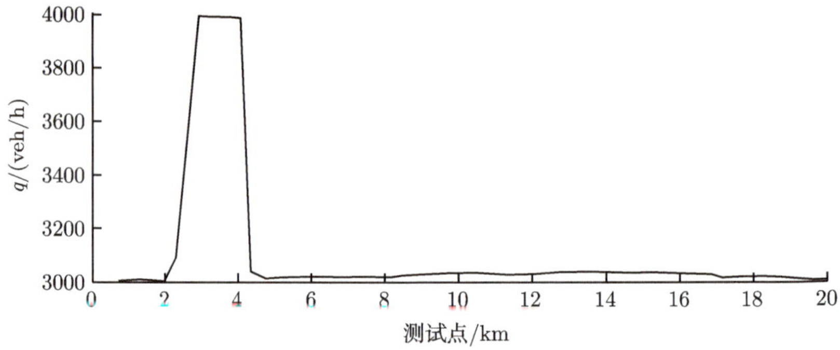

(a) 公路路段上的交通量

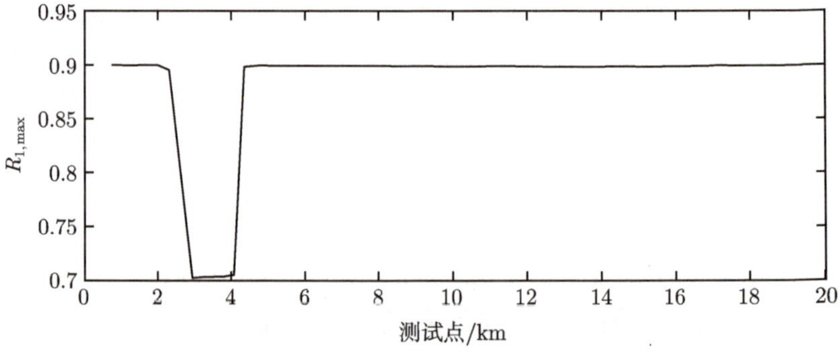

(b) 第三个场景中$R_{1,\max}$的变化

图 6.12　整个仿真场景中的交通量和 $R_{1,\max}$ 值

流的平均速度产生影响. 因此, 在第三个仿真场景中, $R_{1,\max}$ 的值会根据图 6.11 中的关系而变. $R_{1,\max}$ 在 2—4km 减少到 0.7. 这意味着在这条 2km 长的路段中, 优先级从高能效巡航调整为更快速的行驶.

图 6.13 显示了各车道中的平均速度, 其中预测控制车辆具有不同的 $R_{1,\max}$ 策

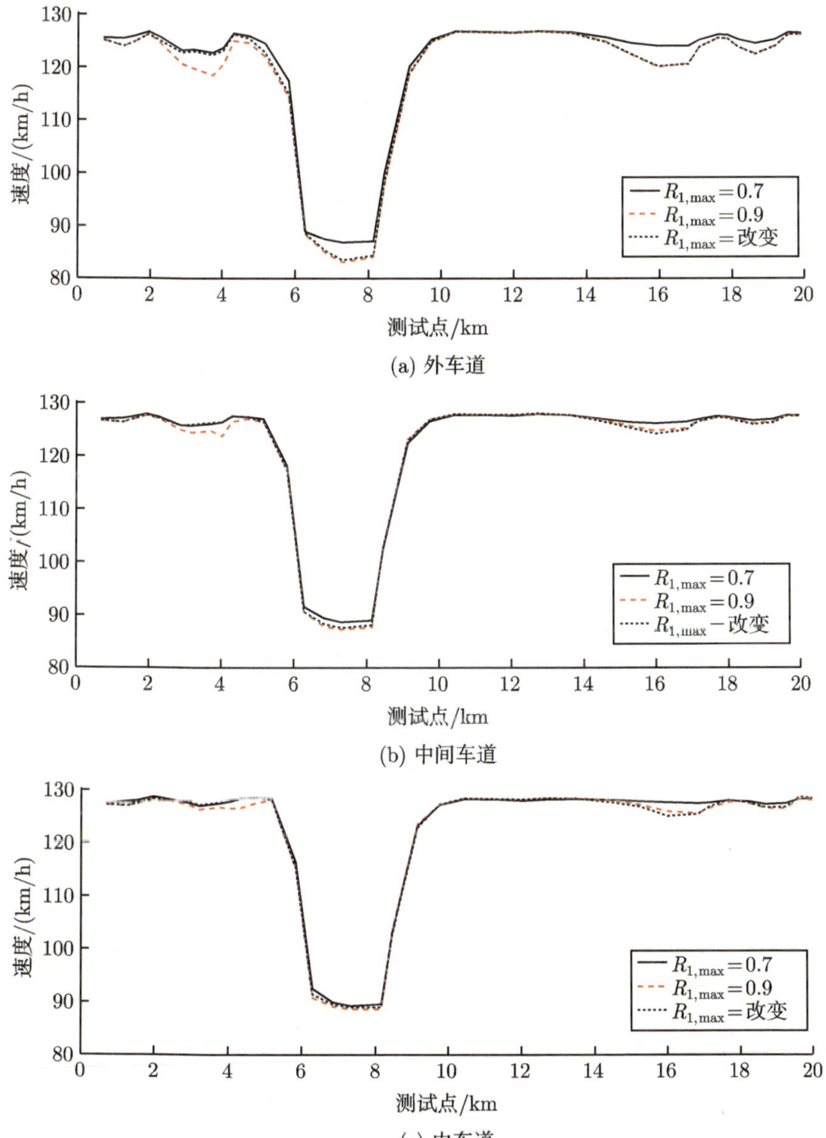

(a) 外车道

(b) 中间车道

(c) 内车道

图 6.13 车辆的平均速度

略. 如设置 $R_{1,\max}=0.7$, 则预测控制车辆对交通的影响是有限的. 在这种情况下, 平均速度值接近所有车道中的最高车速限制. 然而, 在第二个策略中, $R_{1,\max}$ 对平均速度会产生很大的影响, 例如, 14—20km 的路段. 在这种情况下, 车速会根据前方的道路地形特征、速度限制和当前交通量而发生显著的变化. 在入口匝道和出口匝道之间, 出现不必要的减速, 这对于交通流而言是不利的. 第三个场景中变化的 $R_{1,\max}$ 的值结合了两种解决方案的优势: 既保证了交通高峰期路段上车辆能快速行驶, 同时在更远的路段上实现了保证经济性的速度剖面, 见图 6.13 中的所有车道. 在此场景中, $R_{1,\max}$ 是变化的, 如图 6.12(b) 所示. 例如, 在图 6.13(a) 中, 改进的预测控制策略的速度剖面与恒定的 $R_{1,\max}=0.9$ 策略的速度剖面相同, 除了 2—4km 的路段, 此路段的速度剖面与恒定的 $R_{1,\max}=0.7$ 策略的速度剖面近似. 因此, 可以避免交通高峰期路段中不必要的减速, 同时能够获得预测控制的优势.

在研究牵引力时得出了类似的结论, 见图 6.14. 在这些图中, 虚线表示传统车辆的牵引力, 实线表示预测控制车辆的牵引力. 图 6.14(c) 显示 2—4km 路段中的牵引力值接近 $R_{1,\max}=0.7$ 策略的牵引力值 (图 6.14(a)), 而在更远的路段中, 牵引力等于第二种策略中的牵引力, 见图 6.14(b). 这使车辆在 14—20km 路段间的行驶得到加强, 说明综合的 $R_{1,\max}$ 策略和恒定的 $R_{1,\max}=0.9$ 策略是相似的. 因此, 变化的 $R_{1,\max}$ 既能够保证降低牵引力, 同时不会使得交通流的平均速度降低.

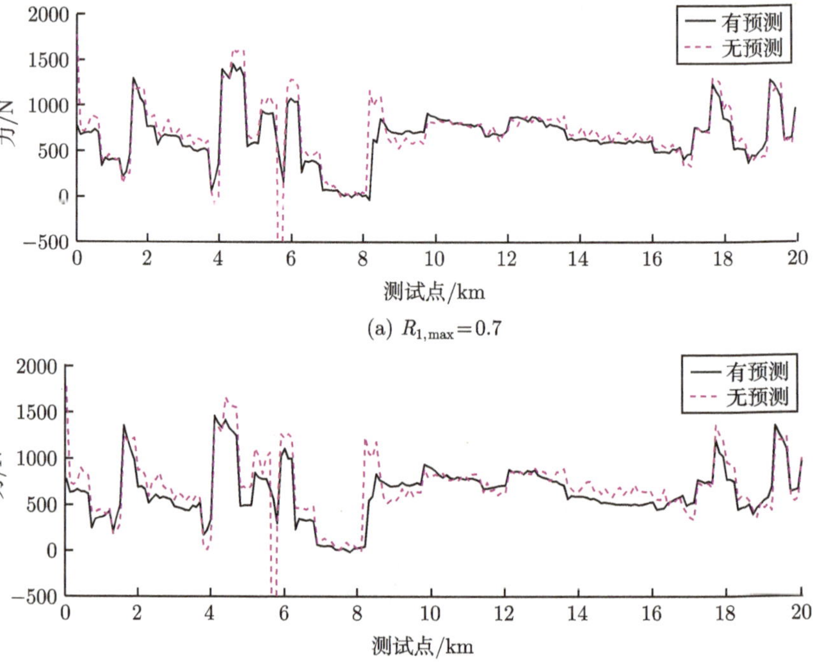

(b) $R_{1,\max}=0.9$

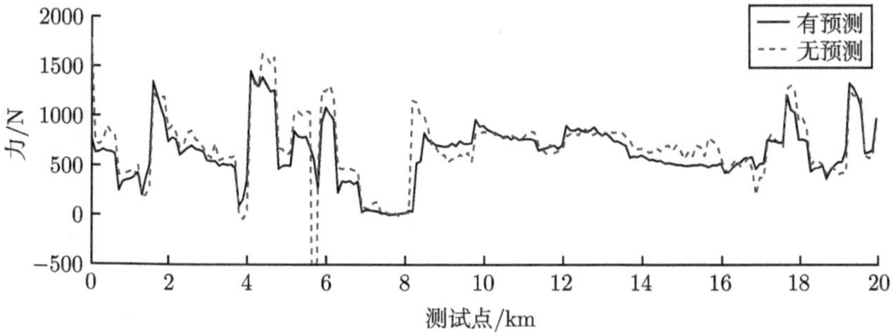

(c) $R_{1,\max}$是变化的

图 6.14 车辆的牵引力

仿真的数值结果见表 6.2. 结果表明, $R_{1,\max}=0.9$ 策略中的平均牵引力小于第一个场景 $R_{1,\max}=0.7$ 中的平均牵引力. 在 $R_{1,\max}$ 会变化的场景中, 预测控制车辆的平均牵引力介于两种恒定 $R_{1,\max}$ 的场景的结果之间, 对于传统车辆而言, 此值略高于 $R_{1,\max}=0.7$ 的结果. 这是预测控制车辆的速度变化带来的结果, 此结果使得传统车辆在 2—4km 的路段中有加速和减速, 并使牵引力增加. 然而, 与 $R_{1,\max}=0.7$ 策略相比, $R_{1,\max}$ 变化的策略可使平均牵引力整体减小. 此外, 将此结果与场景 $\kappa=1\%$的交通流中可忽略不计的预测控制车辆数相比, 优势更为明显, 见表 6.2. 通过使用预测控制策略, 整个交通流中车辆的牵引力将减少 2.2%. 因此, 所提出的预测控制策略在预测控制车辆占少数的交通流中是有效的.

表 6.2 仿真结果

κ/%	$R_{1,\max}$	力的平均值/N			行程时间/s	平均速度/(km/h)
		传统	预测	总体		
20	0.7	675.5	629.0	666.2	611.8	117.8
20	0.9	673.3	598.7	658.4	612.0	117.6
20	变化的	676.5	604.7	662.1	611.9	117.7
1	0.7	677.7	621.8	677.1	609.1	118.2

参 考 文 献

Bekiaris-Liberis N, Roncoli C, Papageorgiou M (2016) Highway traffic state estimation with mixed connected and conventional vehicles. IEEE Trans Intell Transp Syst 17(12): 3484-3497

Bevly D, Cao X, Gordon M, Ozbilgin G, Kari D, Nelson B, Woodruff J, Barth M, Murray C, Kurt A, Redmill K, Ozguner U (2016) Lane change and merge maneuvers for connected and automated vehicles: A survey. IEEE Trans Intell Veh 1(1): 105-120

Bose A, Ioannou P (2003) Analysis of traffic flow with mixed manual and semi-automated vehicles. IEEE Trans Intell Transp Syst 4(4): 173-188

Chin H, Okuda H, Tazaki Y, Suzuki T (2015) Model predictive cooperative cruise control in mixed traffic. In: IECON 2015-41st annual conference of the IEEE industrial electronics society, pp 3199-3205

Gáspár P, Németh B (2015) Design of look-ahead cruise control using road and traffic conditions. In: American control conference, Chicago, USA, pp 3447-3452

Jerath K, Ray A, Brennan S, Gayah VV (2015) Dynamic prediction of vehicle cluster distribution in mixed traffic: A statistical mechanics-inspired method. IEEE Trans Intell Transp Syst 16(5): 2424-2434

Jia D, Lu K, Wang J, Zhang X, Shen X (2016) A survey on platoon-based vehicular cyber-physical systems. IEEE Commun Surv Tutor 18(1): 263-284

Johannesson L, Nilsson M, Murgovski N (2015) Look-ahead vehicle energy management with traffic predictions. In: IFAC Workshop on engine and powertrain control, simulation and modeling, columbus, Ohio, USA

Li K, Ioannou P (2004) Modeling of traffic flow of automated vehicles. IEEE Trans Intell Transp Systems 5(2): 99-113

Ngoduy D, Liu R (2007) Multiclass first-order simulation model to explain nonlinear traffic phenomena. Phys A Statist Mech Appl385(2): 667-682

Schakel W, Van Arem B, Netten B (2010) Effects of cooperative adaptive cruise control on traffic flow stability. In: 2010 13th International IEEE conference on intelligent transportation systems (ITSC), pp 759-764, https://doi.org/10.1109/ITSC.2010.5625133

Talebpour A, Mahmassani HS (2015) Influence of autonomous and connected vehicles on stability of traffic flow. In: Transportation research board 94th annual meeting, Washington DC, United States

van Arem B, van Driel CJG, Visser R (2006) The impact of cooperative adaptive cruise control on traffic-flow characteristics. IEEE Trans Intell Transp Systems 7(4): 429-436

Wageningen-Kessels F (2013) Multi-class continuum traffic flow models: analysis and simulation methods.Ph.D thesis, Delft University of Technology, Ph.D. thesis

Zhang C, Vahidi A (2011) Predictive cruise control with probabilistic constraints for eco driving. In: ASME 2011 dynamic systems and control conference and bath/ASME symposium on fluid power and motion control, vol2, pp 233-238

第三部分

控 制 策 略

第7章 混合交通流中匝道控制的控制策略

研究背景及意义

在过去十年中，道路车辆自主控制的概念一直是汽车研究领域的重点. 自动驾驶车辆可能会对交通流产生影响，这是因为它们驾驶顺畅并且遵守交通规则. 此外，车辆的自动化要求拥有包含交通环境相关信息的智能交通系统.

自动驾驶车辆的控制促进了车辆和基础设施之间通信技术的发展. 车辆间相互协作能够减少能源消耗，并且提高车辆在交通中的运行效率. Lin 和 Maxemchuk (2012) 提出了一种不同层次车辆协作的多层架构; Wei 和 Dolan (2009) 以及 Halle 和 Chaib-draa (2005) 也提出过此类架构. 仿真结果表明基于层的通信和控制会给交通流的稳定性带来积极的影响，(Monteil et al., 2013). Fuchs 等 (2007) 提出了一种用于处理上下文信息的分层分解策略.

本章协调解决了宏观交通流建模、交通动态的匝道控制以及微观车辆的预测巡航控制的最优化问题. 通过这种新的方法，本章分析了预测巡航控制对交通流的影响. 同时处理了各车辆的控制和交通流控制之间的关系，从而在微观和宏观模型参数之间做出了权衡. 由此得出一种最优化策略，其中涉及交通系统的非线性和参数依赖性. 在一条真实的公路上呈现了交通和车辆间相互协调的情况，在此场景中，可能存在两个干预项，例如，公路入口处流入交通量的控制以及预测巡航控制方法中参数的设置. 正确选择这些控制信号可以保证避免拥堵、最大限度降低车辆的能耗并且减少受控匝道口的队列长度.

7.1 车辆巡航控制对交通流的影响模型

交通网络中基本且最重要的定律是守恒定律，可以用公式表示

$$\rho_i(k+1) = \rho_i(k) + \frac{T}{L_i}[q_{i-1}(k) - q_i(k) + r_i(k) - s_i(k)], \tag{7.1}$$

式中，k 是离散时间步长指数，T 是离散样本时间步长，ρ_i 和 q_i 分别是路段 i 的交通密度 (veh/km) 和流量 (veh/h)，r_i 和 s_i 是匝道总流入和流出值 (以 veh/h 为单位)，q_{i-1} 是路段 $i-1$ 的流量，也是路段 i 的流入量. 路段的长度由 L_i 表示.

9.1 节中, 流出量 $q_{i-1}(k)$ 和 $s_i(k)$ 是测量而得的值, 而 $r_i(k)$ 是受控的流入量. 路段 i 的流出量 $q_i(k)$ 却取决于诸多因素 (Messmer and Papageorgiou, 1990; Treiber and Kesting, 2013). 在文献 (Ashton, 1966) 中, 流出量是根据基本关系 $q_i(k) = \rho_i(k)v_i(k)$ 确定的, 其中 $v_i(k)$ 是交通流速度. 在实际应用中, $q_i(k)$ 和 $\rho_i(k)$ 之间的关系特征是使用历史测量数据表示的 (Gartner and Wagner, 2008), 如下所示

$$q_i(k) = \mathscr{F}(\rho_i(k)). \tag{7.2}$$

务必要注意的是, 实际上完整的运算基本图假设了上述所有交通变量的测量值 (Papageorgiou and Vigos, 2008). 因此, 交通模型会转化为

$$\rho_i(k+1) = \rho_i(k) + \frac{T}{L_i}\left[\mathscr{F}(\rho_i(k)) - q_i(k) + r_i(k) - s_i(k)\right]. \tag{7.3}$$

采用 VisSim 构建了测试网络的交通系统模型和测量方法. 例如, 采用 VisSim 对匈牙利 Ml 公路布达佩斯和陶陶巴尼奥之间的 3 车道、长 20km 的路段进行了建模, 并且构建了地形特征 (图 7.1)、速度限制和 3 条车道. 此路段的速度限制为 130km/h, 而在 5.6km 至 8.5km 之间的路段速度限制为 90km/h . 通过使用此模型进行了数次不同交通密度的仿真. 此外, 交通流中包含大量预测控制车辆, 其速度的选择适应前方的斜坡和速度限制.

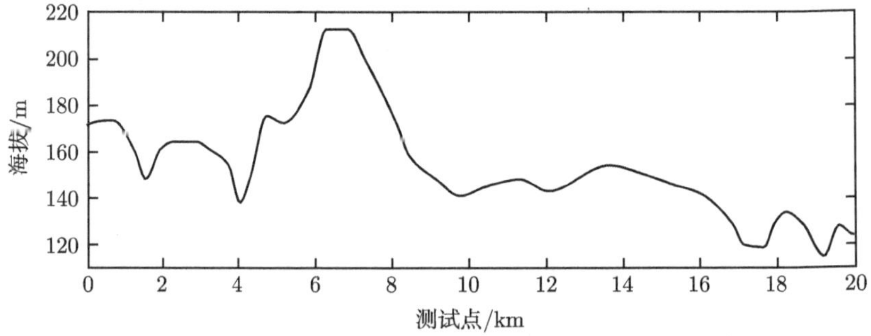

图 7.1 公路路段的地形特征

基于多目标最优化方法计算当前速度, 最优化的目标包括最大限度降低纵向运动所需的能耗 (或燃料消耗量) 和缩短行程时间 (Németh and Gáspár, 2013b). 这两个最优化标准会产生不同的最优解. 为了实现性能需求间的平衡, 引入最优化参数 R_1. 此参数在很大程度上决定了车辆的速度特性: 如果将 R_1 设置为最小值, 则可最大限度地缩短行程时间; 但是, 如果将 R_1 设置为最大值, 则可实现高能效巡航. 选择的 R_1 是否正确将会影响到交通流的情况.

根据前方的地形特征和速度限制, 速度剖面在车辆的行驶过程中会发生变化. 在交通场景中, 考虑两种类型的车辆:

(1) 没有预测控制的车辆, 将按照当前的最大限制车速行驶并且能源需求不予考虑;

(2) 有预测控制的车辆, 将按照自身的能耗/时间最优速度剖面行驶.

在交通流仿真中, 预测控制车辆的比率为 20%. 因此, 预测控制车辆的巡航会对整个交通流产生显著的影响. 图 7.2 给出了公路路段的交通流速度.

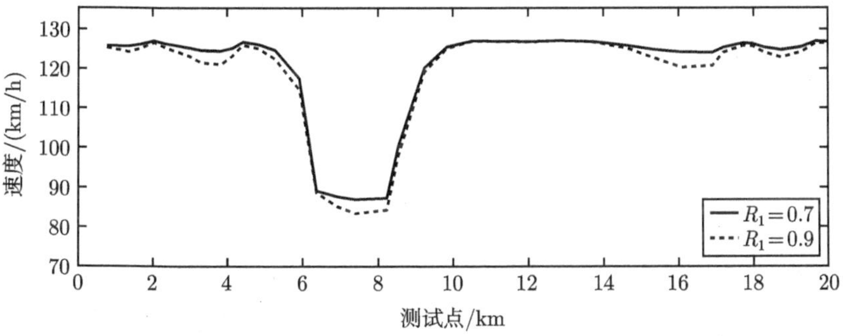

图 7.2 道路上的交通流速度

此外, R_1 还会对整个交通流的能耗产生影响. 表 7.1 给出了传统车辆的纵向力 F_{conv} 和预测控制车辆的纵向力 F_{look} 的平均值及这些车辆的能耗情况. 此表说明, 当最优化参数 R_1 增加时, 预测控制车辆的控制力会明显减小. 但是, R_1 对传统车辆的影响很小. 此外, 由于交通流中车辆之间是相互连接的, 所有车辆的能耗都会明显降低.

表 7.1 纵向力的结果

R_1	F_{conv}/N	F_{look}/N	能耗/%
0.7	676.2	629.4	7.2
0.9	674.8	598.7	11.9

图 7.3 给出了系统的示例图, 包括系统的测量结果和当 $q_i(k) = \mathscr{F}(\rho_i(k))$ 时的基本图. 仿真场景是针对预测控制中不同的交通密度和不同的最优化参数, 即 $R_1 = 0.7$ 和 $R_1 = 0.9$ 来设置的. 如图 7.3 所示, 多项式函数适用于不同的场景. 结果表明, R_1 对基本图有很大的影响. 如果 R_1 增加, 流出量 q_i 会因车速降低而减少. 但是, 与基本图的最大值相关的临界密度 $q_{i,\text{crit}}$ 会更高. 因此, R_1 的选择对流出量和临界密度都会产生影响, 从而影响交通流的稳定性.

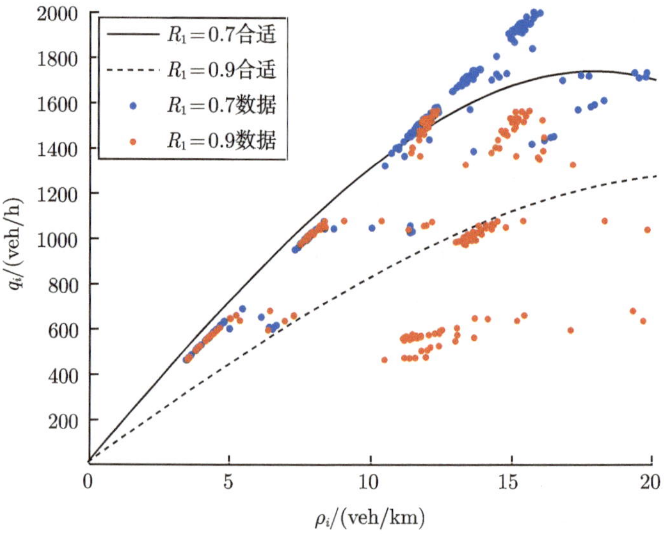

图 7.3 交通网络的基本图

此分析适用于确定基本关系式 (7.2) 中的函数 $\mathscr{F}$. 考虑 R_1 变化所产生的影响, 给出了多项式参数依赖函数, 此函数 $\rho_i(k)$ 和 $q_i(k)$ 之间的基本关系可表示为

$$q_i(k)=\sum_{j=1}^{n}c_j(R_1(k))\rho_i(k)^j, \tag{7.4}$$

式中, 此多项式函数中的系数可表示为

$$c_j(R_1(k))=\sum_{l=1}^{m}d_lR_1(k)^l, \tag{7.5}$$

式中, d_l 是常量, m 是成员数量.

综上所述, 所应用的交通网络模型是基于守恒定律式 (7.3) 和基本关系式 (7.4) 而建立的. 系统的状态空间方程如下所示

$$x(k+1)=f(x(k),R_1(k))+gd_i(k)+gr_i(k), \tag{7.6}$$

式中, $x(k)=\rho_i(k)$ 是系统的状态, $f(x(k),R_1(k))$ 是多项式参数依赖函数, 用于描述交通流的动态. 测量的干扰项如下

$$d_i(k)=[q_{i-1}(k)\quad s_i(k)]^{\mathrm{T}}. \tag{7.7}$$

控制输入是受控匝道口 $r_i(k)$ 处的流入量. 注意, 在状态空间表达式中, 最优化参数 $R_1(k)$ 也是控制量. 因此, 可以通过信号 $r_i(k)$ 和 $R_1(k)$ 来影响交通流的动态情况.

7.2 交通系统的稳定性分析

本节进行了基于平方和 (sum of squares, SOS) 方法的交通系统的稳定性分析. 分析的目的是研究最优化参数 $R_1(k)$ 和控制流入量 $u(k)=r_i(k)$ 如何对系统的稳定性产生影响. 此外, 还需要确定可以避免网络拥堵的最大集 $u_{\max}(R_1(k))$. 函数 $u_{\max}(R_1(k))$ 还会使控制干预项之间产生关系. 由于测量的干扰项 $d_i(k)$ 会对公路网的动态情况产生影响, 因此这些值必须与最大集 $u_{\max}(R_1(k))$ 一起处理. 下文介绍了 SOS 方法在受控不变集计算中的应用, 其理论背景和详细内容见附录 B.

带有 $u_{\max}(R_1(k))$ 的系统其式 (7.6) 的状态空间方程可表示为

$$x(k+1)=f(R_1(k),x(k))+gu_{\max}(R_1(k)). \tag{7.8}$$

式中, $f(R_1(k),x(k))$ 是矩阵, 包含光滑多项式函数且 $f(R_1,0)=0$.

参数依赖的控制李雅普诺夫函数选用式 (7.9) 的形式来表示

$$\mathbf{V}(R_1(k),x(k))=V(x(k))\cdot b(R_1(k)). \tag{7.9}$$

式中, $b(R_1(k))$ 是直观选择的依赖于 R_1 的基函数. 使用式 (B.30) 扩大条件 (B.29) 中的差

$$\begin{aligned}\Delta\mathbf{V}(R_1(k),x(k))=&\mathbf{V}(x(k+1),R_1(k))-\mathbf{V}(x(k),R_1(k))\\&+\mathbf{V}(x(k),R_1(k+1))-\mathbf{V}(x(k),R_1(k))\\=&(V(x(k+1))-V(x(k)))\cdot b(R_1(k))\\&+(b(R_1(k+1))-b(R_1(k)))\cdot V(x(k))\\=&\Delta V(x(k))\cdot b(R_1(k))+\Delta b(R_1(k))\cdot V(x(k)).\end{aligned} \tag{7.10}$$

在分解控制李雅普诺夫函数中的 $x(k)$ 和 $R_1(k)$ 时, 将原始差 $\Delta\mathbf{V}(R_1(k),x(k))$ 分解为 $\Delta V(x(k))$ 和 $\Delta b(R_1(k))$. 使用式 (B.28) 的差 $\Delta V(x(k))$ 得计算式为

$$\Delta V(x(k))=V(f(R_1(k),x(k))+gu(k))-V(x(k)). \tag{7.11}$$

考虑到式 (B.32) 中的函数 $u_{\max}(R_1(k))$

$$\Delta V(x(k))\big|_{u(k)=u_{\max}(R_1(k))}=V(f(R_1(k),x(k))+gu_{\max}(R_1(k)))-V(x(k)). \tag{7.12}$$

式中, 差 $\Delta b(R_1(k))$ 取决于直观表示的基函数 $b(R_1(k))$. 在进一步的计算中, 用到了 $\Delta b(R_1(k))$ 的上限值, 例如, $\nu\geqslant|\Delta b(R_1(k))|$.

局部稳定性标准决定了状态 x 的集, 这些状态都是稳定状态, 并且如果应用 $u_{\max}$, 会得出 $x_\infty < \infty$. 此集以受控不变集为边界, 定义如下: $\mathbf{V}(R_1(k), x(k)) = 1$. 在实际应用中, 此式定义由两个不等式条件所替代:

$$1 - \varepsilon \leqslant \mathbf{V}(R_1(k), x(k)) \leqslant 1. \tag{7.13}$$

式中, $\varepsilon > 0$ 是无穷小的数字.

可选择调度变量 R_1 和状态 x 的有效范围对稳定性进一步约束. 在式 (7.14) 所示范围内选择的基函数是有效的, 即

$$R_{1,\min} \leqslant R_1(k) \leqslant R_{1,\max}. \tag{7.14}$$

此外, 必须在此约束条件下找到城市路网门限控制的解:

$$0 \leqslant x(k), \tag{7.15}$$

这表示交通密度为正数或零.

最优化问题为以下目标 (式 (7.16)) 找到 $u_{\max}(R_1(k))$ 的解并得到可行的 $\mathbf{V}(R_1(k), x(k))$:

$$\max \quad u_{\max}(R_1(k)), \tag{7.16}$$

对 $s_1, s_2, s_3, s_4, s_5 \in \Sigma_n$; $V(x(k)), b(R_1(k)) \in \mathcal{R}_n$, 使得

$$\begin{aligned}
&-((V(f(R_1(k), x(k)) + g u_{\max}(R_1(k)))\\
&-V(x(k))) \cdot b(R_1(k)) + v \cdot V(x(k)))\\
&-s_1\left(V(x(k)) \cdot b(R_1(k)) - (1-\varepsilon)\right)\\
&-s_2\left(1 - V(x(k)) \cdot b(R_1(k))\right) - s_3 x(k)\\
&-s_4(R_1(k) - R_{1,\min}) - s_5(R_{1,\max} - R_1(k)) \in \Sigma_n.
\end{aligned} \tag{7.17}$$

最优化的结果定义了最大受控不变集, 其中在函数 $u_{\max}(R_1(k))$ 下, 系统是稳定的. 由于 $u(k) = r_i(k)$ 并且参数 $R_1(k)$ 是系统的控制干预项, 因此 $u_{\max}(R_1(k))$ 可得出干预项间的关系. 最大受控不变集的计算方法见附录 B.

7.3　匝道流量和巡航控制车辆的控制策略

本节推导出如何在匝道控制指令 $r_i(k)$ 和预测控制参数 $R_1(k)$ 等控制干预项间选择, 如函数 $u_{\max}(R_1(k))$ 确定了满足稳定性要求的区域, 并且可能存在若干干预项. 基于分析的控制策略必须保证如下的两个性能要求.

(1) 必须在最大限度上减少车辆在行程中的能源消耗. 预测控制参数 $R(k)$ 和能源消耗之间存在一定的关系. 第一个性能要求可表示为

$$R_1(k) \to \text{Max}. \tag{7.18}$$

(2) 必须减少汇入匝道处的队列长度, 从而缩短汇入车辆的等待时间. 受控匝道口的队列长度如下

$$l_i(k+1) = l_i(k) + T(r_{i,\text{dem}}(k) - r_i(k)), \tag{7.19}$$

其中, $l_i(k)$ 是队列长度, 单位为 veh, $r_i(k)$ 是匝道流入量, $r_{i,\text{dem}}(k)$ 是所需的匝道流入量. 此控制必须保证满足以下标准: $l_i(k) \leqslant l_{\max}(k)$, 其中 $l_{\max}(k)$ 是队列中可接受的最大长度.

由这两个性能要求可得出最优化目标. 其解为最优的 $r_i(k)$ 和 $R_1(k)$. 在 $u_{\max}(R_1(k))$ 的计算中考虑了所有流入车辆, 因此还需要考虑所测量到的干扰车辆 $d_i(k)$. 最优化目标如下

$$\max \quad R_1(k). \tag{7.20}$$

通过 $r_i(k), R_1(k)$ 使得

$$r_i(k) + d_i(k) \leqslant u_{\max}(R_1(k)), \tag{7.21}$$

$$l_i(k) \leqslant l_{\max}(k), \tag{7.22}$$

$$R_{1,\min} \leqslant R_1(k) \leqslant R_{1,\max}, \tag{7.23}$$

$$0 \leqslant r_i(k). \tag{7.24}$$

由最优化目标式 (7.20) 求解可得出实际的 $r_i(k)$ 和 $R_1(k)$ 值. 一般情况下, 函数 $u_{\max}(R_1(k))$ 的形式在 $R_1(k)$ 中是线性的, 并且可以有效地计算式 (7.20). 在应用此方法的过程中, 只有最优化目标式 (7.20) 必须在线实时求解. 复杂的最优化目标 $u_{\max}(R_1(k))$ 如式 (B.39), 可另行预先求解, 并且其结果仅用于获得最优化问题求解后的 $r_i(k)$ 和 $R_1(k)$.

7.4 仿真结果

本节通过仿真实例说明了基于 SOS 的分析和控制设计方法. 仿真的目标是说明基于集的分析将产生最大的稳定控制输入, 并且设计出最优控制解. 在仿真实例中, 选用了匈牙利 Ml 公路布达佩斯和陶陶巴尼奥间一段 20km 长的路段, 参见 7.1 节. 非线性稳定性分析和仿真均基于 VisSim 软件来完成.

首先, 给出了稳定性分析的结果. 通过 SOS 方法和标准 (B.39) 计算出的最大受控不变集见图 7.4. 图 7.4 说明通过 $u_{\max} = 2073 - 592R_1$ 及其边界 $\mathbf{V}^-$ 和 $\mathbf{V}_-$ 计算得出的最优函数的解. 如果交通流密度介于由 $\mathbf{V}^-$ 和 $\mathbf{V}_-$ 确定的边界状态之间, 则系统是稳定的. 此外, $u_{\max}$ 的形式表示 R_1 的增加会减少可以汇入交通流的车流量. 例如, 如果 $R_1 = 0.5$, 则 $u_{\max} = 1777\text{veh/h}$; 而当 $R_1 = 0.9$ 时, 最大汇入车流量 $u_{\max}$ 约为 1540veh/h, 减少了 13%.

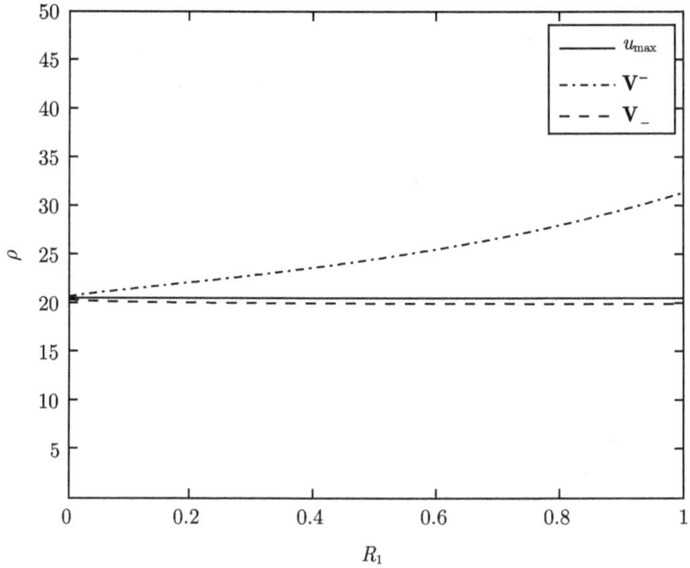

图 7.4　系统的最大受控不变集

其次, 通过仿真场景演示说明了如何应用控制变量 $r_i(k)$ 和 $R_1(k)$. 图 7.5(a) 展现了公路路段的干扰交通流 d_i. 此外, 在受控匝道口 $r_{i,\text{dem}}$ 处也有车流汇入的需求, 如图 7.5(b) 所示. 在仿真的第一部分中, 车流量增加了, 而在仿真的第二部分中, 车流量减少了. 由于车辆的数量在此期间会随机变化, 因此将交通流设为随机信号.

控制干预项如图 7.5(c) 和图 7.5(d) 所示. 在前 80min 内, $r_i(k) = r_{i,\text{dem}}(k)$, 因为 $r_i(k) + d_i(k) < u_{\max}(R_1(k))$. 此外, 最优化参数设置为 $R_1(k) = 1$, 见图 7.5(d). 在 80—100min 内, 驱动项 $r_i(k)$ 受 $u_{\max}$ 的限制, 见图 7.5(c). 这意味着干扰项和 $r_{i,\text{dem}}(k)$ 足够大, 并且队列的长度将会增加, 见图 7.6(b). 但是, 队列长度的增加可以看作一种缓冲, 因此没有必要减少 $R_1(k)$. 在 100min 时, 队列的长度达到了限值 $l_{\max}(k) = 10$, 因此必须用最优化目标式 (7.20) 来减少 $R_1(k)$. 减少 $R_1(k)$ 会增加最大交通流, 如图 7.3 所示. 在 6h 左右, 流入量 $d_i(k)$ 和 $r_{i,\text{dem}}(k)$ 会减少, 从而缩短队列长度, 见图 7.6(b).

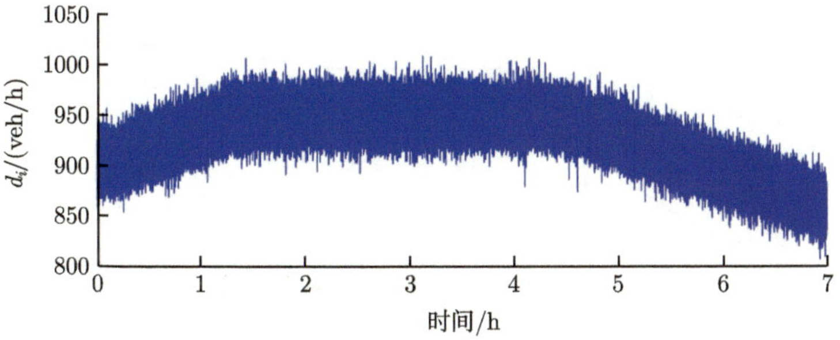

(a) 干扰交通流, $d_i(k)$

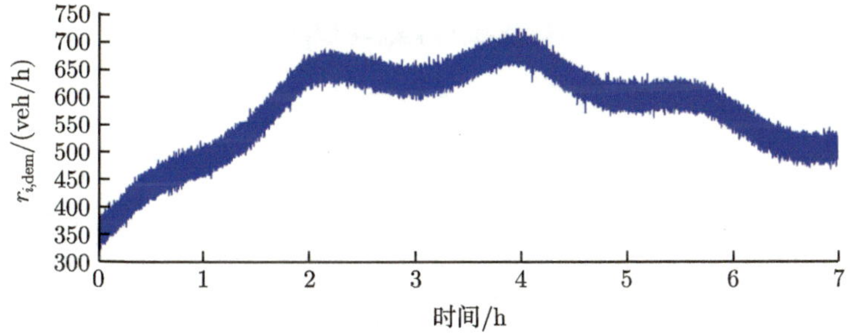

(b) 受控匝道口处所需的流入量, $r_{i,\text{dem}}(k)$

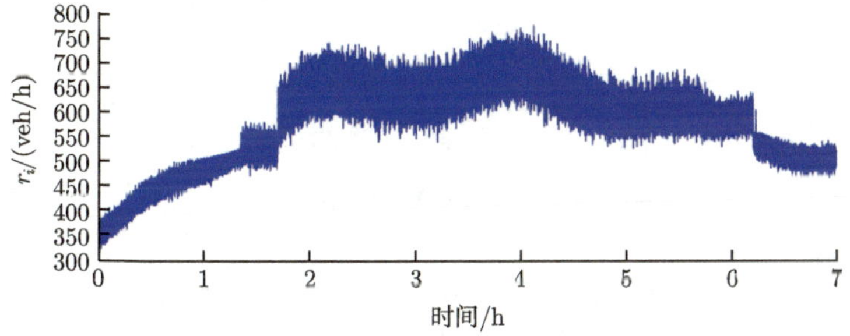

(c) 控制交通流, $r_i(k)$

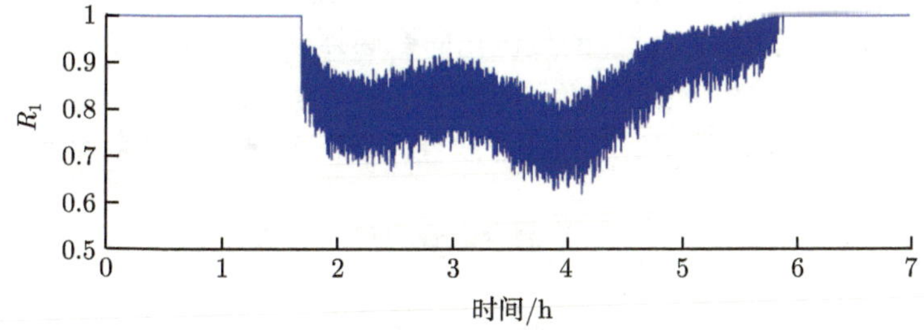

(d) 最优预测控制参数, $R_1(k)$

图 7.5 仿真场景

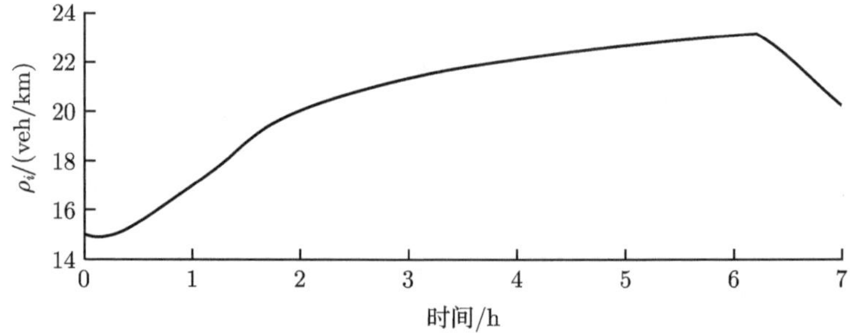

(a) 交通密度, $\rho_i(k)$

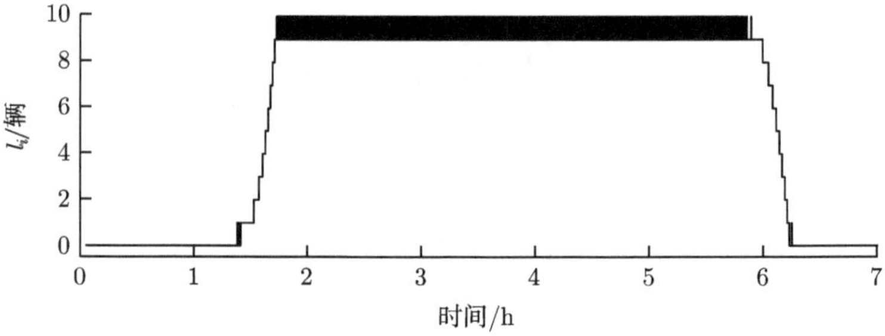

(b) 受控匝道口的队列长度, $l_i(k)$

图 7.6　仿真结果

如图 7.6(a) 所示, 系统的稳定性在整个仿真过程中得到了保证. 本章所提出的控制算法适用于交通流的协调和预测控制车辆的最优化设置.

本章提出了包含预测巡航控制的车辆的交通流的设计策略, 使用预测控制车辆的最优化参数对交通系统的模型进行了扩展; 提出了一种用于控制设计的两步最优化方法, 使用系统的最大受控不变集 $u_{\max}(R_1(k))$ 和最优化标准 (B.39) 对系统的稳定性进行了研究. 通过使用多准则最优化目标 (7.20) 计算控制干预项 $r_i(k)$ 和 $R_1(k)$. 可以在减少交通流的能源需求与减少受控车道的队列长度之间实现平衡. 运用此方法时, 只有控制干预项的最优化问题必须进行在线实时计算. 可预先对复杂的最优化 $u_{\max}(R_1(k))$ 进行求解, 其结果仅用于获得最优化的解 $r_i(k)$ 和 $R_1(k)$. 所提出的方法具有实现简单、可处理非线性系统并考虑了参数依赖性等优点.

参 考 文 献

Ashton W (1966) The theory of traffic flow. Spottiswoode, Ballantyne and Co. Ltd., London

Fuchs S, Rass S, Lamprecht B, Kyamakya K (2007) Context-awareness and collaborative driving for intelligent vehicles and smart roads. In: 1st International workshop on ITS for an ubiquitous ROADS, Los Alamitos

Gartner N, Wagner P (2008) Analysis of traffic flow characteristics on signalized arterials. Transp Res Record 1883: 94-100

Halle S, Chaib-draa B (2005) A collaborative driving system based on multiagent modelling and simulations.Transp Res Part C 13: 320-345

Lin SP, Maxemchuk NF (2012) An architecture for collaborative driving systems. In: 20th IEEE International conference on network protocols (ICNP) pp 12

Messmer A, Papageorgiou M (1990) METANET—a macroscopic simulation program for motorway networks.Traffic Eng Control 31: 466-470

Monteil J, Billot R, Sau J, Armetta F Hassas S, Faouzi NEE (2013) Cooperative highway traffic: multiagent modeling and robustness assessment of local perturbations. J Transp Res Board 2391: 1-10

Németh B, Gáspár P(2013b) Design of vehicle cruise control using road inclinations. Int J Veh Auton Syst 11(4): 313-333

Papageorgiou M, Vigos G (2008) Relating time-occupancy measurements to space-occupancy and link vehicle-count. Transp Res Part C16(1): 1-17

Treiber M, Kesting A (2013) Traffic flow dynamics: data models and simulation. Springer, Berlin

Wei J, Dolan JM (2009) A multi-level collaborative driving framework for autonomous vehicles. In: IEEE international symposium robot and human interactive communication, Toyama, Japan pp 40-45

第 8 章 基于 MPC 的匝道流量协调控制设计

研究背景及意义

混合交通即受控车辆和传统的非受控车辆一起行驶的交通情况. 需采用新方法对其进行建模和分析. 由于预测控制车辆的速度剖面可能与传统车辆的速度剖面不同, 交通流的特征会发生变化. 本章主要呈现了作者先前研究成果中的两个实例. 实际上, 基本图是基于宏观交通流与交通密度之间的关系形成的. 图 7.3 给出了基本图随高能效参数 R_1 的变化而发生的变化. 最优化问题中需在力/能耗比的最小化与行程时间的最小化之间做出权衡, 因此引入了高能效参数 R_1. 如果选择的 R_1 较大, 则控制侧重于最大限度地减小纵向力, 而如果选择的 R_1 较小, 则控制侧重于最大限度地缩短行程时间. 若参数 R_1 提高, 交通流速度则会因车速降低而下降. 但是, 与最大交通流相关的临界密度 $q_{i,\text{crit}}$ 会更高. R_1 的大小会影响流出量和临界密度, 从而影响交通流的稳定性. 文献 (Németh et al., 2017a) 中提供了详细的分析.

以下分析描述了参数 R_1 对交通流的影响. 采用 VisSim 对匈牙利 M1 公路的一条 20km 长的 3 车道路段进行了建模, 构建了车辆的交通流入量 (q_{in}) 和预测控制车辆在整个交通中的比率 (κ) 的函数. 根据仿真得出与牵引力有关的结论如下 (Németh et al., 2017b).

(1) 增加 q_{in} 会使得传统车辆和预测控制车辆的牵引力同时降低. 然而, 由于交通拥堵, 它延长了车辆的行程时间.

(2) 提高 κ 略微增加了预测控制车辆所需的牵引力, 将大大减小传统车辆所需的牵引力.

(3) 提高 $R_{1,\max}$ 会导致预测控制车辆的牵引力明显减小, 并且会对传统车辆产生很大的影响.

本章提出了一种协调宏观交通流控制与本地车辆巡航控制的方法. 由此得出了最优化策略, 该策略将非线性交通系统和参数依赖性以及预测控制车辆的多目标最优化相结合. 从而在微观和宏观模型参数之间做出权衡. 建模部分采用了平方和 (SOS) 规划方法, 而控制设计部分采用了模型预测控制 (MPC). MPC 的作用是在设计中考虑交通流的预测. Tettamanti 等 (2014) 针对城市交通系统提出了一种鲁棒 MPC 方法. Frejo 和 Camacho (2012) 也提到过此方法.

本章描述了道路交通系统与车辆间的协调工作情况. 在混合交通系统中, 配有预测控制的车辆和传统的非受控车辆一起行驶. 此时, 可能存在两个干预项, 即公路入口处的匝道控制和预测巡航控制的参数设置. 之前的论文提出了一种控制设计方法, 采用固定的高能效参数来保证仅一段路段的稳定性 (Németh et al., 2017a). 协调控制的目的在于改善整个交通流的能效, 同时稳定受控道路的交通流、减少受控匝道口的队列长度并避免拥堵. 建模和稳定性分析均基于 SOS 规划方法进行. 在混合交通系统中, 配有预测控制的车辆和传统的非受控车辆一起行驶. 稳定性分析得出了交通流的最大受控不变集以及系统的流入量和流出量不等式. 在控制设计中, 采用了 MPC 法, 考虑了对交通流的预测和对车辆行程的预测. 考虑交通系统是进行了匝道流量控制的, 这会对公路的流入量产生明显的影响. 协调控制中含有高能效参数来保证交通系统的动态变化和稳定性, 同时能降低各车辆的力/能源.

8.1 包含巡航控制车辆的交通流建模与分析

基于守恒定律完成公路系统中交通动态的建模. 关系式中包含给定公路路段 i 的总流入量和流出量. 交通密度 ρ_i (veh/km) 表示为

$$\rho_i(k+1) = \rho_i(k) + \frac{T}{L_i}\left[q_{i-1}(k) - q_i(k) + r_i(k) - s_i(k)\right], \tag{8.1}$$

式中, k 是离散时间步长指数, T 是离散样本时间, L_i 是路段长度, q_i 和 q_{i-1} 是路段 i 和路段 $i-1$ 中的交通流入量 (veh/h), r_i(veh/h) 和 s_i(veh/h) 分别是匝道总流入量和总流出量的值. 在式 (8.1) 中, 流入量 $q_{i-1}(k)$ 和匝道流出量 $s_i(k)$ 为测得的干扰值, 而 $r_i(k)$ 是受控的匝道流入量, 此值是在文献 (Papageorgiou and Vigos, 2008) 中引入的. 路段 i 的流出量 $q_i(k)$ 包含交通动态的核心要素并且取决于诸多因素 (Messmer and Papageorgiou, 1990; Treiber and Kesting, 2013). 下文中, $q_i(k)$ 是根据基本关系 (Ashton, 1966) 用公式表示, 并由历史测量数据推导得出的 (Gartner and Wagner, 2008), 例如

$$q_i(k) = \mathscr{F}(\rho_i(k)). \tag{8.2}$$

注意, $q_i(k)$ 不仅是路段 i 的流出量, 也是路段 $i+1$ 的流入量. 虽然可测得 $i+1$ 路段的流入量 $q_i(k)$, 但在建模中, 需要通过式 (8.2) 将其值考虑在内以获得交通流的动态信号.

函数 $\mathscr{F}(\rho_i(k))$ 为多项式, 适用于历史交通流数据分析. 由于在混合交通流中, 预测控制车辆和传统非受控车辆一起行驶, 因此必须考虑自动驾驶车辆的比率 κ 及其高能效参数 $R_{1,i}$,

$$\mathscr{F}(\rho_i(k), R_{1,i}, \kappa) = \sum_{j=1}^{n} c_j(R_{1,i}, \kappa)\rho_i(k)^j, \tag{8.3}$$

式中, 多项式的系数表示为 $c_j(R_{1,i},\kappa)=\sum_{l=1}^{m}(d_l R_{1,i}^l \kappa^l)$, 当 d_l 的值是常数时. 由方程组 (9.1) 和式 (8.3) 得混合交通模型如下

$$\rho_i(k+1)=\rho_i(k)+\frac{T}{L_i}\left[-\mathscr{F}(\rho_i(k),R_{1,i},\kappa)+q_{i-1}(k)+r_i(k)-s_i(k)\right]. \tag{8.4}$$

由于公路有若干匝道, 还需要对受控匝道口的队列动态进行建模. 队列长度可以通过以下线性关系进行计算 (Csikos et al., 2014):

$$l_i(k+1)=l_i(k)+T\left(r_{i,\text{dem}}(k)-r_i(k)\right), \tag{8.5}$$

式中, l_i 表示队列长度 (以车辆为单位), r_i 是控制受控流入量的输入信号 (veh/h), 而所需的流入量为 $r_{i,\text{dem}}$.

根据混合交通模型并考虑到 κ 和 $R_{1,i}$ 参数所产生的影响, 将对交通系统的稳定性进行分析. 研究是基于 SOS 方法进行的, 在文献 (Németh et al., 2017a) 中, 将基本图式 (8.3) 的多项式特征纳入此方法中.

分析的目的之一是计算最大流入量 r_i 以及 $R_{1,i}$ 和 κ 的 q_{i-1} 函数, 从而保证交通流的稳定性. 由式 (8.4), 混合交通系统的状态空间表达式为

$$x(k+1)=f(R_{1,i}(k),x(k))+g_1u_{\max}(R_{1,i}(k),\kappa(k))+g_2d(k), \tag{8.6}$$

其中, $x(k)=\rho_i(k)$ 是系统的状态, $f(R_{1,i}(k),x(k))$ 是包含光滑多项式函数的矩阵, 其初始值为 $f(R_{1,i},0)=0$. $u_{\max}(R_{1,i}(k),\kappa(k))$ 是最大受控流入量 $r_i(k)$ 函数, 而 $d_i(k)=q_{i-1}(k)-s_i(k)$ 包括测得的系统干扰值.

文献 (Tan and Packard, 2008) 使用了 SOS 规划方法计算受控不变集来进行稳定性分析. 参数依赖的李雅普诺夫函数选用式 (8.7) 的形式来表示

$$V(R_{1,i}(k),\kappa(k),x(k))=V(x(k))\cdot b(R_{1,i}(k),\kappa(k)), \tag{8.7}$$

其中, $b(R_{1,i}(k),\kappa(k))$ 是直观选择的参数依赖的基函数. 将 $V(R_{1,i}(k),\kappa(k),x(k))$ 的存在转化为空集条件. 此外, $R_{1,\min}\leqslant R_{1,i}(k)\leqslant R_{1,\max}$ 和 $\kappa_{\min}\leqslant\kappa(k)\leqslant\kappa_{\max}$ 的域也是在此空集条件下用公式表示的. 使用文献 (Jarvis-Wloszek, 2003) 中所采用的广义 S-procedure, 可以将空集条件转化为判断 SOS 是否存在的问题 (Németh et al., 2017a).

由此, 推导出最优化问题, 其 SOS 条件必须得到保证. 此最优化问题是为以下目标找到 $u_{\max}(R_{1,i}(k),\kappa(k))$ 解和可行的 $V(R_{1,i}(k),\kappa(k),x(k))$:

$$\max \quad u_{\max}(R_{1,i}(k),\kappa(k)). \tag{8.8}$$

由 $s_{1,\cdots,7} \in \Sigma_n$; $V(x(k)), b(R_{1,i}(k), \kappa(k)) \in \mathscr{R}_n$, 得

$$
\begin{aligned}
&-((V(f(R_{1,i}(k),\kappa(k),x(k))+gu_{\max}(R_{1,i}(k),\kappa(k)))\\
&-V(x(k)))\cdot b(R_{1,i}(k),\kappa(k))+v\cdot V(x(k)))\\
&-s_1\left(V(x(k))\cdot b(R_{1,i}(k),\kappa(k))-(1-\varepsilon)\right)\\
&-s_2\left(1-V(x(k))\cdot b(R_{1,i}(k),\kappa(k))\right)-s_3x(k)\\
&-s_4(R_{1,i}(k)-R_{1,\min})-s_5(R_{1,\max}-R_{1,i}(k))\\
&-s_6(\kappa(k)-\kappa_{\min})-s_7(\kappa_{\max}-\kappa(k))\in\Sigma_n,
\end{aligned}
\tag{8.9}
$$

其中, n 变量中的 SOS 多项式集定义为

$$
\Sigma_n := \left\{ p \in \mathscr{R}_n \,\middle|\, p = \sum_{i=1}^{t} f_i^2, f_i \in \mathscr{R}_n, i = 1, \cdots, t \right\}.
$$

最优化方程 (B.39) 的解定义了最大受控不变集, 其中含有函数 $u_{\max}(R_{1,i}(k), \kappa(k))$ 的系统是稳定的. 最大受控不变集的计算方法见附录 B.

因此, 为了系统的稳定性, 必须保证以下的不等式成立:

$$
q_{i-1}(k) + r_i(k) - s_i(k) \leqslant u_{\max}(R_{1,i}(k), \kappa(k)). \tag{8.10}
$$

文献 (Németh et al., 2017b) 对基于 VisSim 仿真结果计算的稳定域进行了说明. 系统的最大流入量 $u_{\max}$ 取决于 κ 和 $R_{1,i}$, 如图 8.1 所示. 这说明 $R_{1,i}$ 和 κ 的增加会减少交通流的最大车辆数 $u_{\max}$. 因此, 在控制设计中, 需要在交通系统的稳定裕度和各车辆的能耗最优巡航之间进行适当的协调.

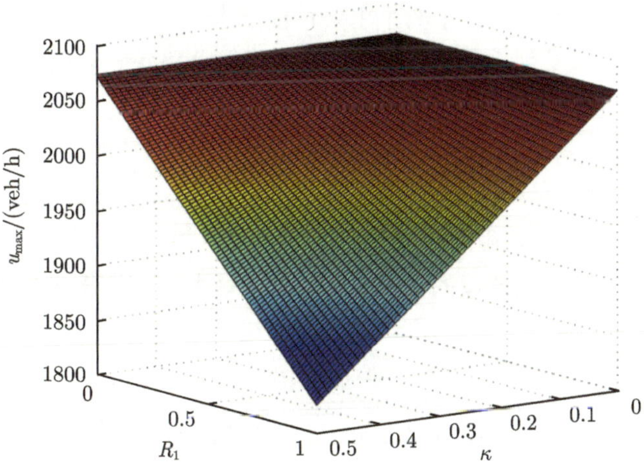

图 8.1 基于稳定性分析的交通流中的车辆数

8.2　基于 MPC 的协调控制策略

基于交通流的式 (8.4) 和队列动态的式 (8.5) 模型, 进行公路的控制设计. 在控制导向型交通模型中, 非线性动态方程式 (8.4) 在 $\rho_i = 0$ 时式两边是线性化的. 因此, 此交通模型对于最大交通密度 $\rho_{\max}$ 是有效的. 混合交通模型如下

$$\rho_i(k+1) = \rho_i(k) + \frac{T}{L}\left(-\alpha(R_{1,i},\kappa)\rho(k) + q(k) + r(k) - s(k)\right), \tag{8.11}$$

式中, $\alpha(R_{1,i},\kappa)$ 是 $\rho_i = 0$ 时基本图的斜率. 该路段的计算式为

$$\begin{bmatrix} \rho_i(k+1) \\ l_i(k+1) \end{bmatrix} = \begin{bmatrix} 1-\alpha(R_{1,i},\kappa) & 0 \\ 0 & 1 \end{bmatrix} \begin{bmatrix} \rho_i(k) \\ l_i(k) \end{bmatrix} + \begin{bmatrix} \frac{T}{L} & 0 \\ 0 & T \end{bmatrix} \begin{bmatrix} q(k)-s(k) \\ r_d \end{bmatrix} + \begin{bmatrix} \frac{T}{L} \\ -T \end{bmatrix} r_i(k), \tag{8.12}$$

通过定义公路路段的状态向量 $x_i(k) = [\rho_i(k) \quad t_i(k)]^{\mathrm{T}}$, 可以形成状态空间表达式.

然后, 考虑所有公路路段 f, 从而将结果压缩为以下矩阵形式

$$x(k+1) = A(R_{1,i}(k),\kappa(k))x(k) + B_1 w(k) + B_2 u(k), \tag{8.13}$$

式中, $x(k) = [x_1(k) \quad x_2(k) \quad \cdots \quad x_f(k)]^{\mathrm{T}}$ 为状态向量, $w(k)$ 为干预项, $u(k)$ 为控制. 下文将使用简化的表示方法 $A(R_{1,i},\kappa)$, 而非 $A(R_{1,i}(k),\kappa(k))$.

在交通控制问题中, 定义了两个主要性能要求.

(1) 必须最大限度延长总行程距离, 从而确保公路各路段的最大流出量. 为了达到此要求, 引入公路路段的最大临界交通密度 $\rho_{\mathrm{crit},i}$, 并定义以下跟踪标准:

$$z_{1,i}(k) = \rho_i(k) - \rho_{\mathrm{crit},i}(k), \quad |z_1| \to \min. \tag{8.14}$$

注意, $\rho_{\mathrm{crit},i}$ 是此性能规范中的参考值.

(2) 必须减少受控匝道口的队列长度, 从而最大限度缩短车辆的等待时间, 如下所示

$$z_{2,i}(k) = l_i(k), \quad |z_2| \to \min. \tag{8.15}$$

由于在控制设计中, 所有公路路段都是一起处理的, 所以将这些路段的性能压缩成为向量

$$z(k) = [z_{1,1} \quad z_{2,1} \quad z_{1,2} \quad z_{2,2} \quad \cdots \quad z_{1,f} \quad z_{2,f}]^{\mathrm{T}}. \tag{8.16}$$

由于交通动态相对较为缓慢, 当前控制输入的最优选择就变得十分重要. 必须将预期的交通动态或交通流的预期变化纳入控制设计中. 而且, 在控制设计中, 还必须考虑约束条件, 例如, 受控流入量 $r_i \geqslant 0$. 因此, 采用了模型预测控制来设计适当的控制干预.

先就有限时间范围 $n \cdot T$ 内的 MPC 问题进行描述. 给定范围中的性能计算方式如下

$$Z=\begin{bmatrix} C \\ CA \\ CA^2 \\ \vdots \\ CA^n \end{bmatrix} x(k)-\begin{bmatrix} z_{\text{ref}}(k) \\ z_{\text{ref}}(k+1) \\ \vdots \\ z_{\text{ref}}(k+n) \end{bmatrix}+\begin{bmatrix} 0 & 0 & \cdots & 0 \\ CB_1 & 0 & \cdots & 0 \\ CAB_1 & CB_1 & \cdots & 0 \\ \vdots & \vdots & & \vdots \\ CA^{n-1}B_1 & CA^{n-2}B_1 & \ldots & CB_1 \end{bmatrix}$$
$$\cdot\begin{bmatrix} w(k) \\ w(k+1) \\ \vdots \\ w(k+n) \end{bmatrix}+\begin{bmatrix} 0 & 0 & \cdots & 0 \\ CB_2 & 0 & \cdots & 0 \\ CAB_2 & CB_2 & \cdots & 0 \\ \vdots & \vdots & & \vdots \\ CA^{n-1}B_2 & CA^{n-2}B_2 & \cdots & CB_2 \end{bmatrix}\begin{bmatrix} u(k) \\ u(k+1) \\ \vdots \\ u(k+n) \end{bmatrix}. \tag{8.17}$$

根据式 (8.14) 中的参考值 $\rho_{\text{crit},i}(j)$ 定义了参考信号 $z_{\text{ref}}(j), j \in \{k, k+n\}$. 给定范围内的性能的紧致形式如下

$$Z=\mathscr{C}-\mathscr{R}+\mathscr{B}_1 W+\mathscr{B}_2 U, \tag{8.18}$$

式中, $\mathscr{C}$ 包含系统的当前状态, $\mathscr{R}$ 包含参考值, W 包含干扰值, U 包含控制输入值. 注意, W 和 U 还分别包含前方的干扰和控制输入.

在一般的 MPC 设计中, 将损失函数最小化为

$$J(U)=\frac{1}{2}\sum_{i=1}^{n} Z^{\mathrm{T}}(U) Q Z(U)+U^{\mathrm{T}} R U, \tag{8.19}$$

式中, Q 和 R 是加权矩阵. 将式 (8.18) 代入式 (8.19) 中, 损失函数会转化为

$$\begin{aligned} J(U) &= \frac{1}{2} U^{\mathrm{T}}(\mathscr{B}_2^{\mathrm{T}} Q \mathscr{B}_2+R) U+(\mathscr{C}^{\mathrm{T}} Q \mathscr{B}_2+\mathscr{R}^{\mathrm{T}} Q \mathscr{B}_2+W^{\mathrm{T}} \mathscr{B}_1 Q \mathscr{B}_2) U+\varepsilon \\ &= \frac{1}{2} U^{\mathrm{T}} \phi U+\beta^{\mathrm{T}} U+\varepsilon, \end{aligned} \tag{8.20}$$

式中, ε 包括所有常数部分. 由于 ε 与 U 对 $J(U)$ 的影响无关, 可以在最优化问题中忽略它.

$J(U)$ 包含前方的干扰并且只测量了当前的值, 因此必须估计 W 的其他元素. 已经形成了若干方法来提供未来交通流的信息 (Jones, 2001). 再比如, Lv 等 (2015) 提出了一种基于大数据的深度学习方法, Moretti 等 (2015) 进行的研究中运用了统计学和神经网络的方法, 同时, Guo 等 (2014) 提出了一种自适应卡尔曼滤波方法.

成本函数 $J(U)$ 的最小化也确保了性能方程 (8.16) 是有效的. 然而, 成本函数本身并不能保证系统的稳定性. 因此, 通过运用基于 SOS 的稳定性分析结果, 在 MPC 最优化问题中构建了约束条件. SOS 分析得出不等式 (8.10), 必须保证此不等式的成立以实现系统稳定性.

此外, 系统状态 $\rho_i(k)$ 和 $l_i(k)$ 必须为正数, MPC 问题的又一约束条件是对所有 $1 \leqslant k \leqslant n$ (时间步长), 有

$$x(k) \geqslant 0. \tag{8.21}$$

最后, 根据式 (8.10), 式 (8.20) 和式 (8.21), MPC 控制设计问题可表示为

$$\min_{u(k),\cdots,u(k+n)} \frac{1}{2}U^{\mathrm{T}}\phi U + \beta^{\mathrm{T}}U, \tag{8.22}$$

使得

$$\begin{aligned} u_{\max}(R_{1,i}(k),\kappa) &\geqslant q_{i-1}(k) + r_i(k) - s_i(k), \quad \forall i,k,\\ x(k) &\geqslant 0, \quad \forall k,\\ U &\in \mathbf{U}, \end{aligned} \tag{8.23}$$

式中, $\mathbf{U}$ 包含可实现的控制输入. 可以使用标准二次规划方法求解 MPC 问题, 例如, Gill 等 (1981) 以及 Schmid 和 Biegler (1994) 所进行的研究. 式 (8.22) 的计算结果得到了 $T \cdot n$ 范围内的一系列控制输入. 这些控制输入是在车辆巡航过程中在线计算得出的.

高能效参数 R_1 在整个交通系统中具有重要的作用, 因此在控制设计中也考虑了可能产生的干预. 各路段 $R_{1,i}$ 的选择不仅对车辆的力/能源需求很重要, 对交通系统的动态和稳定性也很重要, 参见式 (8.4) 和式 (8.10). 此参数通过约束条件体现在 MPC 问题中, 参见式 (8.23). 图 8.2 说明了 $R_{1,i}$ 对基本图的影响. 图中显示了 $R_{1,i}$ 与交通系统的流出量 $q_i(k)$ 之间的关系. 如果 $R_{1,i}$ 减小, 则 $q_i(k)$ 增大. 由于流出量 $q_i(k)$ 对 $\rho_i(k)$ 和 $l_i(k)$ 具有显著的影响, 因此参数 $R_{1,i}$ 会对系统状态 $x_i(k)$ 产生影响.

在使用基于 MPC 协调控制策略中, 提出了 $R_{1,i}$ 选择策略. 根据流入量 $q_{i-1}(k)$, $r_i(k)$ 和 $s_i(k)$, 以及受控匝道口的队列长度 $l_i(k)$, 计算各路段的高能效参数 $R_{1,i}$. 根据匝道控制情况, 可以分为以下两个场景:

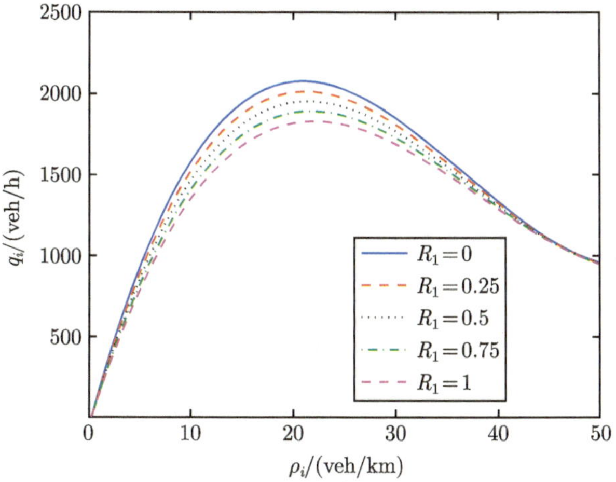

图 8.2 当 $\kappa=30\%$时基本图与 $R_{1,i}$ 的相依性

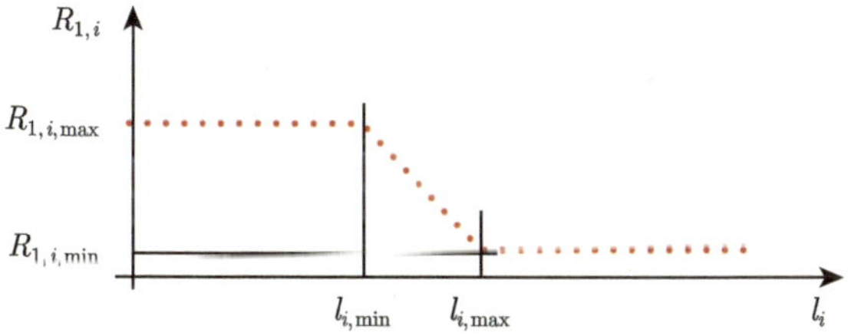

图 8.3 $l_i(k)$ 对 $R_{1,i}(k)$ 的影响

(1) 如果路段 i 受到匝道控制参数 r_i 的控制, 则 $R_{1,i}$ 必取决于 l_i. 如果 l_i 明显增大, 则必须减小 $R_{1,i}$ 来保证此路段上有较大的交通流. 但是, 流量的增加会导致 r_i 增大, 从而缩短队列的长度, 参见式 (8.5). 因此, 根据图 8.3, 必须将参数 $R_{1,i}$ 选为 l_i 的函数. 此处, $l_{i,\min}$ 和 $l_{i,\max}$ 为设计参数.

(2) 如果路段 i 不受匝道控制参数 $r_i(k)$ 的控制, 则 $R_{1,i}$ 必取决于流入量和流出量. 在这种情况下, 当选择最大的 $R_{1,i}$ 时, 需要避免系统的不稳定性. 根据 SOS 规划方法, 使用式 (B.39) 计算最大交通流 $u_{\max}(R_{1,i}(k),\kappa(k))$. 根据图 8.1 中所示的内容, 最大交通流可以表示为

$$u_{\max}(R_{1,i}(k),\kappa(k))=u_{\max}^0-u_{\max}^1R_{1,i}(k)\kappa(k). \tag{8.24}$$

式中, $u_{\max}^0$ 和 $u_{\max}^1$ 为选定的常数, 而 $R_{1,i}(k)$ 和 $\kappa(k)$ 是 k 的函数. 由于 $r_i(k)=0$, 式 (8.10) 的上限可以转化为

$$u_{\max}^0-u_{\max}^1R_{1,i}(k)\kappa(k)=q_{i-1}(k)-s_i(k), \tag{8.25}$$

选择的 $R_{1,i}(k)$ 为

$$R_{1,i}(k) = \min\left(1, \max\left(\frac{u_{\max}^0 - q_{i-1}(k) + s_i(k)}{u_{\max}^1 \kappa(k)}, 0\right)\right). \tag{8.26}$$

基于上述场景, 在协调控制策略中, 首先计算各路段当前的 $R_{1,i}$ 值, 然后求解 MPC 问题式 (8.22) 以得到最优的控制输入量 $r_i(k)$.

8.3 仿真实例

最后, 通过在高保真的微观交通软件 VisSim 中进行的仿真实例来说明交通控制策略的有效性. 此实例是为了说明基于 MPC 的协调策略能够控制公路匝道, 并且车辆的高能效参数可以保证交通系统的性能.

在第一个仿真实例中, 仿真了 M1 公路布达佩斯和维也纳之间的一段 20km 长的路段. 此路段分为 5 个小路段, 整个路段中有两个受控的入口匝道和出口匝道, 见图 8.4. 在仿真期间, 需要最大限度地缩短入口匝道处的队列长度, 同时最大限度地增加交通流并减少车辆的能耗.

在预测中, 仿真参数有采样时间 $T = 30$s, 采样点数 $n = 12$ 个, 总预测范围为 6min. 然而, Frejo 和 Camacho (2012) 所进行的研究认为, 对于交通控制系统中的干预项而言, $T = 30$s 的采样时间过短, 因此选取 $T = 120$s 作为控制范围, 采样点数 $n = 3$ 个. 由于控制输入是以流量值进行计算的, 因此将其转换为绿灯时间, 周期为 120s. 此外, 在仿真中, 还考虑了公路交通流中 $\kappa = 20\%$ 的情况. 在仿真期间, 考虑了 $w(k)$ 中的信号.

仿真结果如图 8.5 所示. 结果表明交通流量将增加, 将近 3h 时出现最大流量, 密度和流量值如图 8.5(a), (b) 所示. 交通流的临界密度为 $\rho_{\text{crit}} = 25$veh/km, 此交通流密度跟踪情况会对匝道处的情况产生影响, 见图 8.5(c). 预测的有效性可以从 r_i 干预的动态中看出.

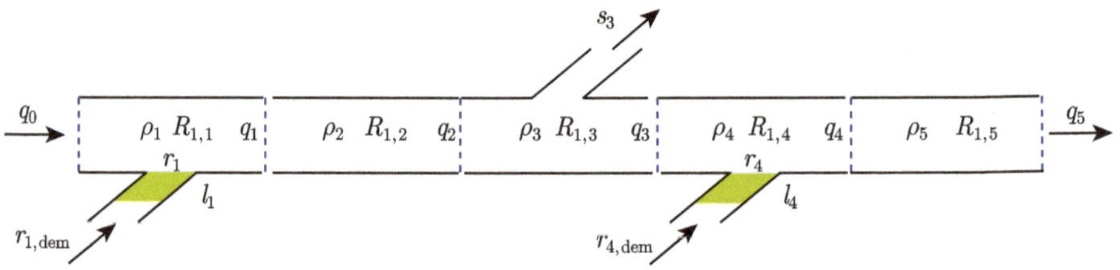

图 8.4　第一个实例中的仿真场景

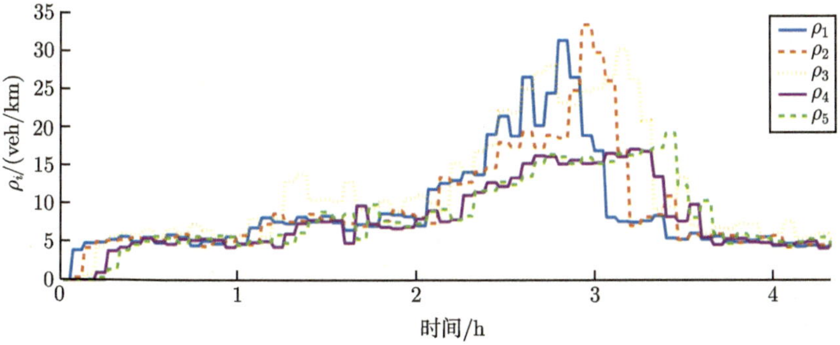

(a) 交通密度

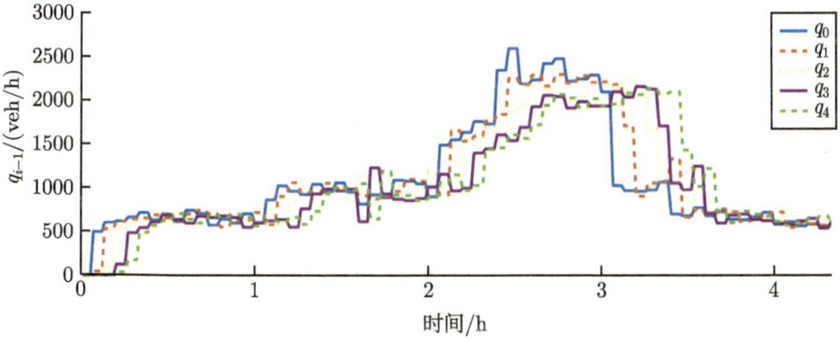

(b) 路段的流入量q_{i-1}

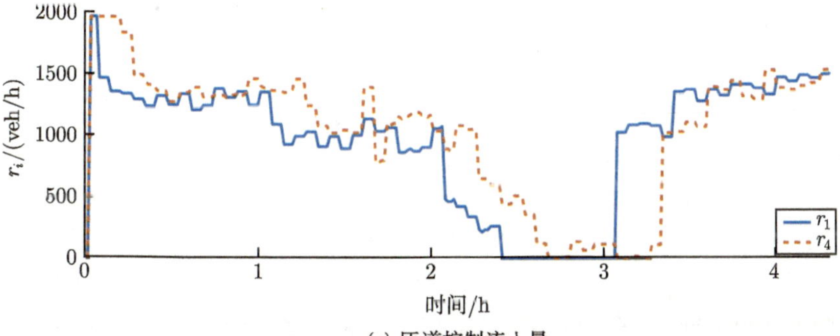

(c) 匝道控制流入量

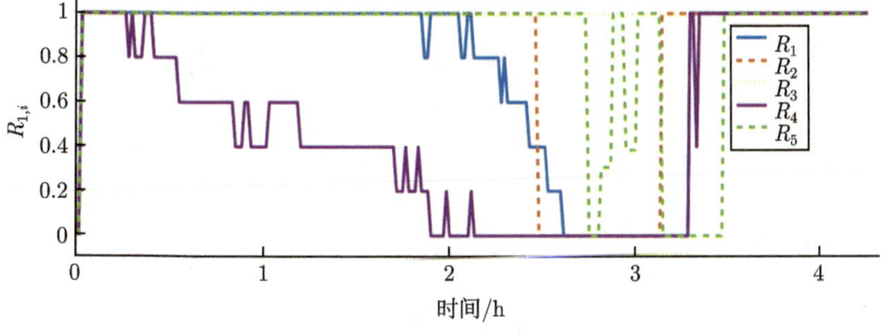

(d) 预测控制参数$R_{1,i}$

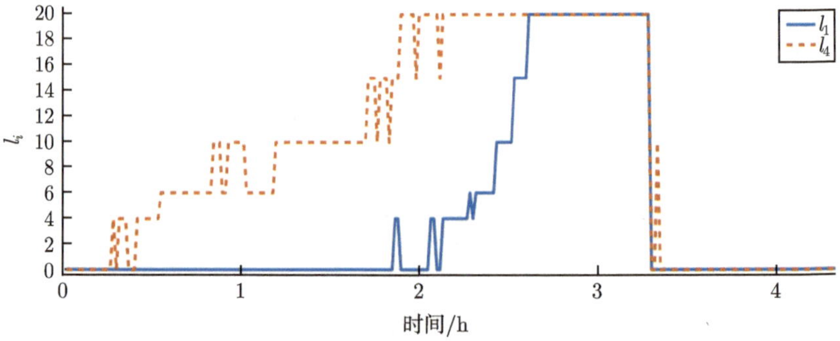

(e) 受控匝道口的队列长度

图 8.5　第一个实例中的 VisSim 仿真结果

例如, 在 2.4h, r_1 的值明显减小, 因为 q_0 即将迅速增大. 然而, 当 $t = 24\text{h}$ 时, ρ_1 约为 15veh/km.

高能效参数和队列长度的变化分别如图 8.5(d), (e) 所示. 由图可知队列长度对 $R_{1,i}$ 值的影响. 当队列长度增加时, 参数 $R_{1,i}$ 会同时减小, 参见 l_1, l_4 以及 $R_{1,1}, R_{1,4}$ 的信号. 此外, 选择合适的 $R_{1,2}, R_{1,3}$ 和 $R_{1,5}$ 可避免交通出现不稳定情况并提高通行能力. 例如, 在交通高峰期时, 这 3 个值会减小, 参见 2.6—3.5h.

在第二个仿真实例中, 同样仿真的是 M1 公路布达佩斯和维也纳之间的一条 20km 长的路段情况. 此路段分为 5 个小路段, 包含两个受控的入口匝道和出口匝道, 见图 8.6. 在仿真过程中, 需要最大限度地缩短入口匝道处的队列长度, 同时最大限度地增加交通流并减少车辆的能耗.

在预测中, 仿真参数有采样时间 $T = 30\text{s}$, 采样点数 $n = 12$ 个, 总预测范围为 6min. 然而, Frejo 和 Camacho (2012) 所进行的研究认为, 对于交通控制系统中的干预而言, $T = 30\text{s}$ 的采样时间过短, 因此选取 $T = 120\text{s}$ 作为控制范围, 包含采样点数 $n = 3$ 个. 由于控制输入是作为流量值进行计算的, 因此它会被转换为绿灯时间, 周期为 120s. 此外, 在仿真中, 还考虑了公路交通流中 $\kappa = 10\%$ 和 $\kappa = 30\%$ 的情况. 在仿真期间, 考虑了 $w(k)$ 中的信号.

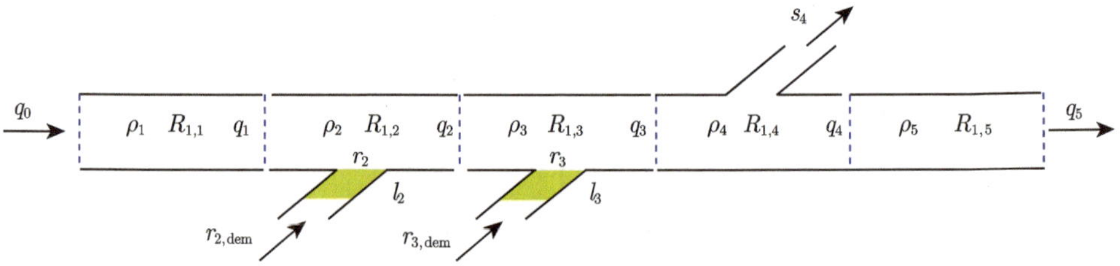

图 8.6　第二个实例中的仿真场景

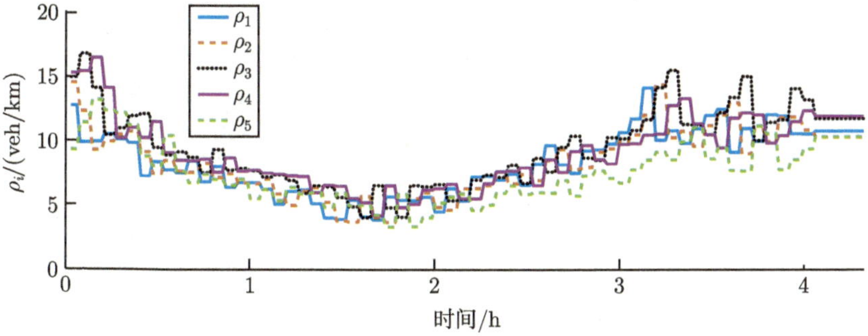

(a) 交通密度

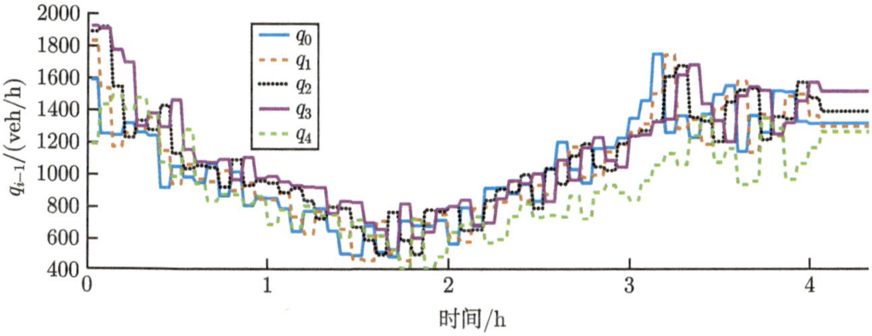

(b) 路段的流入量$q_{i-1}(k)$

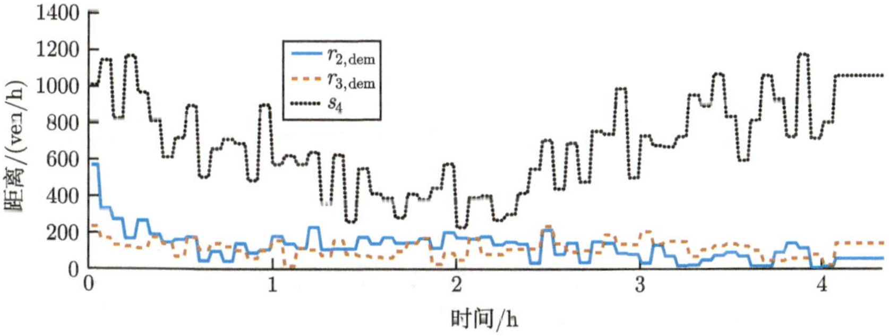

(c) 路段干扰车辆流入量

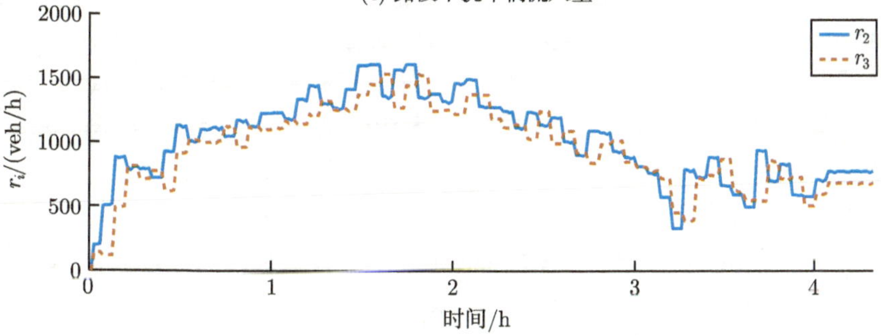

(d) 匝道控制流入量

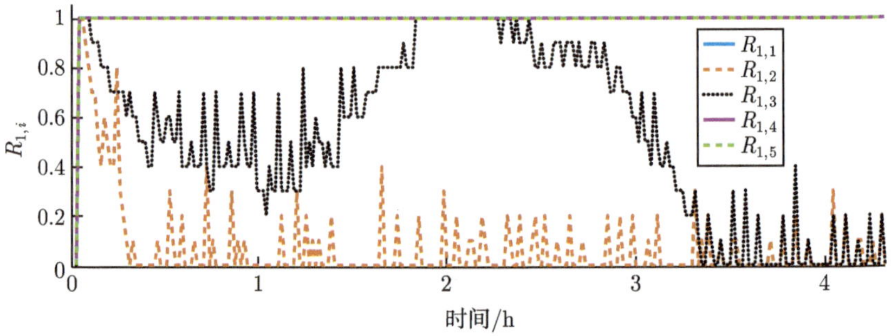

(e) 预测控制参数 $R_{1,i}$

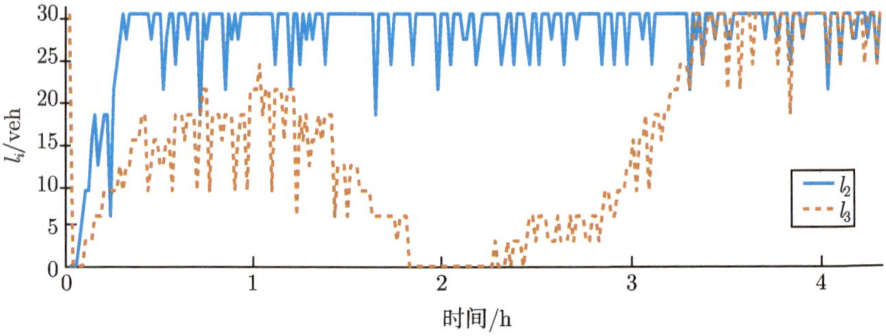

(f) 受控匝道口处的队列长度

图 8.7　当 $\kappa = 10\%$ 时的 VisSim 仿真结果

当预测控制车辆的比率较低 ($\kappa = 10\%$) 时, 仿真结果如图 8.7 所示. 仿真结果显示了两个交通高峰期之间的场景, 最低值大约出现在 1.7h, 参见图 8.7(a), (b) 中的密度和流量值. 由于流入量 q_0 以及 $r_{2,\text{dem}}, r_{3,\text{dem}}$ 和 s_4 的减小, 控制器能够增加受控流入量 r_i, 同时能够保持系统稳定, 见图 8.7(c), (d). 由于 r_2 和 r_3 值增加, 受控路口的队列长度会减少并且预测控制参数会增大, 见图 8.7(e), (f).

另外一个仿真场景 ($\kappa = 30\%$) 如图 8.8 所示. 结果表明, 控制策略是有效的, 因为干预项 r_2, r_3 和 $R_{1,i}$ 能够适应车速的变化. 系统的稳定性约束表示为 $u_{\max}(R_{1,i}(k), \kappa(k)) = 2023 - 492\kappa(k)R_{1,i}(k)$, 这意味着无法通过同时增加 κ 和 $R_{1,i}$ 来避免限制流量. 提高 κ 所产生的影响在 2h 前后有所体现, 在 $\kappa = 30\%$的场景中, $R_{1,3}$ 无法增大到最大值, 而在 $\kappa = 10\%$的场景中, $R_{1,3} = 1$. 因此, 如图 8.8(f) 所示, 队列长度的值在 $\kappa = 30\%$时更高.

总之, 仿真实例表明, 控制策略能够保证交通流的稳定, 并且能够控制高能效预测控制车辆. 在此策略中, 交通系统的流入量和各车辆的预测控制参数得到了协调. 此控制策略能够适应交通信号的变化, 例如, 车辆流入产生的干扰和高能效车辆的比率.

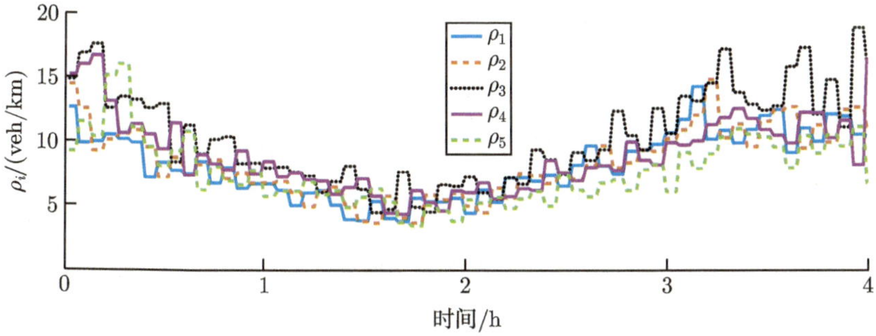

(a) 交通密度

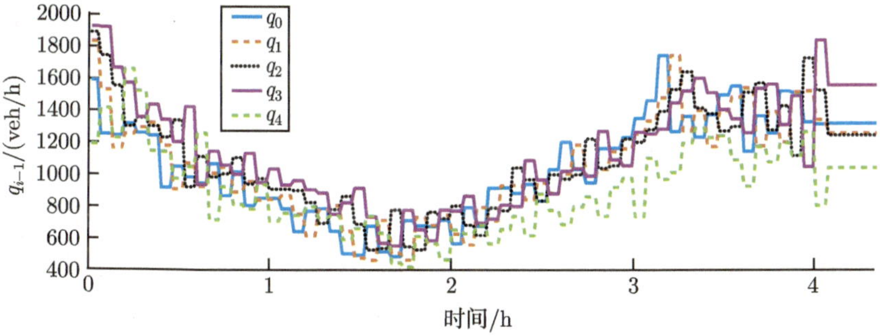

(b) 路段的流入量q_{i-1}

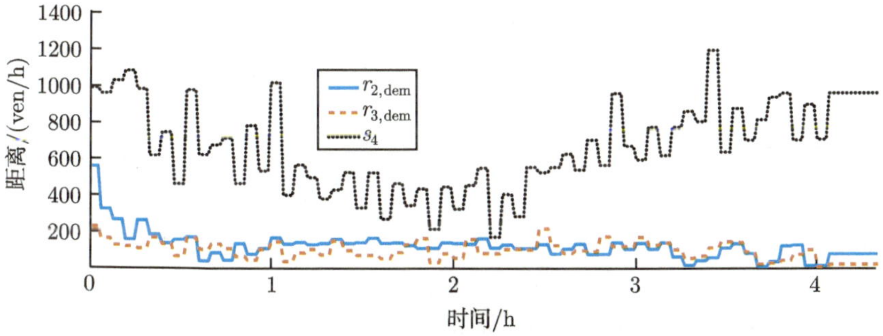

(c) 路段干扰车辆流入量

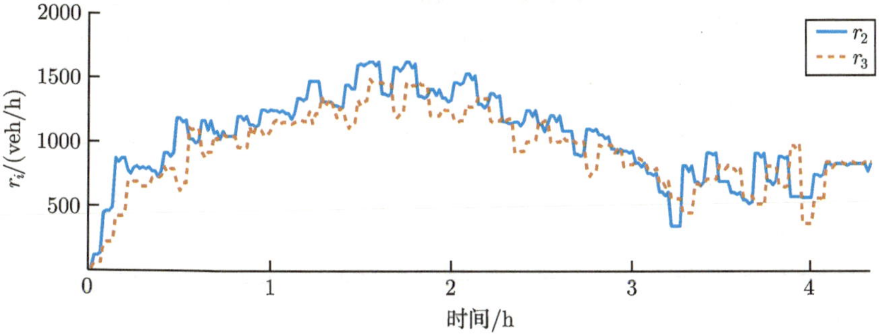

(d) 匝道控制流入量

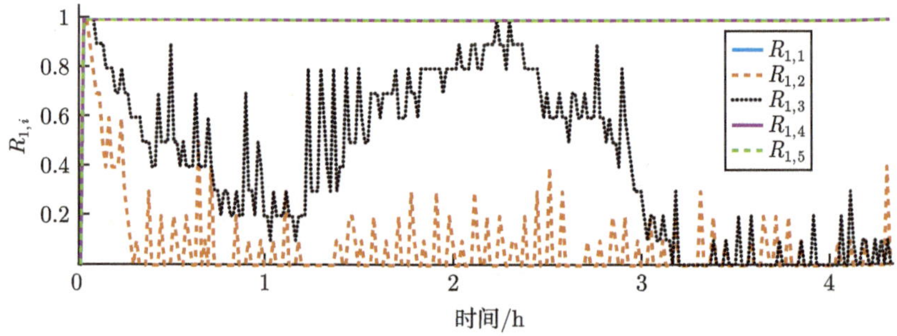

(e) 预测控制参数 $R_{1,i}$

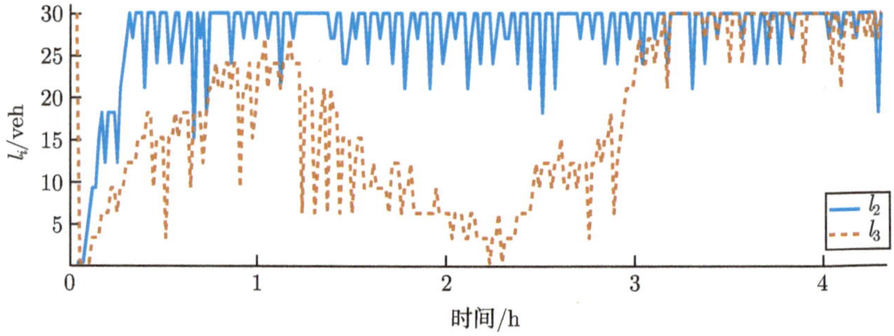

(f) 受控匝道口的队列长度

图 8.8　当 $\kappa = 30\%$ 时的 VisSim 仿真结果

参 考 文 献

Ashton W (1966) The theory of traffic flow. Spottiswoode, Ballantyne and Co. Ltd., London

Csikos A, Tettamanti T, Varga I (2014) Nonlinear gating control for urban road traffic network using the network fundamental diagram.J Adv Transp 49(5): 597-615

Frejo J, Camacho E (2012) Global versus local MPC algorithms in freeway traffic control with ramp metering and variable speed limits. IEEE Trans. Intell. Transp. Syst. 13(4): 1556-1565

Gartner N, Wagner P (2008) Analysis of traffic flow characteristics on signalized arterials. Transp Res Rec 1883: 94-100

Gill PE, Murray W, Wright M (1981) Practical optimization. Academic Press, London

Guo J, Huang W, Williams BM (2014) Adaptive kalman filter approach for stochastic short-term traffic flow rate prediction and uncertainty quantification. Transp Res Part C Emerg Technol 43(1): 50-64

Jarvis-Wloszek Z (2003) Lyapunov based analysis and controller synthesis for polynomial systems using sum-of-squares optimization. PhD thesis, University of California, Berkeley

Jones WD (2001) Forecasting traffic flow. IEEE Spectr 38(1): 90-91

Lv Y Duan Y Kang W, Li Z, Wang FY (2015) Traffic flow prediction with big data: a deep learning approach. IEEE Trans Intell Transp Syst 16(2): 865-873

Messmer A, Papageorgiou M (1990) METANET-a macroscopic simulation program for motorway networks. Traffic Eng Control 31: 466-470

Moretti F Pizzuti S, Panzieri S, Annunziato M (2015) Urban traffic flow forecasting through statistical and neural network bagging ensemble hybrid modeling.Neurocomputing 167(1): 3-7

Németh B, Bede Z, Gáspár P (2017a) Control design of traffic flow using look-ahead vehicles to increase energy efficiency.In: American control conference, pp 3530-3535

Németh B, Bede Z, Gáspár P (2017b) Modelling and analysis of mixed traffic flow with look-ahead controlled vehicles. In: 20th IFAC world congress

Papageorgiou M, Vigos G (2008) Relating time-occupancy measurements to space-occupancy and link vehicle-count. Transp Res Part C16(1): 117

Schmid C, Biegler L (1994) Quadratic programming methods for reduced hessian SQP Comput Chem Eng 18(9): 817-832

Tan W, Packard A (2008) Stability region analysis using polynomial and composite polynomial lyapunov functions and sum-of-squares programming. IEEE Trans Autom Contro153(2): 565-571

Tettamanti T, Luspay T, Kulcsár B, Péni T, Varga I (2014) Robust control for urban road traffic networks. IEEE Trans. Intell. Transp. Syst. 15(1): 385-398

Treiber M, Kesting A (2013) Traffic flow dynamics: data, models and simulation.Springer, Berlin

第 9 章 数据驱动的交通协调控制设计

研究背景及意义

经济巡航控制车辆所带来的挑战是对混合交通流进行建模和控制. 大多数新型交通控制设计方法是基于交通流动态的状态空间表达式实现的. 它隐含在各种关系式中 (Messmer and Papageorgiou, 1990), 例如, 车辆守恒、平衡速度方程、基本方程和动量方程. 虽然状态空间表达式可用于描述交通动态, 但由于不确定性, 对模型参数的估计可能是困难的. 例如, Frejo 和 Camacho (2012) 提出了一种交通模型参数的识别方法, 尤其是基本图, 在交通控制设计中具有重要的作用. 在混合交通场景中, 车辆道路信息识别问题可能更为棘手, 因为随着车辆速度剖面的变化, 数据测量产生的偏差会更大. Wageningen 等 (2015) 所做的调查中总结了针对混合交通最重要的建模方法. Schakel 等 (2010) 以及 van Arem 等 (2006) 提出了针对半自动驾驶车辆、自动驾驶车辆与传统车辆一起行驶的交通流的分析. Bose 和 Ioannou (2003) 以及 Zhang 和 Vahidi (2011) 均提出了一种考虑半自动驾驶车辆不同速度剖面的控制率. Németh 等 (2015) 制定了一种基于基本图涉及经济巡航控制车辆的混合交通控制设计.

系统存在不确定性. 这使得研究者在实现交通流控制时, 很难用上基于混合交通的经典状态空间表达式. 因此本章提出了一种数据驱动方法. 虽然大数据分析已经应用于解决各种交通问题, 但它在交通流动态控制中的应用仍是新领域. Zhu 等 (2016) 提出了使用交通数据的公共车辆系统路径规划策略的想法. Amini 等 (2017) 提出了一种基于分布式计算平台的全面且灵活的架构, 用于实时交通控制. 此架构是基于对现有交通控制系统需求的系统分析而形成的. Lv 等 (2015) 提出了使用深度学习算法进行交通流预测的想法. 在该研究中, Lv 等使用自动编码器作为构建块来表示交通流特征, 从而应用深度架构模型来进行预测. 同样, Li 等 (2015) 将 Lasso 回归用于交通流预测. Dong 等 (2015) 以及 Zeyu 等 (2017) 提出了将基于手机信息的大数据分析和控制用于交通运输方面.

本章分析包含传统车辆和经济巡航控制车辆的混合交通控制问题. 采用普通最小二乘 (OLS) 法来对交通流量大数据进行研究. 此分析的目的在于从交通系统稳定性的角度确定交通网络的流入量以及经济巡航控制车辆的比率. 下文提出了数据驱动的协调交通和车辆控制策略, 此策略会影响匝道入口处的流入量和经济巡航控制车辆的速度剖面. 因此, 可能的干预项是入口处交通灯的绿灯时间和经济巡航控制车辆的速度剖面. 此方法的优点在于, 在所提出的策略中, 避免包含若干参数不确定性的交通动态基本图. 由此得到的控制策略提供了用于处理包含经济巡航控制车辆和传统车辆的混合交通场景的方法. 而且, 在此方法中, 还考虑了测得信号的干扰. 通过使用复杂交通模拟器 VisSim 和 WEKA 数据挖掘软件仿真公路上的场景, 展现了新型交通和车辆控制方法的有效性.

9.1 推荐交通控制系统的架构

本节提出了交通控制系统的架构和混合交通动态的建模, 并纳入交通流的经济巡航控制车辆中, 如图 9.1 所示.

此系统的架构方案如图 9.1 所示. 交通动态表示交通网络, 将其网格化为 N 条路段. 各路段的交通流由基于守恒定律的动态方程表示. 此关系包含给定路段 i 的总流入量和流出量.

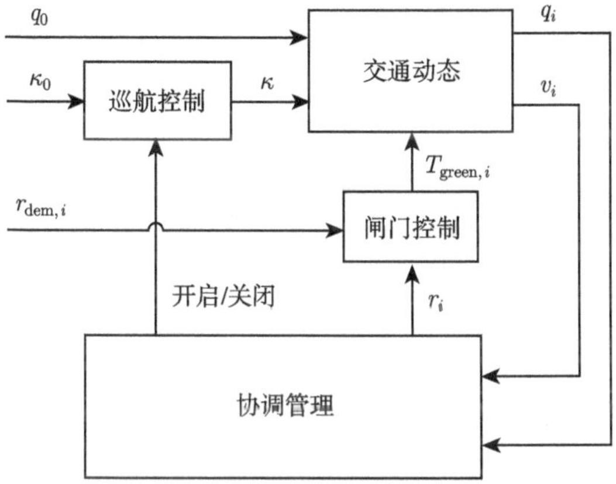

图 9.1 协调控制的架构方案

交通密度 ρ_i(veh/km) 表示为

$$\rho_i(k+1) = \rho_i(k) + \frac{T}{L_i}\left[q_{i-1}(k) - q_i(k) + r_i(k)\right], \tag{9.1}$$

式中, k 是离散时间步长指数, T 是离散样本时间, L_i 是路段长度, q_i(veh/h) 和 q_{i-1}(veh/h) 是路段 i 和路段 $i-1$ 的交通流入量, r_i(veh/h) 是受控匝道的总流入量. 因此, 系统操控中可能存在的干预项是受控路口交通灯的绿灯时间 $T_{\text{green},i}$ (Papageorgiou and Vigos, 2008), 这是由门限控制驱动的. 协调管理决定受控路口的车辆流入量 r_i, 从而影响路口控制. 这需要测量各路段的流出量 q_i 和平均交通速度 v_i. 因此, $r_i \leqslant r_{i,\text{dem}}$, 其中 $r_{i,\text{dem}}$ 是受控路口处的车辆流入量需求.

对经济巡航控制的自动驾驶车辆而言, 交通系统动态中可能存在另一个干扰项, 该干扰项是由单独修改受控车辆的速度选择策略而产生的. 在此方案中, 执行机构的存在意味着自动驾驶车辆的经济巡航控制功能可以开启或关闭. 如果开启经济巡航控制功能, 则速度选择采用高能效, 并带明显的能效变化. 否则, 车速会设置为最高限速车速, 并且自动驾驶车辆的速度选择方式与传统的人工驾驶车辆的速度选择方式相同. κ_0 表示混合交通流中能够采用经济巡航控制策略操控的车辆比率. 但是, 某些进入车辆可以决定是否在其巡航控制中关闭此功能, 这一决定是基于巡航控制和交通门限控制的协调管理而做出的. 由此, 采用经济巡航控制策略的车辆比率设为 κ.

协调管理的目的是保证交通动态的稳定性, 即避免拥堵并最大限度提高平均交通速度. 协调管理级别会接收 q_i 和 v_i 的测量值, 同时会决定 r_i 和 κ 的取值. 门限控制和巡航控制的作用是在较低级别信息出现时执行此决定, 例如, 交通灯驱动、车速计算和追踪.

交通动态的第二个重要关系是基本关系, 此关系建立了流出量 $q_i(k)$、交通密度 $\rho_i(k)$ 和平均交通速度 $v_i(k)$ 之间的连接 (Ashton, 1966). 此基本关系为

$$q_i(k) = \rho_i(k) v_i(k). \tag{9.2}$$

通常, 此基本关系是由历史测量数据推导得出的, 并且取决于诸多因素 (Messmer and Papageorgiou, 1990; Treiber and Kesting, 2013). 因此, 在交通流建模研究中, $v_i(k)$ 和 $q_i(k)$ 可以表示为交通密度的非线性函数 (Gartner and Wagner, 2008), 例如

$$v_i(k) = \mathscr{F}_v(\rho_i(k)), \tag{9.3}$$

$$q_i(k) = \mathscr{F}_q(\rho_i(k)), \tag{9.4}$$

其中, $\mathscr{F}_v$ 和 $\mathscr{F}_q$ 是非线性函数. 在 9.4 节中, 说明了 κ 对平均交通速度的影响. 在对交通流动态建模时, 可以在 $\mathscr{F}$ 的非线性函数中考虑 κ 对 $v_i(k)$ 的影响 (Németh et al., 2015), 利用 $\mathscr{F}_v$ 的扩展, 例如

$$v_i(k) = \mathscr{F}(\rho_i(k), \kappa(k)). \tag{9.5}$$

因此, 可以通过基本关系式 (9.2) 和式 (9.5) 计算交通密度, 如下所示

$$\rho_i(k) = \frac{q_i(k)}{\mathscr{F}(\rho_i(k), \kappa(k))}. \tag{9.6}$$

函数 $\mathscr{F}(\rho_i(k),\kappa(k))$ 是根据历史测量数据确定的 (Gartner and Wagner, 2008), 这是通过统计分析和识别方法得出的. 但是, 测量误差可能很大. 这给交通流模型带来了不确定性, 是交通控制设计中的难点. 因此, 在下文中, 协调和控制的设计均基于一种数据驱动的方法.

9.2 基于交通流数据的最优协调策略

本节提出了用于交通流动态建模的数据驱动分析方法. 此分析是基于测得的交通流数据而做出的, 这些数据包括所有路段 i 中的平均交通速度 v_i、交通流流出量 q_i 和密度 ρ_i. 此公式的目的在于找到控制导向型线性模型, 通过此模型可以近似表示交通流动态. 建模时, 考虑了时间 k 处的当前数据和之前的信息 $k-j, j>0$. 本节首先会阐述 LS 方法的基本原理, 然后将其用于解决当前的建模问题.

9.2.1 LS 方法的基本原理

在本研究中, 使用了传统 LS 方法 (最小二乘法) 结合子集选择来生成交通流的预测模型. 下文简要概括了模型的一些最重要特征. 详细描述见文献 (Wang and Witten, 1999).

假设有一个具有 n 个独立实例、k 个输入变量和输出变量的数据集. 将实例写成 $n\times k$ 矩阵 X 的形式. 令 ζ^* 为真实模型的参数向量. 应用 X 和 ζ^*, 将得到的输出向量 y 定义为

$$y = X\zeta^* + \varepsilon, \tag{9.7}$$

其中, ε 是噪声向量, 其元素呈正态分布 $N(0,\sigma^2)$, 方差为 σ. 假设 σ^2 已知或可以估计, 表示为 $\hat{\sigma}^2$. $\mathscr{M}(\zeta)$ 表示具有唯一参数矢量 ζ 的估计模型, 而真实模型由 $\mathscr{M}(\zeta^*)$ 表示.

建模的目的是从整个模型空间 $\mathbb{M}=\{\mathscr{M}(\zeta):\zeta\in\mathbb{R}^k\}$ 中找到模型, 其准确性在给定数据集中最高. 模型可以通过多种算法生成, 例如, LS 方法、LS 子集选择、收缩、RIC 和 CIC 方法 (Wang and Witten, 1999). 这些方法可以通过弃用冗余变量来降低模型的维数.

为了评估模型, 必须知道候选模型和真实模型之间的距离 $\mathscr{D}$. 距离计算方式为

$$\mathscr{D}(\mathscr{M}(\zeta^*),\mathscr{M}(\hat{\zeta})) = \frac{\|y-\hat{y}\|^2}{\sigma^2}, \tag{9.8}$$

其中, $\|\cdot\|$ 是 $\mathcal{L}_2$ 范数, y 是测得的输出值, $\hat{y}$ 是估计输出值, σ^2 是噪声的方差. 最后的任务是创建模型, 将以下表达式极小化:

$$\min_{\zeta} \mathscr{D}(\mathscr{M}(\zeta^*), \mathscr{M}(\zeta)). \tag{9.9}$$

在 LS 回归中, 输出量表示为估计值 $\hat{y} = X\hat{\zeta}$, 其中 $\hat{\zeta}$ 是模型的参数向量. 此距离重新用公式表示

$$\mathscr{D}(\mathscr{M}(\zeta^*), \mathscr{M}(\hat{\zeta})) = \frac{\left\| y - X\hat{\zeta} \right\|^2}{\sigma^2}. \tag{9.10}$$

可以对 $\hat{\zeta}$ 进行部分推导来获取最优化任务的解. 此解如下所示: $\hat{\zeta}=(X^{\mathrm{T}}X)^{-1}\cdot X^{\mathrm{T}}y$. 估计输出值 $\hat{y}$ 可以使用正交投影矩阵$\mathscr{P} = X(X^{\mathrm{T}}X)^{-1}X^{\mathrm{T}}$来表示, 例如, $\hat{y} = \mathscr{P}y$.

在基于大数据的方法中, 距离可以通过以下训练集的形式来表示

$$\frac{(y - X\hat{\zeta})^2}{\sigma^2} = \sum_{i=1}^{\omega} \frac{\left\| y_i - X_i\hat{\zeta} \right\|^2}{\sigma^2}, \tag{9.11}$$

式中, y_i 和 X_i 为训练集, 而 ω 是训练集的数量.

使用基于大数据的方法进行模型估计的难点在于, 需在短时间内对 ζ 进行大量有效的测量才能得出估计模型. 如果 k 增大, 子集模型的数量会增加 2^k 个. 这可能会成为无法计算的任务. 因此, 对最优化任务 (9.9) 进行有效的求解, 需要在 ζ 的变量集中基于实例 X 选择出子集, 生成此实例的子集模型. Wang 和 Witten (2002) 提出, 在生成子集模型时, 需要降低大数据分析的复杂度, 同时必须忽略数据中的信息损失.

通过子集选择的过程, 增大 k 将生成 $k + 1$ 个子集模型. 因此, 在大数据分析中, 可应用排名算法, 确定变量的最佳顺序 (Shibata, 1981; Thompson, 1978).

9.2.2 动态交通流模型

通过 LS 方法, 交通系统流出量函数 $q_N(k)$ 逼近于 $\hat{q}_N(k)$. 在回归分析中, 下一时间点所选的形式为

$$\begin{aligned}\hat{q}_N(k+1) = \delta_{q_N} + \sum_{l=k-j}^{k} \Bigg(\sum_{i=0}^{N} a_{i,l} \Big(q_i(l) + r_i(l) \Big) \\ + \sum_{i=1}^{N} b_{i,l} v_i(l) + \sum_{i=1}^{N} c_{i,l} \rho_i(l) + d_l \kappa(l) \Bigg),\end{aligned} \tag{9.12}$$

式中, j 为设计参数, 表示过去的数据. 在式 (9.12) 中, 包含以下数据:

(1) $q_i(l) + r_j(l)$ 是各路段的流入量, 其中 r_i 表示考虑当前的 k 和过去的 j 信息后, 受控匝道处的车辆汇入量;

(2) $v_i(l)$ 是各路段的平均交通速度, 考虑了当前的 k 和过去的 j 信息;

(3) $\rho_i(l)$ 是各路段的交通密度, 考虑了当前的 k 和过去的 j 信息;

(4) κ 是经济巡航控制车辆的比率, 考虑了当前的 k 和过去的 j 信息.

参数 $\delta_{q_N}, a_{i,l}, b_{i,l}, c_{i,l}$ 和 d_l 是通过大数据分析采用 LS 算法确定的.

回归算法得到了线性函数 $\hat{q}_N(k+1)$, 以式 (9.12) 的形式来表示, 此函数逼近于 $q_N(k+1)$, 如

$$q_N(k+1) = \hat{q}_N(k+1) + e_{q_N}(k+1), \tag{9.13}$$

式中, $e_{q_N}(k+1)$ 为预测误差. 由于 $e_{q_N}(k+1)$ 是未知的, 下文中将其作为系统的干扰项进行处理.

具有 $e_{q_N}(k+1)$ 的系统其线性回归形式可以转化为状态空间表达式, 例如

$$q_N(k+1) = \delta_{q_N}(k) + A_{q_N}x(k) + B_{q_N}u(k) + D_{q_N}w(k), \tag{9.14}$$

式中, x 包含系统的状态, 可以是当前测量的状态, 也可以为过去的状态. 因此, 回归方程 (9.12) 中的大多数成分都包含在 x 中, 例如

$$x(k) = \begin{bmatrix} [q_1(k-j)\cdots q_N(k)]^{\mathrm{T}} \\ [v_1(k-j)\cdots v_N(k)]^{\mathrm{T}} \\ [\rho_1(k-j)\cdots \rho_N(k)]^{\mathrm{T}} \\ [r_1(k-j)\cdots r_N(k-1)]^{\mathrm{T}} \\ [\kappa(k-j)\cdots \kappa(k-1)]^{\mathrm{T}} \\ [q_0(k-j)\cdots q_0(k-1)]^{\mathrm{T}} \end{bmatrix}. \tag{9.15}$$

式中, $x(k)$ 的大小为 $M\times 1, M$ 是状态的数量. 此外, 系统的控制输入同时也会影响到式 (9.12) 所示交通系统在 k 时刻的信号, 得到的信号, 例如 $u^{\mathrm{T}} = [r_1(k) \ \cdots \ r_N(k) \ \kappa(k)]$, 并且包含 k 时刻式 (9.12) 的未知信号以及 $k+1: w(k) = [q_0(k) \quad e_{q_N}(k+1)]$ 中的预测误差. 因此, 系统的控制输入有受控路口以及经济巡航控制车辆的比率, 而物理干扰是交通网络中不受控制的流入量.

式 (9.14) 提供了关于系统流出量的准确信息, 但未充分识别出 $u(k), w(k)$ 和 $q_N(k+1)$ 之间的关系. 这是因为状态向量 $x(k)$ 中的元素对流出量的值具有重要的影响. 然而, 式 (9.14) 没有提供与 $u(k)$ 和 $w(k)$ 对 $x(k)$ 的影响有关的信息. 因此, 需要使用进一步的关系来扩展交通流模型, 例如

$$x_i(k+1) = \delta_i + A_i x_i(k) + B_i u(k) + D_i w(k), \tag{9.16}$$

式中, $x_i(k)$ 表示 $x(k)$ 中的第 i 个状态, 其中 $i = 1, \cdots, M$. 式 (9.16) 中, δ_i, A_i, B_i 和 D_i 均为由 LS 方法根据交通数据确定的参数向量. 关系式 (9.14) 和式 (9.16) 得

出了系统的控制导向型状态空间表达式

$$\begin{bmatrix} q_N(k+1) \\ x(k+1) \end{bmatrix} = \delta + Ax(k) + Bu(k) + Dw(k), \tag{9.17}$$

式中, 向量 δ 和矩阵 A, B 和 D 是由 δ_{q_N} 和 δ_i 以及 $A_{q_N}, B_{q_N}, D_{q_N}, A_i, B_i$ 和 D_i 得出的. 注意, 如果包含了 $x(k)$ 中的 $q_N(k)$, 则 (9.17) 可简化为

$$x(k+1) = \delta + Ax(k) + Bu(k) + Dw(k). \tag{9.18}$$

所得出的系统的状态空间式可为交通流动态提供有效的表达式, 可以用于实现控制设计.

9.3 基于极小化极大方法的最优协调策略

本节的目标是找到一种可以协调经济巡航车辆和交通匝道口的受控流入量的最优控制方法. 整个协调的目的是通过经济巡航控制车辆的比率 κ_0 和受控匝道处的流入量 r_i 来保证交通网络 q_N 的最大流出量. 此外, 系统的控制导向型表达式 (9.17) 中有干扰项, 必须最大限度降低这些干扰项对 q_N 的影响. 它得出了极小化极大最优化问题, 如下所述.

在交通系统和自动驾驶车辆的协调中, 必须保证满足各项性能要求.

(1) 需要达到交通网络的最大流出量 $q_N(k+1)$, 即处于系统的临界密度 $\rho_{N,\text{crit}}$ (Daganzo, 1997). 如果 $\rho_N(k+1) > \rho_{N,\text{crit}}$, 则可能会导致拥堵并且 $q_N(k+1)$ 会显著减小. 由于基于数据的交通流动态是线性近似的, 式 (9.17) 没有提供关于此过程的非线性特征的信息, 因此将该性能定义为跟踪任务, 如

$$z_1 = q_N(k+1) - q_{N,\max}, \quad |z_1| \to \min. \tag{9.19}$$

通过对交通网络的初步分析, 确定了临界密度和最大流出量 $q_{N,\max}$ 的值.

(2) 系统的另一性能与受控车辆有关. 由于经济巡航控制策略最大限度降低了车辆的能耗 (Németh and Gáspár, 2017), 因此需要使 $\kappa(k)$ 最大化. $\kappa(k)$ 是比率, 其取值范围为 [0, 1], 因此 $\kappa(k)$ 的性能最大化可以表示为极小化条件

$$z_2 = 1 - \kappa(k), \quad |z_2| \to \min, \tag{9.20}$$

式中, $1 - \kappa(k)$ 表示不受控车辆的比率. $\kappa(k)$ 的值可以根据式 (9.17) 由以下公式来表示

$$\kappa = D_\kappa u, \tag{9.21}$$

式中, $D_\kappa = [0\ 1]$.

将系统的性能压缩为性能向量

$$z = \begin{bmatrix} z_1 \\ z_2 \end{bmatrix}. \tag{9.22}$$

此外, 在协调过程中, 必须包含引入一些控制输入的限制条件.

(1) 控制输入 $r_i(k)$ $(i = 1, \cdots, N)$ 为正数变量, 具有一些物理限制. 此外, 还需要限制 $r_i(k)$ 的变化以避免快速的驱动变化. 因此, 定义了 $r_i(k)$ 的两个约束条件, 例如

$$r_i(k) \geqslant \max(0, r_i(k-1) - \Delta r_i), \tag{9.23}$$

$$r_i(k) \leqslant \min(r_{i,\max}, r_i(k-1) + \Delta r_i), \tag{9.24}$$

式中, Δr_i 是 $r_i(k)$ 变化的最大值, $r_{i,\max}$ 是 $r_i(k)$ 的最大值.

(2) 控制输入 κ 也存在限制. 其下限为 $\kappa(k) \geqslant 0$, 并且受控车辆的比率受最大值 $\kappa_{\max}$ 的限制, $\kappa_{\max}$ 取决于可以控制车速的自动驾驶车辆的比率, 表示为

$$\kappa(k) \geqslant 0, \tag{9.25}$$

$$\kappa(k) \leqslant \kappa_{\max}. \tag{9.26}$$

协调策略的目标是在约束条件不变的情况下保证系统的性能 z_1 和 z_2. 通过将目标函数 $\frac{1}{2}z^{\mathrm{T}}Qz$ 最小化, 可以有效地解决协调问题, 其中

$$Q = \begin{bmatrix} Q_{z_1} & 0 \\ 0 & Q_{z_2} \end{bmatrix} \tag{9.27}$$

为加权矩阵, 实现 z_1 和 z_2 之间的平衡. 因此, 最优化问题为

$$\min_{\kappa(k), r_i(k)} \frac{1}{2} z^{\mathrm{T}} Q z, \tag{9.28}$$

约束条件为

$$r_i(k) \geqslant \max(0, r_i(k-1) - \Delta r_i), \tag{9.29}$$

$$r_i(k) \leqslant \min(r_{i,\max}, r_i(k-1) + \Delta r_i), \tag{9.30}$$

$$\kappa(k) \geqslant 0, \tag{9.31}$$

$$\kappa(k) \leqslant \kappa_{\max}. \tag{9.32}$$

式 (9.28) 中的二次函数用式 (9.17)、式 (9.19)—式 (9.21) 表示

$$\frac{1}{2}z^{\mathrm{T}}Qz = \frac{1}{2}\gamma^{\mathrm{T}}Q_{z_1}\gamma + \frac{1}{2}(1 - u^{\mathrm{T}}(k)D_\kappa^{\mathrm{T}})Q_{z_2}(1 - D_\kappa u(k))$$

$$= \mathscr{D}_1 + \mathscr{D}_2 + \mathscr{D}_3, \tag{9.33}$$

记为 $\gamma = \delta(k) + Ax(k) + Bu(k) + Dw(k) - q_{N,\max}$. 二次函数的成分如下

$$\mathscr{D}_1 = \frac{1}{2}(u^{\mathrm{T}}(k)(B^{\mathrm{T}}Q_{z_1}B + D_\kappa^{\mathrm{T}}Q_{z_2}D_\kappa)u(k)) + w^{\mathrm{T}}(k)D^{\mathrm{T}}Q_{z_1}Dw(k), \tag{9.34}$$

$$\mathscr{D}_2 = (\delta(k) + Ax(k))^{\mathrm{T}}(Bu(k) + Dw(k)) + u^{\mathrm{T}}(k)B^{\mathrm{T}}Q_{z_1}Dw(k) - D_\kappa u(k), \tag{9.35}$$

$$\mathscr{D}_3 = \frac{1}{2}(\delta(k) + Ax(k))^{\mathrm{T}}Q_{z_1}(\delta(k) + Ax(k)) + \frac{1}{2}Q_{z_2}. \tag{9.36}$$

所得式 (9.33) 的结果表明, $\mathscr{D}_3$ 仅包含通过 $\delta(k)$ 和 $x(k)$ 得到的测量值. 因此, 在最优化中 $\mathscr{D}_3$ 为常数项, 也就是说在计算 $u(k)$ 时可以忽略它. 此外, 在 $\mathscr{D}_1$ 和 $\mathscr{D}_2$ 中, 控制输入 $u(k)$ 和干扰信号是混合在一起的. 而在最优化问题 (9.28) 中, $w(k)$ 的值是未知的. 因此, 在下文中, 极小化问题式 (9.33) 转化为极小化极大最优化问题. 在极小化极大最优化中, 将其视为干扰的最差情况. 这意味着 $w(k)$ 是为了使 $z^{\mathrm{T}}Qz$ 最大化, 这是此过程中最差的情况. 因此, 需要找出 $u(k)$, 在计算时考虑了最差的情况.

首先, 通过以下方式从式 (9.33) 中分离出 $\mathscr{D}_1 + \mathscr{D}_2$ 的和:

$$\begin{aligned} J_u =& \frac{1}{2}(u^{\mathrm{T}}(k)(B^{\mathrm{T}}Q_{z_1}B + D_\kappa^{\mathrm{T}}Q_{z_2}D_\kappa)u(k)) \\ &+ ((\delta(k) + Ax(k))^{\mathrm{T}}B + \frac{1}{2}w^{\mathrm{T}}(k)D^{\mathrm{T}}Q_{z_1}B)u(k), \end{aligned} \tag{9.37}$$

$$\begin{aligned} J_w =& \frac{1}{2}w^{\mathrm{T}}(k)D^{\mathrm{T}}Q_{z_1}Dw(k) + ((\delta(k) + Ax(k))^{\mathrm{T}}D \\ &+ \frac{1}{2}u^{\mathrm{T}}(k)B^{\mathrm{T}}Q_{z_1}D)w(k). \end{aligned} \tag{9.38}$$

其次, 得出以下新的最优化问题:

$$\min_{\kappa(k), r_i(k)} J_u, \tag{9.39}$$

约束条件为

$$r_i(k) \geqslant \max(0, r_i(k-1) - \Delta r_i, \tag{9.40}$$

$$r_i(k) \leqslant \min(r_{i,\max}, r_i(k-1) + \Delta r_i), \tag{9.41}$$

$$\kappa(k) \geqslant 0, \tag{9.42}$$

$$\kappa(k) \leqslant \kappa_{\max}, \tag{9.43}$$

然后最优化问题与产生的最差情况有关, 其中将 $w(k)$ 作为最优化变量进行处理,

$$\max_{q_0(k), e(k+1)} J_w = \min_{q_0(k), e(k+1)} -J_w, \tag{9.44}$$

约束条件为

$$q_0(k) \leqslant q_{0,\lim}, \tag{9.45}$$

$$|e(k+1)| \leqslant e_{\lim}, \tag{9.46}$$

式中, $q_{0,\lim}$ 和 $e_{\lim}$ 分别是非受控流入量的限值和函数逼近产生的误差.

由于式 (9.39) 和式 (9.44) 最优化问题都转化为约束极小化问题, 将这两个任务合并成约束极小化问题. 在合并过程中, 损失 J_u 和 $-J_w$ 与权重 Q_u 和 Q_w 是成比例的, 表示损失之间的平衡. 例如, 如果 Q_u 的值很高, 则式 (9.39) 的优先级高于式 (9.44). 此示例说明 LS 方法产生的误差较小, 并且 $q_0(k)$ 对 $q_N(k+1)$ 的影响较小. 因此, 最大限度增大流出量比考虑干扰的影响更为重要.

接下来, 第三步是利用公式求解最终最优化问题

$$\begin{aligned} &\min_{\kappa(k),r_i(k),q_0(k),e(k+1)} Q_uJ_u - Q_wJ_w \\ =&\min_{\kappa(k),r_i(k),q_0(k),e(k+1)} \frac{1}{2}U^{\mathrm{T}}\varPhi U + \beta U, \end{aligned} \tag{9.47}$$

约束条件为

$$r_i(k) \geqslant \max(0, r_i(k-1) - \Delta r_i), \tag{9.48}$$

$$r_i(k) \leqslant \min(r_{i,\max}, r_i(k-1) + \Delta r_i), \tag{9.49}$$

$$\kappa(k) \geqslant 0, \tag{9.50}$$

$$\kappa(k) \leqslant \kappa_{\max}, \tag{9.51}$$

$$q_0(k) \leqslant q_{0,\lim}, \tag{9.52}$$

$$|e(k+1)| \leqslant e_{\lim}, \tag{9.53}$$

式中, $U = [\kappa(k) \quad r_i(k) \quad q_0(k) \quad e(k+1)]^{\mathrm{T}}$ 并且

$$\varPhi = \begin{bmatrix} -Q_u(B^{\mathrm{T}}Q_{z_1}B + D_\kappa^{\mathrm{T}}Q_{z_2}D_\kappa) & Q_wBQ_{z_1}D \\ -Q_uD^{\mathrm{T}}Q_{z_1}B & Q_wD^{\mathrm{T}}Q_{z_1}D \end{bmatrix}, \tag{9.54}$$

$$\beta = \left[-Q_u(\delta(k) + Ax(k))^{\mathrm{T}}B \quad Q_w(\delta(k) + Ax(k))^{\mathrm{T}}D\right]. \tag{9.55}$$

最优化的结果是得到干预信号 $\kappa(k)$ 和 $r_i(k)$, 这些信号是通过协调管理计算得出的. 基于一种能够处理非线性约束条件最优化算法对任务 (9.47) 进行求解 (Gill et al.,1981; Coleman and Li, 1996).

最后, 在第四步中, 需要使用计算得出的 $r_i(k)$ 和 $\kappa(k)$ 来进行驱动. 就受控路口而言, 需要根据 $r_i(k)$ 保证有限数量的流入车辆. 此外, 对于计算得出的 κ, 需要

选择进入交通网络的自动驾驶车辆的速度剖面. 如上所述, 它们的速度剖面可能是传统车辆的速度剖面, 具有最大速度限制, 也可能是经济巡航控制车辆的能耗最优速度剖面. 在协调策略中, 出于安全考虑, 假设受控网络中自动驾驶车辆的设置在整个路线内不能修改. 因此, 速度剖面类型是在路网入口处确定的. 故需要确定进入的经济巡航控制车辆 κ_{in} 的比率, 从而达到 $\kappa(k)$.

对于 κ_{in} 的计算而言, κ 的动态变化过程是通过传递函数 $H(z)$ 建模的, 其中输入 $\kappa_{\text{in}}(k)$ 和输出 $\kappa(k)$ 表示为

$$H(z) = \frac{\beta_2 z^2 + \beta_1 z + \beta_0}{z^2 - (\alpha + 1)z + \alpha}, \tag{9.56}$$

式中, $\beta_2, \beta_1, \beta_0$ 和 α 是系统的近似参数. 需要保证交通网络式 (9.47) 中 $\kappa(k)$ 的输出, 因此会根据实际和所需的 $\kappa(k)$ 之间的误差, 调整 PI 控制器对 κ_{in} 进行计算 (Åström and Hägglund, 2006). 在控制系统中, 进入交通流的自动驾驶车辆会使用 κ_{in} 进行控制运算.

9.4 仿真实例

通过以下仿真场景展现了协调策略的有效性. 在此实例中, 考虑了 M1 公路布达佩斯和维也纳间一段 2 车道 7km 长的多坡路段. 将此路段分为 $N = 5$ 个小路段, 第一段中有受控匝道的车辆流入量为 r_1. 交通流中经济巡航控制车辆比率 $\kappa_{\max} = 50\%$. Németh 和 Gáspár (2017) 设计了这些车辆的速度剖面. 如图 9.2 所示, 与传统车辆的速度剖面 (包含常数 130km/h) 明显不同.

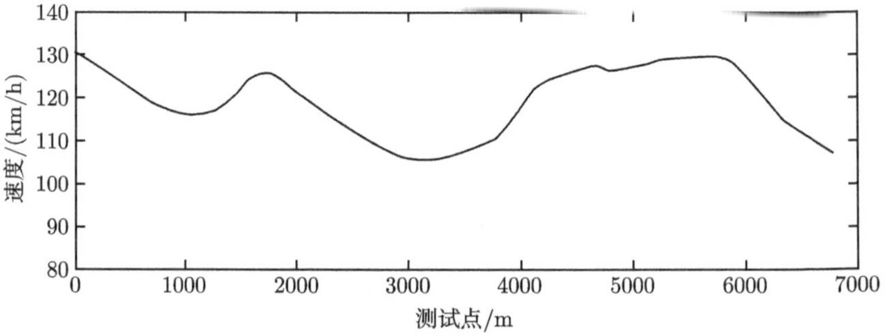

图 9.2　经济巡航控制车辆的速度剖面

使用 VisSim 交通模拟器进行数据采集. 此模拟器使用以各种 $\kappa_0 = 0\%, 10\%, 20\%, \cdots, 50\%$和平均流入量值 $q_0 = 750\text{veh/h}, 1000\text{veh/h}, 1250\text{veh/h}, \cdots, 5000\text{veh/h}$ 等值进行了 600 多次混合交通仿真, 而车辆则随机经各个入口进入交通流.

根据使用 VisSim 模拟器进行大量交通仿真的结果, 进行 LS 大数据分析. 在分析中, 使用了数据挖掘 WEKA 软件来实现逐步回归算法 (Witten and Frank, 2005). 此方法的优点是在线计算量小, 同时复杂的运算是离线求解的. 分析得到 $q_5(k+1)$ 的线性回归以式 (9.12) 的形式表示. 在整个分析过程中, 将 $i=1$ 的过去 5min 范围内的数据考虑进来. 在大数据分析过程中, 使用了最佳优先子集选择器算法对逐步回归算法的训练集进行预处理. 子集选择产生了 10 个相关属性, 例如, $v_3(k)$, $v_3(k-1)$, $\rho_4(k)$, $\rho_4(k-1)$, $\rho_5(k)$, $\rho_5(k-1)$, $q_4(k)$, $q_4(k-1)$, $q_5(k)$ 和 $q_5(k-1)$. 通过分析, 最优先的值为 96.5%, 也就是说这 10 个属性对整个交通流动态的影响最大. 举例来说, 对比图 9.3 中训练集的属性 $q_5(k)$ 和 $\hat{q}_5(k)$, 大部分 $q_5(k)$ 都接近于 $\hat{q}_5(k)$, 说明回归分析是有效的.

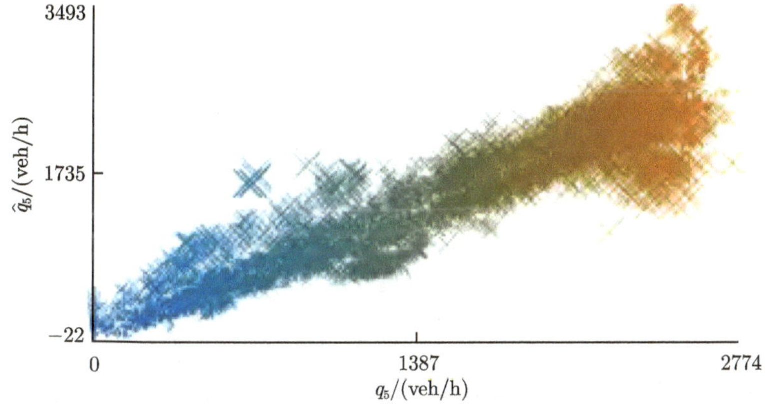

图 9.3 q_5 的相关回归效率

在下文中, 两个 VisSim 仿真场景说明了此协调策略的有效性. 在此实例中, 通过最优化策略式 (9.47) 采用 r_1 和 κ 协调的结果, 该策略中约束条件 $r_{1,\max}=1500\text{veh/h}$. $\Delta r_1=500\text{veh/h}$, $\kappa_{\max}=50\%$, $q_{0,\text{lim}}=3000\text{veh/h}$ 和 $e_{\text{lim}}=500\text{veh/h}$, 在给定的公路实例中, 通过实证分析得出 $q_{5,\max}=2500\text{veh/h}$. 仿真结果如图 9.4 所示. 在此场景中, 平均非受控流入量 q_0 为 2000veh/h, 而受控匝道处的所需平均流入量 $r_{1,\text{dem}}$ 为 1000veh/h. 这意味着整体平均流入量要达到 3000veh/h, 系统将达到饱和状态, 最大流出量为 $q_{5,\max}=2500\text{veh/h}$. 所以, 如果有流入需求的车辆全都进入公路, 则会引发拥堵. 因此, 需要使用 r_1 来避免交通堵塞. 仿真开始时, 交通流较小, 而在仿真的下一时段, 出现了交通高峰期, 见图 9.4(a) 中公路前面部分的整体流入量 q_0+r_1. 由于采用 r_1 进行了控制, 整体流入量受到限制, 从而避免了拥堵. 路段的流出量见图 9.4(b). 可以看出, 通过协调可以保证以 $q_{5,\max}$ 左右的参考流量来跟进.

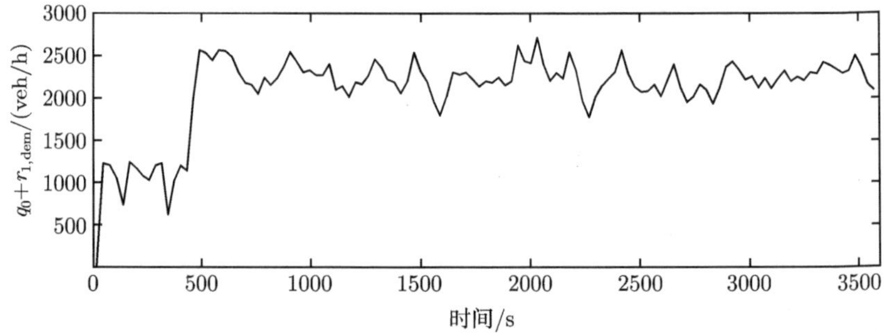

(a) 高速公路的整体流入量值 $q_0+r_{1,\text{dem}}$

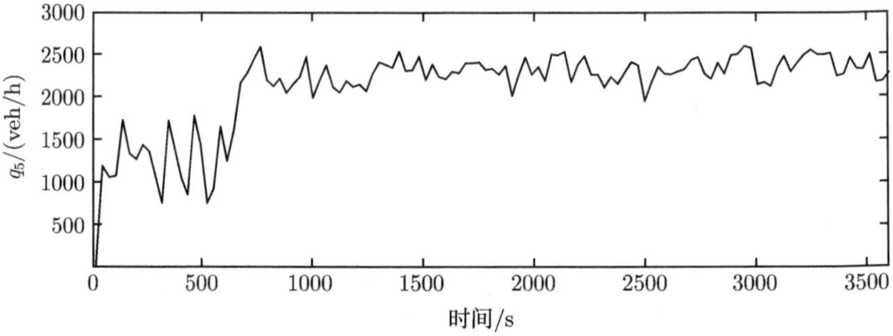

(b) 流出量值 q_5

图 9.4　协调场景——交通流

公路系统的控制执行情况如图 9.5 所示. 匝道处的控制输入 r_1 见图 9.5(a). 由于仿真的第二部分中出现交通高峰期, 因此必须经常修改 r_1 以避免系统中出现拥堵, 使受控匝道处的流入车辆受到限制. 此外, κ 的所需干预项和经济巡航控制车辆的实际比率见图 9.5(b). 两个信号之间有限的误差说明通过 κ_{in} 实现控制的策略是有效的, 见图 9.5(c). 由于在仿真的第二部分中存在交通高峰期, 因此, 当 $\kappa < \kappa_{\max}$ 时, 必须减小 k 值, 从而通过提高车辆的速度来改善各路段的车辆流出量. 由此, 进一步协调实现了交通匝道和自动驾驶车辆干预的联合最优化.

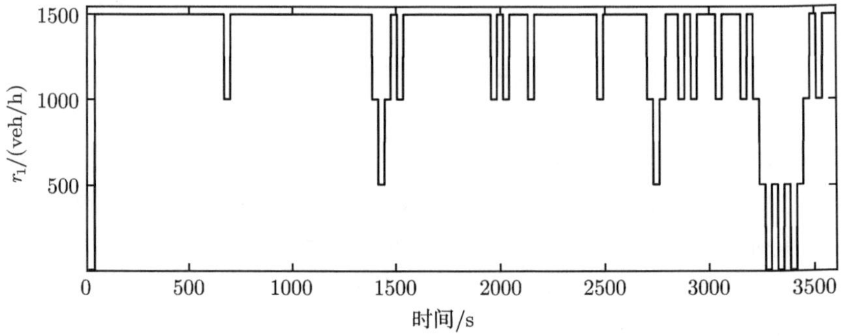

(a) 公路的受控流入量值r_1

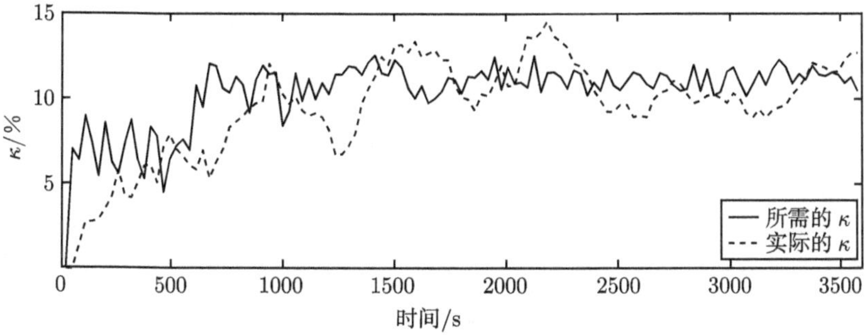

(b) 所需的和实际的 κ 值

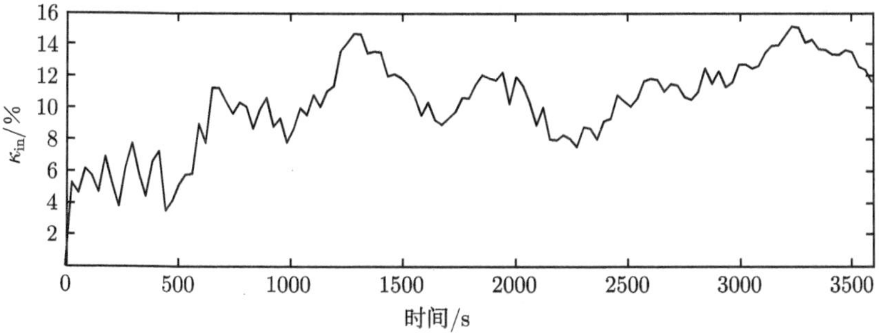

(c) 交通流密度值

图 9.5 协调场景——干预

参考文献

Amini S, Gerostathopoulos I, Prehofer C (2017) Big data analytics architecture for real-time traffic control. In: 5th IEEE international conference on models and technologies for intelligent transportation systems (MT-ITS), pp 710-715

Ashton W (1966) The theory of traffic flow. Spottiswoode, Ballantyne and Co. Ltd., London

Åström K, Hägglund T (2006) Advanced PID Control. ISA-The Instrumentation, Systems and Automation Society

Bose A, Ioannou P (2003) Analysis of traffic flow with mixed manual and semi-automated vehicles. IEEE Trans Intell Transp Syst 4(4): 173-188

Coleman T, Li Y (1996) An interior, trust region approach for nonlinear minimization subject to bounds. SIAM J Optim 6: 418-445

Daganzo C (1997) Fundamentals of transportation and traffic operations. Pergamon, Oxford

Dong H, Wu M, Ding X, Chu L, Jia L, Qin Y, Zhou X (2015) Traffic zone division based on big data from mobile phone base stations. Trans Res Part C 58: 278-291

Frejo J, Camacho E (2012) Global versus local mpc algorithms in freeway traffic control with ramp metering and variable speed limits. IEEE Trans Intell Transp Syst 13(4): 1556-1565

Gartner N, Wagner P (2008) Analysis of traffic flow characteristics on signalized arterials.Transp Res Rec 1883: 94-100

Gill PE, Murray W, Wright M (1981) Practical optimization. Academic Press, London

Li L, Su X N, Wang Y W, Lin Y T, Li Z H, Li Y B (2015) Robust causal dependence mining in big data network and its application to traffic flow predictions. Transp Res Part C 58: 292-307

Lv Y, Duan Y, Kang W, Li Z, Wang FY (2015) Traffic flow prediction with big data: a deep learning approach. IEEE Trans Intell Transp Syst 16(2): 865-873

Messmer A, Papageorgiou M (1990) METANET-a macroscopic simulation program for motorway networks. Traffic Eng Control 31: 466-470

Németh B, Bede Z, Gáspár P (2015) Control design of traffic flow using look-ahead vehicles to increase energy efficiency. In: American control conference, Seattle, USA, pp 3447-3452

Németh B, Gáspár P (2017) The relationship between the traffic flow and the look-ahead cruise control. IEEE Trans Intell Transp Syst 18(5): 1154-1164

Papageorgiou M, Vigos G (2008) Relating time-occupancy measurements to space-occupancy and link vehicle-count. Trans Res Part C16(1): 1-17

Schakel W, Van Arem B, Netten B (2010) Effects of cooperative adaptive cruise control on traffic flow stability. In: 2010 13th international IEEE conference on intelligent transportation systems (ITSC), pp 759-764. https://doi.org/10.1109/ITSC.2010.5625133

Shibata R (1981) An optimal selection of regression variables. Biometrika 68: 45-54

Thompson ML (1978) Selection of variables in multiple regression. Int Stat Soc B 46: 1-21 and 129-146

Treiber M, Kesting A (2013) Traffic flow dynamics: data models and simulation. Springer, Heidelberg

van Arem B, van Driel CJG, Visser R (2006) The impact of cooperative adaptive cruise control on traffic-flow characteristics. IEEE Trans Intell Transp Syst 7(4): 429-436

Wageningen F, Lint H, Vuik K, Hoogendoorn S (2015) Genealogy of the traffic flow models. Eur J Transp Logist 4: 445-473

Wang Y, Witten I H (1999) Pace regression.(Working paper 99/12). University of Waikato, Department of Computer Science, Hamilton, New Zealand

Wang Y, Witten I H (2002) Modeling for optimal probability prediction. In: Proceedings of the nineteenth international conference in machine learning, Sydney, Australia, pp 650-657

Witten I H, Frank E (2005) Data mining practical machine learning tools and techniques.

Morgan Kaufmann Publishers, Elsevier

Zeyu J, Shuiping Y, Mingduan Z, Yongqiang C, Yi L (2017) Model study for intelligent transportation system with big data. Procedia Comput Sci 107: 418-426

Zhang C, Vahidi A (2011) Predictive cruise control with probabilistic constraints for eco driving. In: ASME 2011 dynamic systems and control conference and bath/ASME symposium on fluid power and motion control, vo12, pp 233-238

Zhu M, Liu X Y, Qiu M, Shen R, Shu W, Wu M Y (2016) Traffic big data based path planning strategy in public vehicle systems. In: 2016IEEE/ACM 24th international symposium on quality of service (IWQoS), pp 1-2

第 10 章　队列行驶系统的巡航控制设计

研究背景及意义

本章将自适应巡航控制方法扩展到队列行驶系统. “队列行驶” 一词用于描述在自动控制下操纵的若干车辆作为整体以相对较小的车辆间距和相同的速度行驶. 队列行驶在提高通行能力和降低燃料消耗量方面可能会有优势.

队列行驶控制想法是受智能公路系统和道路基础设施的启发而产生的, 参见加利福尼亚的 PATH 项目和日本的 MOC-ITS 项目. 欧洲项目基于现有的路网和基础设施, 主要侧重于商用车辆以及这些车辆现有的传感器和驱动器 (Deutschle et al., 2010; Larburu and Sanchez, 2010; Sitavancova and Hajek, 2010). 这些项目的主要目标是研究在与其他车辆充分交互的情况下公共机动车道上的队列行驶情况. 通过队列稳定性保证了队列行驶中各车辆的安全性和稳定性 (Shaw and Hedrick, 2007; Swaroop and Hedrick, 1996; Alvarez and Horowitz, 1999). 在匈牙利的项目中, 形成了由重型车辆组成的自动驾驶车辆队列. 此项目的目的是分析控制算法并整合实验结果. 队列行驶需要解决诸多与连接、耦合、驾驶员行为、技术故障等相关的问题 (Rödönyi et al., 2012).

本章目的是根据预测的道路状况扩展稳定的队列行驶控制. 通过使用不同的性能规范, 制订了控制导向型的队列行驶系统模型. 还将所忽略的成分引起的模型不确定性和未知参数形成非结构化动态. 队列行驶系统的控制器是通过使用鲁棒 $\mathscr{H}_\infty$ 方法设计的, 这既保证了抑制干扰, 又保证了处理不确定性的鲁棒性. 受控队列行驶系统的结构示意图如图 10.1 所示.

队列行驶控制需要各种传感器信号, 例如, 领头车辆和前方车辆的位置、速度和加速度. 因此, 队列行驶控制需要将某台车辆的位置、速度和加速度传送给后方车辆以确保队列稳定性. 除了这些信号外, 还需假设道路状况 (道路坡度、速度限制) 对于车辆适用. 队列行驶的安全性和经济性是由领头车辆确定的, 因此领头车辆需要利用好预测的道路状况. 各车的控制系统会根据这些信号计算自身最优的纵向控制力.

本章提出了一种适用于队列行驶系统的控制设计方法. 控制系统包括制动力和牵引力的控制. 此方法考虑了行驶的安全性. 这主要是运用了队列稳定性定理, 掌握了队列行驶中沿途的道路坡度情况和强制限速信息来实现的. 通过选择符合道路坡度的队列行驶速度, 可以减少不必要的加速和制动次数, 即激活驱动系统和制动系统的次数.

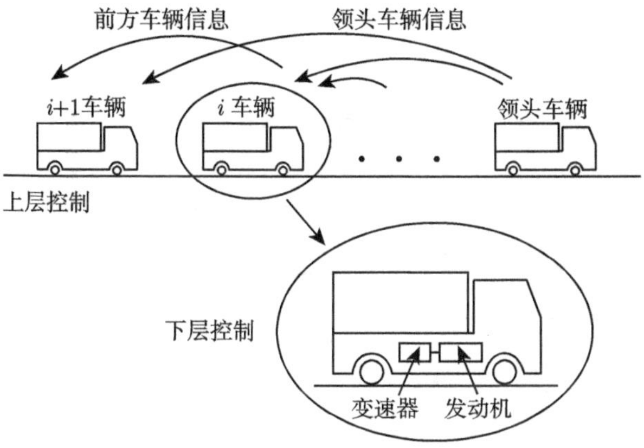

图 10.1 队列行驶系统的结构

10.1 基于最优化方法的领头车辆速度设计

本节会将此方法扩展应用到队列行驶中的车辆上. 此设计背后的主要思想是队列行驶中的各车辆都能够独立于其他车辆计算自身的速度. 在队列中行驶需要相同的速度, 因此最优速度必须根据其他车辆的速度来进行调整. 在队列行驶中, 领头车辆的速度决定了所有车辆的速度. 最优化目标是确定各成员车辆的速度, 使队列行驶速度尽可能接近这些车辆自身的最优速度.

第一步, 将最优预测权重设置为 $\{\bar{Q}_j, \bar{\gamma}_{i,j}\}$, $i \in \{1, \cdots, n\}$, 其中 n 是路段点的数量. 然后计算所有车辆修正后的参考速度 λ_j, $j \in \{1, \cdots, m\}$, 其中 m 是队列行驶中的车辆数. 在计算过程中考虑了道路坡度和速度限制, 但未考虑车辆之间的交互. 在队列行驶的情况下, 各成员车辆具有的最优参考速度为 λ_j, 且各自并不相互独立, 领头车辆的速度 λ_1 会影响队列行驶中各成员车辆的速度 $\dot{\xi}_{0,j}$. 最优化的目标是为领头车辆找到最优参考速度 $\bar{\lambda}_1$.

第二步, 在设计领头车辆所需的速度 $\bar{\lambda}_1$ 之前, 需要中间步骤. 值得注意的是, 队列行驶中成员车辆的速度之间存在交互. 如果某一前方车辆改变了速度, 后方车辆将在短时间内改变自身的速度并追随前方车辆的运动. 队列行驶中成员车辆的行驶是不能独立于领头车辆之外的, 因此需要确立第 j 辆队列成员车辆的速度 $\dot{\xi}_{0,j}$ 与领头车辆和前方车辆的速度之间的关系. 用带有输入和输出信息的传递函数来表示. 输出信息

$$Y_j = \mathscr{F}\begin{bmatrix}\mathscr{L}(\ddot{\xi}_{0,j}) & \mathscr{L}(\dot{\xi}_{0,j}) & \mathscr{L}(\xi_{0,j})\end{bmatrix}^{\mathrm{T}}, \tag{10.1}$$

包括发送给后方车辆的信息, 即车辆的位置、速度和加速度. 输入信息

$$U_j = \mathscr{Y}\left[\mathscr{L}(\ddot{\xi}_{0,j-1}) \quad \mathscr{L}(\dot{\xi}_{0,j-1}) \quad \mathscr{L}(\xi_{0,j-1}) \quad \mathscr{L}(\dot{\xi}_0) \quad \mathscr{L}(\xi_0)\right]^{\mathrm{T}}, \tag{10.2}$$

包括前方车辆和领头车辆的位置、速度和加速度. U_j 和 Y_j 之间的传递函数为

$$G_{j,\mathrm{cl}} = K_j G_j/(1+K_j G_j), \tag{10.3}$$

式中, 有第 j 辆车的控制器 K_j 及其纵向动态 G_j. 同样, 领头车辆和前方车辆对第 $j+1$ 辆队列行驶成员车辆的影响用公式表示为: $Y_{j+1} = G_{j+1,\mathrm{cl}}U_{j+1}$, 其中 $U_{j+1} = \begin{bmatrix} G_{j,\mathrm{cl}} & 0 \\ 0 & I \end{bmatrix} U_j$, 最终得出

$$Y_{j+1} = G_{j+1,\mathrm{cl}} \begin{bmatrix} G_{j,\mathrm{cl}} & 0 \\ 0 & I \end{bmatrix} U_j. \tag{10.4}$$

因此, 第 j 辆车的速度由以下公式确定

$$\mathscr{L}\left[\dot{\xi}_{0,j}\right] = \begin{bmatrix} 0 \\ 1 \\ 0 \end{bmatrix}^{\mathrm{T}}, \quad Y_j = \begin{bmatrix} 0 \\ 1 \\ 0 \end{bmatrix}^{\mathrm{T}}, \quad G_{j,\mathrm{cl}} \prod_{k=2}^{j-1} \begin{bmatrix} G_{j,\mathrm{cl}} & 0 \\ 0 & I \end{bmatrix} G_{1,\mathrm{cl}}\bar{\lambda}_1 = \hat{G}_j \bar{\lambda}_1, \tag{10.5}$$

$\hat{G}_j$ 的值用于计算队列行驶的最优参考速度 $\bar{\lambda}_1$.

第三步, 设计了领头车辆所需的参考速度 $\bar{\lambda}_1$. 设计的目的在于得到的所有车辆的速度 $\dot{\xi}_{0,j}$ 尽可能接近自身修正后的参考速度 λ_j,

$$\sum_{j=1}^{m} \left|\lambda_j - \dot{\xi}_{0,j}\right| \to \mathrm{Min}. \tag{10.6}$$

由于第 j 辆车的速度用公式表示为 $\dot{\xi}_{0,j} = \hat{G}_j\bar{\lambda}_1$, 因此采用以下最优化问题的表达式:

$$\sum_{j=1}^{m}\left(\lambda_j - \hat{G}_j\bar{\lambda}_1\right)^2 = \sum_{j=1}^{m}\lambda_j^2 + \sum_{j=1}^{m}\left(\hat{G}_j\bar{\lambda}_1\right)^2 - 2\sum_{j=1}^{m}\left(\lambda_j\hat{G}_j\bar{\lambda}_1\right) \to 0. \tag{10.7}$$

式中, $\hat{G}_j = \prod_{k=1}^{j-1}\hat{G}_k$. 可以说, 在式 (10.7) 中唯一的未知变量是 $\bar{\lambda}$. 最优化问题会得出以下等式:

$$\bar{\lambda}_1\sum_{j=1}^{m}\hat{G}_j^2 - \sum_{j=1}^{m}(\lambda_j\hat{G}_j) = 0. \tag{10.8}$$

可以求出最优化问题的解. 推导出 $\bar{\lambda}_1$ 的最优化结果如式 (10.9) 所示

$$\bar{\lambda}_1 = \frac{\sum_{j=1}^{m}\left(\lambda_j \prod_{k=1}^{j-1} \hat{G}_k\right)}{\sum_{j=1}^{m}\left(\prod_{k=1}^{j-1} \hat{G}_k\right)^2}. \tag{10.9}$$

这说明领头车辆必须按照所需的参考速度 $\bar{\lambda}_1$ 行驶.

图 10.2 中所示的纵向力的计算分三步进行:

(1) 车辆速度的最优化基于 $|F_{l1}^2| \to \mathrm{Min}$ 和 $|v_{\mathrm{rsf},0} - \dot{\xi}_0| \to \mathrm{Min}$ 这两个标准, 采用了单纯形法求解;

(2) 领头车辆速度的最优化目标为 $\sum_{j=1}^{m} |\lambda_j - \dot{\xi}_{0,j}|^2 \to \mathrm{Min}$, 采用了简单的矩阵求解;

(3) 基于离线设计的鲁棒控制方法求得所需的纵向力.

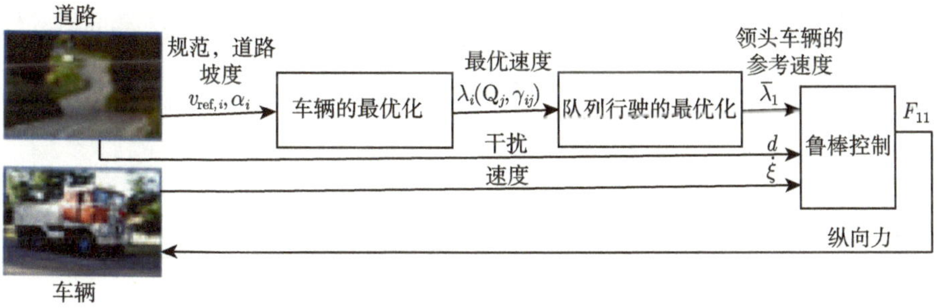

图 10.2 控制系统的架构

10.2 队列行驶中的车辆控制设计

10.2.1 鲁棒控制设计

本节重点介绍控制输入的设计, 即队列行驶中车辆的纵向力设计. 在前一节中, 领头车辆所需参考速度是考虑了道路坡度来确定的. 领头车辆的速度必须与所需速度保持一致. 同时, 队列行驶中其他车辆必须满足队列稳定要求以保证队列行驶的安全. 因此, 必须设计两种类型的控制器: 一种控制器是用于跟踪领头车辆速度的控制器, 另一种控制器则是用在队列行驶的车辆上, 以实现队列稳定.

控制器的设计基于鲁棒 $\mathscr{H}_\infty$ 方法. 领头车辆的控制设计为跟踪问题, 可用式 (2.32) 表示. 跟踪的目的是确保系统输出结果在可接受的误差范围内符合速度参考值, 即达到系统性能要求. 最优化问题可明确地用数学描述 $\bar{\lambda}_1 - \dot{\xi}_{0,1} \to \mathrm{Min!}$, 其中参数 $\bar{\lambda}_1$ 是所需的参考速度. 领头车辆的性能如下

$$z_1 = \left[\bar{\lambda}_1 - \dot{\xi}_{0,1}\right]. \tag{10.10}$$

队列行驶中的其他车辆必须保证队列稳定性. 当所有车辆的初始间距都在误差范围内时, 系统的这一属性确保了所有车辆的间距随时保持在一定误差范围内. 有诸多策略可以确保系统的队列稳定性. 假设可以通过跟踪前车的位置、速度和加速度以及领头车辆的位置和速度来确保队列稳定性. 第 j 辆车的性能向量为

$$z_j = \left[\ddot{\varepsilon}_j \quad \dot{\varepsilon}_j \quad \varepsilon_j \quad \dot{\xi}_{0,j} - \dot{\xi}_{0,1} \quad \xi_{0,j} - \xi_{0,1} + \sum_{i=1}^{j} L_i\right]^{\mathrm{T}}. \tag{10.11}$$

式中, L_i 是两辆车之间的距离, $\varepsilon_j = \xi_{0,j} - \xi_{0,j-1}$ 是跟踪的误差.

闭环互连结构是包括模型 P 和控制器 K 的反馈结构, 如图 10.3 所示, 实现基于加权策略的控制设计. 加权函数 W_p 的作用是定义控制系统的性能规范, 即车辆的速度必须确保跟随参考信号, 并且误差在可接受的范围内. 加权函数 W_n 的作用是反映传感器噪声, W_w 则表示纵向阻力的影响. 建模时, 将未知但有界的摄动块连接到受控对象, 实现非结构化不确定性的建模. 输出乘数不确定性的大小是由加权函数 W_u 来处理的.

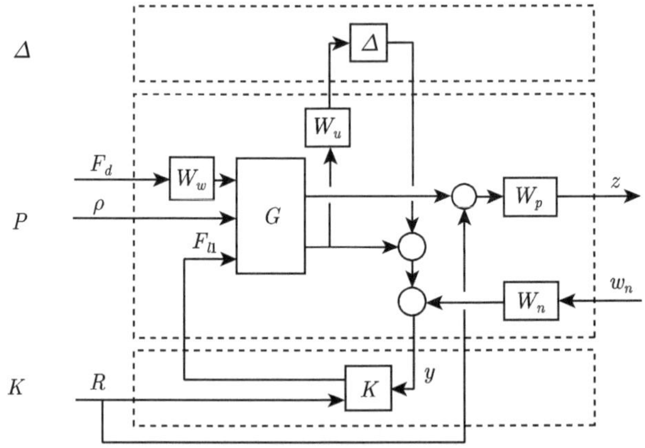

图 10.3　系统的闭环互连结构

性能信号 z 在以下两种情况下是不同的. 对于领头车辆而言, 根据 (10.10), $z = z_1$; 对其他车辆而言, 根据 (10.11), $z = z_j$. 对于领头车辆而言, 测得的信号是车辆的速度和加速度, 而后方车辆还需要获得前方车辆和领头车辆的速度、位置和加速度信息. 参考信号 R 是领头车辆所需的参考速度 $\bar{\lambda}$, 而对于后方车辆, R 向量包括领头车辆和前方车辆的速度和位置以及前方车辆的加速度.

10.2.2 闭环系统的稳定性分析

λ 的计算取决于车辆的速度 $\dot{\xi}_0$ 和加速度 $\ddot{\xi}_0$ 以及外源信号. 在计算参考速度信号时考虑了车辆的速度, 作为闭环系统中的反馈信号. 参考信号的计算结果会影响控制系统的稳定性.

车辆参数与 λ 之间的关系是非线性的, 因此在分析中进行了简化. 下文引入传递函数 N_j, 表示瞬时速度 $\dot{\xi}_{0,j}$ 与其参考速度 λ_j 之间的关系. 此模型具有自回归结构 (ARX), 参见 Ljung (1999) 进行的研究:

$$y_j(q) = \frac{B_j(q)}{A_j(q)} u_j(q) + e(q), \tag{10.12}$$

式中, $B_j(q)/A_j(q)$ 是连续系统 N_j 的离散时间模型, $y_j(q)$ 和 $u_j(q)$ 是采样自 $\lambda_j(t)$ 和 $\dot{\xi}_{0,j}(t)$ 的离散信号, 而 $e(q)$ 是白噪声. 根据 (10.5), 可以由输入 $\bar{\lambda}_1$ 和输出 $\dot{\xi}_{0,j}, j \in \{1, \cdots, n\}$ 来用公式表示 SIMO 系统:

$$G_{\mathrm{pl}} = \begin{bmatrix} \hat{G}_1 & \hat{G}_2 & \cdots & \hat{G}_n \end{bmatrix}^{\mathrm{T}}. \tag{10.13}$$

控制系统的示意图如图 10.4 所示. 然后将式 (10.9) 以矩阵形式重新表示为

$$\bar{\lambda}_1 = \frac{\sum\limits_{j=1}^{n} \left(\lambda_j \prod\limits_{k=1}^{j-1} \hat{G}_k \right)}{\sum\limits_{j=1}^{n} \left(\prod\limits_{k=1}^{j-1} \hat{G}_k \right)^2} = G_{\lambda} \xi, \tag{10.14}$$

式中, $G_{\lambda} = (G_{\Pi} G_{\Pi}^{\mathrm{T}})^{-1} (G_{\Pi} N)$ 且 $\xi = \begin{bmatrix} \dot{\xi}_{0,1} & \cdots & \dot{\xi}_{0,n} \end{bmatrix}^{\mathrm{T}}$, 其中 $G_{\Pi} = \begin{bmatrix} 1 & \hat{G}_1 & \hat{G}_1 \cdot \hat{G}_2 & \cdots & \prod_{k-1}^{n-1} \hat{G}_k \end{bmatrix}$ 且 $N = \mathrm{diag}(N_1, N_2, \cdots, N_n)$.

G_{filter} 是低通滤波器, 可以平滑 $\bar{\lambda}_1$ 参考信号. 请注意, 由于对计算 $\bar{\lambda}_1$ 所需的测量值进行了采样, 必须使用此函数. G_{filter} 同样是常数.

可以利用小增益定理来分析闭环系统的稳定性, 参见 Zhou 等 (1996) 进行的研究

$$\|G_{\mathrm{filter}} G_{\lambda}\| \cdot \|G_{\mathrm{pl}}\| < 1. \tag{10.15}$$

式 (10.15) 表明闭环系统的稳定性取决于 G_{pl}, G_{λ} 和 G_{filter} 的无穷范数. 由于这些因素取决于车辆动力学及其控制器, 可以确定无穷范数 (10.15) 取决于 N, 参见式 (10.14).

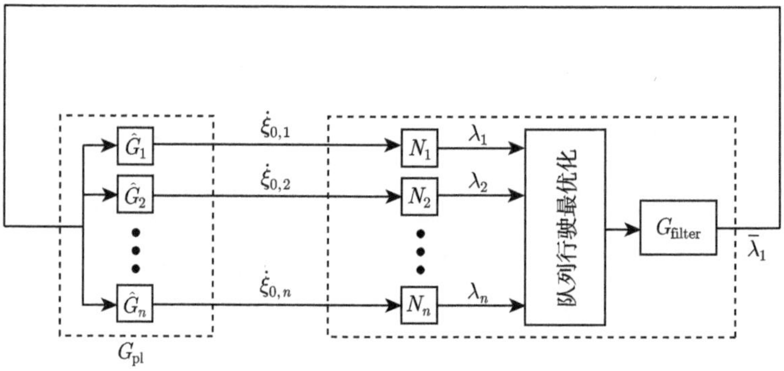

图 10.4　队列行驶控制的闭环系统

如果 $\bar{\lambda}_1(k)$ 不能满足式 (10.15) 的条件, 则由 $\hat{\lambda}_1(k-1)$ 覆盖. $\hat{\lambda}_1(k-1)$ 是在步骤 $k-1$ 中计算得出的, 作为步骤 k 的预测输出信号. 这说明参考信号是不变的. 注意, 此分析主要与实际应用相关, 例如, 当 $\lambda > \dot{\xi}_0$ 时, 即车辆正在加速、在上坡路段前或解除速度限制时.

10.3　仿 真 结 果

本节分析了一条具有真实数据的交通路线. 地形特征和地理信息为德国 A8 公路乌尔姆和斯图加特之间的一段长 90km 的路段信息. A8 公路横跨德国南部的阿尔卑斯山脉, 连接卢森堡和奥地利, 因此它是重要的东西交通路线之一. 对所选路段, 特别有上坡路段的施瓦本区域, 队列行驶的能耗是至关重要的. 本实验使用了可公开访问的最新地理/导航数据库和可视化程序, 例如, 谷歌地球和谷歌地图. 仿真中的队列有四辆成员车, 每辆成员车都是 3500kg 的轻型商用车 (LCV). 公路上建议的最高速度为 130km/h, 但此路段也有速度限制 (例如, 50 或 80km/h). 预测路段的长度范围为 500m, 分为 10 个点.

图 10.5(a) 显示了沿途路段的海拔. 在此仿真中, 比较了两个控制器. 控制器 1 是传统的队列行驶控制器, 忽略了预测的道路信息, 而控制器 2 是建议的队列行驶控制器, 考虑了预测的道路状况, 例如, 坡度和速度限制. 图 10.5(c) 显示了使用控制器 1 的队列其领头车辆和第 4 辆车的速度值. 该控制器可能准确地跟踪预定义的速度限制并且跟踪误差是最小的. 控制器 2 会同时考虑速度限制和道路坡度, 从而根据最优要求来修改速度值, 见图 10.5(d). 例如, 在道路的 31km 处有速度限制, 因此车辆必须减速到 80km/h. 控制器 1 会突然减速, 而控制器 2 会利用道路的附着力以更长久的方式提前减速. 另一实例中, 在道路的 34km 处, 上坡后有下坡路段. 之所以控制器 2 在到达路段顶部之前就降低了速度, 是因为车辆将在下坡时加速. 领头车辆和第 4 辆车的纵向控制力如图 10.5(e) 和图 10.5(f) 所示. 在传统的队

列行驶控制系统中, 通常需要极大的力、极精确地按照预设速度行驶, 并且存在信号突变. 所提出的方法根据道路坡度和速度限制来提前计算纵向力, 因此卡车能够以较小的驱动力沿道路行进.

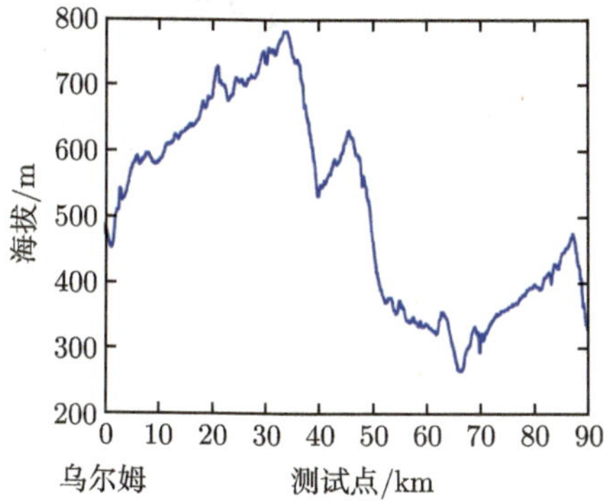

(a) 海拔

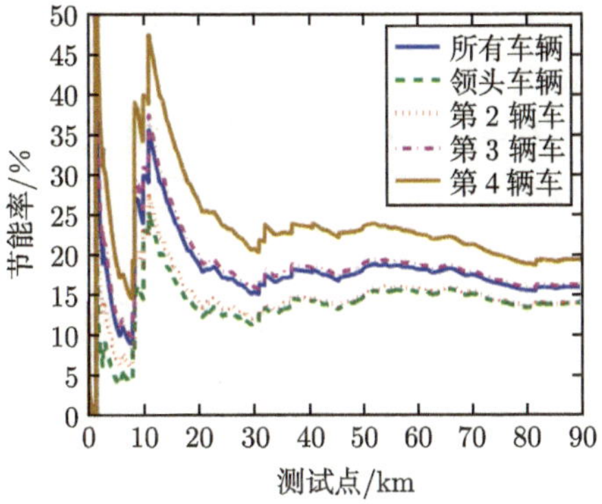

(b) 队列行驶节省的能源

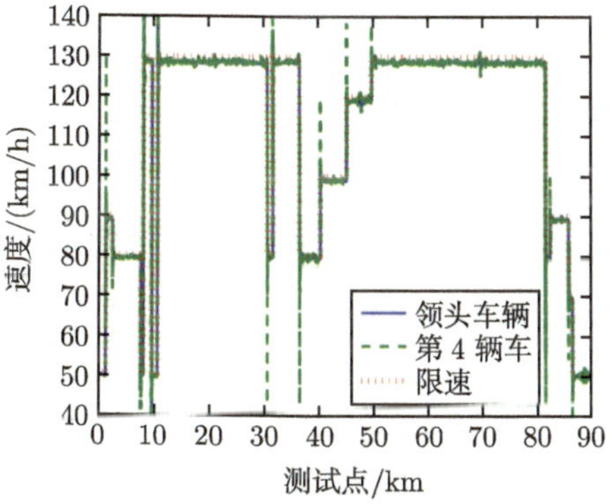

(c) 使用控制器 1 的速度

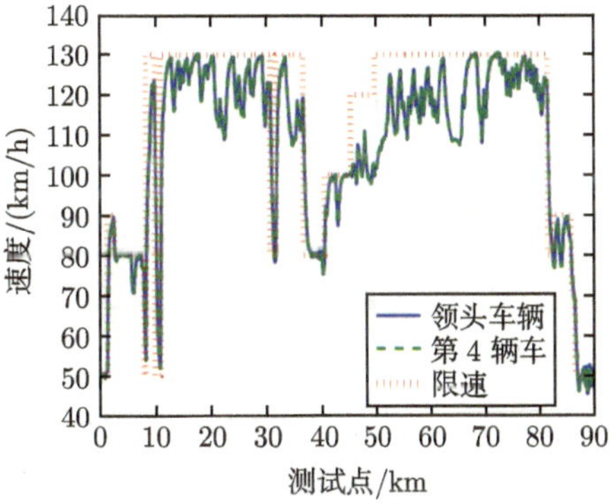

(d) 使用控制器 2 的速度

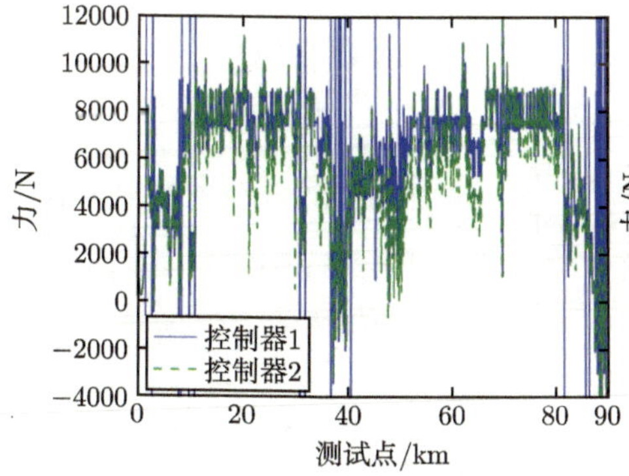

(e) 领头车辆的纵向力

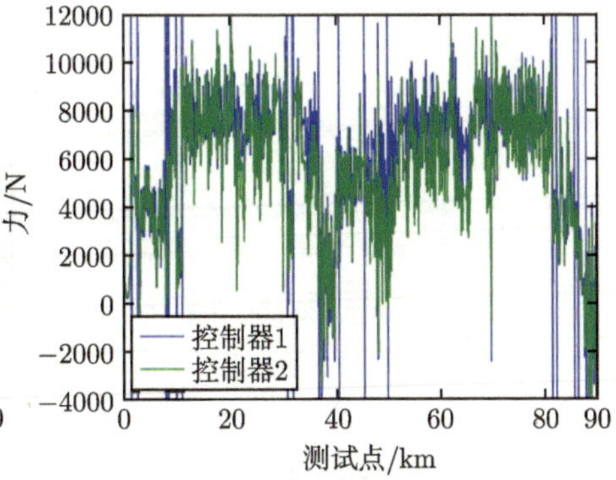

(f) 第 4 辆车的纵向力

图 10.5 真实数据公路仿真

由于预测了道路状况, 所提出的控制方法在行程期间所需要的能量更少, 见图

10.5(b). 结果表明, 队列行驶中节约的能源是各不相同的, 领头车辆节约了 14%, 而对于第 4 辆车, 则节约了约 20%. 队列行驶的整体节能达 16%, 其中制动节能 88%而动力总成驱动节能 12%. 燃料消耗量也可以使用以下简单等式来计算: $V = E/(\eta L_h \rho_{\text{fuel}})$, 其中 E 是控制能耗, η 是传动系统的效率, L_h 是热值, ρ_{fuel} 是汽油的密度. 此近似得出在 90km 长的路段中, 整个队列行驶的燃料消耗量减少了 5.9t. 由于在此方法中车辆速度可能低于给定路段允许的最大速度, 并且加速/减速比传统方法更加缓慢, 即预期行程时间会更长. 但是, 时间差异仅为 2min. 因此行程时间增加了 3.9%.

利用式 (10.15) 分析队列行驶系统的稳定性, 需要识别系统 N_j, 参见式 (10.12) 和图 10.4.

传递函数 N_j 表示为

$$N_j = \frac{B_j(q)}{A_j(q)} = \frac{1 + b_1 q^{-1} + b_2 q^{-2}}{1 + a_1 q^{-1} + a_2 q^{-2}}. \tag{10.16}$$

其中, a_1, a_2, b_1 和 b_2 是识别而得的参数. $\dot{\xi}_{0,j}$ 和 λ_j 在车辆巡航过程中会变化, 因此必须不断识别参数. 例如, 传递函数 N_1 和 N_2 的参数值如图 10.6 所示.

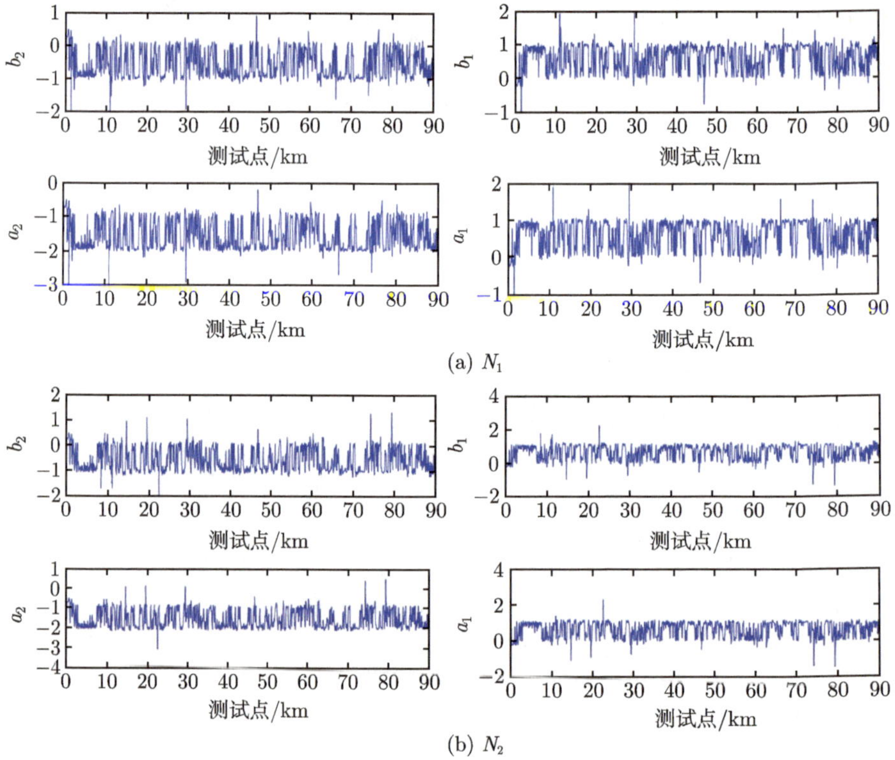

图 10.6　传递函数 N_j 的参数

通过传递函数 N_j, 可用范数标准来分析队列行驶系统的鲁棒稳定性, 参见式 (10.15). 在此实例中, 图 10.7 给出了计算所得的封闭队列行驶系统的范数. 此范数的取值均在临界 L1 级标准以下, 利用小增益定理保证了系统的稳定性. 此实例表明, 所提出的方法能够通过预测巡航控制来节约能源.

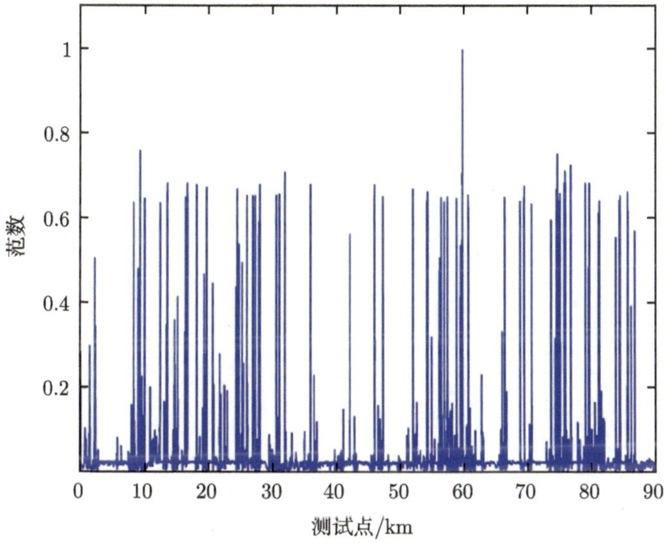

图 10.7 队列行驶的稳定性范数

参 考 文 献

Alvarez L, Horowitz R (1999) Safe platooning in automated highway systems part I: safety regions design; part II: velocity tracking controller. Veh Syst Dyn 32(1): 23-84

Deutschle S, Kessler G, Hakenberg M, Abel D (2010) The konvoi project: development and investigation of truck plaoons on highways. FISITA Congress, Budapest

Larburu M, Sanchez J (2010) Safe road trains for environment: human factor aspects in dual mode transport systems. In: 17th world congress on intelligent transport systems, Busan, Korea

Ljung L (1999) System identification: theory for the user. Prentice Hall

Rödönyi G, Gáspár P Bokor J, Aradi S, Hankovszki Z, R Kovacs LP (2012) Guaranteed peaks of spacing errors in an experimental vehicle string. In: 17th IFAC symposium on robust control design, Aalbord, Denmark

Shaw E, Hedrick J (2007) String stability analysis for heterogeneous vehicle strings. In: American control conference, pp 3118-3125

Sitavancova Z, Hajek M (2010) Promote-chauffeur: intelligent transport systems. EU Mobility and Transport

Swaroop D, Hedrick J (1996) String stability of interconnected systems. IEEE Trans Autom Control 41: 349-357

Zhou K, Doyle J, Glover K (1996) Robust and optimal control. Prentice Hall

第 11 章　预测巡航控制的仿真与验证

11.1　车辆模拟器的架构

本章介绍了预测巡航控制系统的开发、测试和实施过程. 在预测控制系统的开发过程中, 基于高精度车辆仿真软件构建了实时车辆模拟器 (Mihály et al., 2017). 因此, 可以在不使用原型车的情况下针对不同场景测试所设计的嵌入式控制系统. 为验证控制算法, 本章进行了软件在环 (SIL) 和硬件在环 (HIL) 仿真. 这些方法已被汽车公司广泛采用 (Bringmann and Krämer, 2008; Vandi et al., 2014). 例如, 在文献 (Gietelink et al., 2006; Deng et al., 2006) 中, 基于 HIL 平台改进了驾驶员辅助系统和自动驾驶系统. 所开发的实时 HIL 车辆模拟器已经用于多种用途. 除了预测算法的实时测试和微调外, 还可以协调在不同硬件和软件单元上开发的控制系统, 并在开发过程结束时在一辆测试卡车上正常运行.

在预测巡航控制器的开发阶段, 为进行实时测试, 于 TruckSim 中构建了车辆模拟器. 测试时, 用这些真实数据模拟器来代替昂贵且耗时的实物测试装置, 使得开发过程的效率大大提高.

含有 HIL 环境元素的车辆模拟器的完整架构如图 11.1 所示. 图中, 模拟器模块代表驾驶员环境, 包括代表车辆的硬件组件: 驾驶员座椅、力反馈方向盘、制动、离合器、油门踏板、变速箱和控制按钮. 用实时版本的 TruckSim 实现车辆动力学和图形可视化, 驾驶员视线投射在驾驶员前方. 因此, 基于实时车辆模拟器生成的视频和音频使得测试驾驶员可以干预车辆行驶. 注意, 表示车辆实际位置的模拟 GPS 信号会发送到地图模块, 而测量的车辆动态信号 (速度和加速度) 会发送到正在运行预测控制算法的最优化模块.

地图模块的作用是为预测控制算法提供前方道路信息, 从而了解仿真车辆的实际 GPS 位置, 因此, 对于预设的预测距离, 会从谷歌地图下载地形特征和速度限制数据. 然后, 将这些包含预测路段点的道路信息数据 (坡度角和速度限制) 发送到最优化模块.

根据测得的仿真车辆信号 (加速度和速度) 和地图模块提供的预测道路数据, 最优化模块会求解数值方程并计算出车辆的能耗最优速度. 因此, 如果驾驶员在驾驶模拟器时启动预测控制器, 在仿真模块中, 能耗最优速度会作为 PID 速度控制器的参考速度给出.

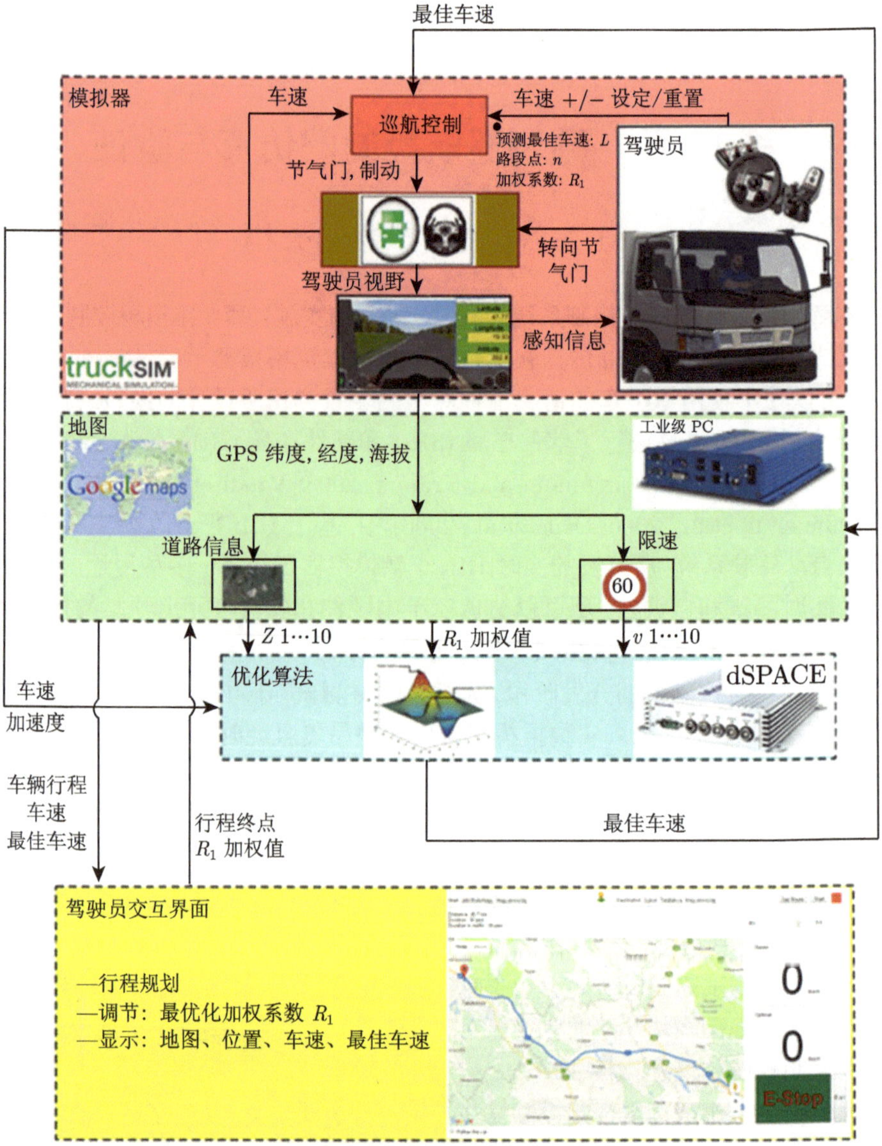

图 11.1 模拟器流程图

驾驶员界面模块用于实现测试驾驶员和控制系统之间的双向通信. 因此, 驾驶员可使用平板电脑来选择目的地并设定能耗最优化权重 R_1 的值. 此界面向驾驶员显示行程相关的重要信息, 例如, 地图上当前车辆的位置、预计行驶时间、当前速度和计算出的最优速度.

仿真环境为基于 TruckSim 的实时版本, TruckSim 是高保真车辆模拟器, 包括经过验证的重型车辆模型. 因此, 车辆的动力学特性是通过运用发动机、传动系统、制动系统等复杂模型来计算的. MATLAB/Simulink 模型文件包括 S-函数模块, 它从 TruckSim 接收文件包, 该文件包中有关于所选车辆和道路的相关参数以及交通环境数据. 在实时仿真过程中, TruckSim 会调用此 S-函数模块, 还会生成车辆运动的动画. 模拟器模块中设置了仿真环境, 其详细信息如图 11.2 所示.

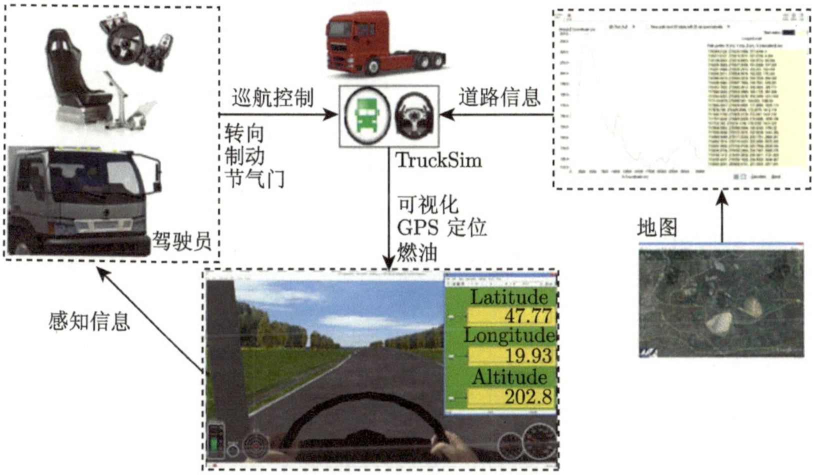

图 11.2 使用 TruckSim 进行实时仿真

请注意, 在 TruckSim 中基于谷歌地图数据库预设了地形特征、速度限制和道路曲率等道路信息. 坐在模拟器座椅中的驾驶员可以根据自己的视听感选择不同的驾驶模式, 从而产生不同的输入.

为了实现巡航控制功能, 必须创建具有适当线性化的简化车辆模型, 以对车辆进行纵向控制. 此处设计了一种 PI 速度控制器, 并采用反馈线性化技术对其进行调优, 从而用所测得的特性计算出车辆动态的强非线性成分 (空气阻力、坡度阻力、滚动阻力), 并将其用于控制器驱动数值中. 此方法的优点在于, 通过分离可近似的非线性值, 可以使用简单的线性 PI 调节器来控制非线性系统. 速度控制器计算纵向力从而调节发动机节气位置和车辆主缸的压力. 这些纵向力是由发动机和制动系统产生的.

针对仿真车辆的纵向控制问题, 引入了简化的车辆模型. PI 速度控制器的输出为正或负的纵向力, 所以下层控制器必须控制相应的物理执行器 (图 2.9). 因此, 为了设置所需的加速度, 必须调节发动机的节气门角度, 而为了实现制动, 必须设置制动压力. 故通过围绕操作点将车辆模型线性化, 可以精确地定义执行器输入以实现根据速度控制器的参考纵向力给出的期望加速度.

在 PI 控制设计过程中, 应用了反馈线性化方法. 因此, 可用测得的数据来计算车辆动态的高度非线性成分 (气动阻力、道路坡度阻力、滚动阻力), 并将其添加到速度控制器提供的阻力中. 此方法的优点在于, 通过分离计算得出的非线性值, 可以针对高度非线性系统设计出简单的线性 PID 控制器. 在 MATLAB/Simulink 中创建了反馈线性化 PI 速度控制器和车辆模型, 并将它们连接到 TruckSim 环境 (图 11.3). 为预设的丘陵路线提供了参考速度信号的跃变信号.

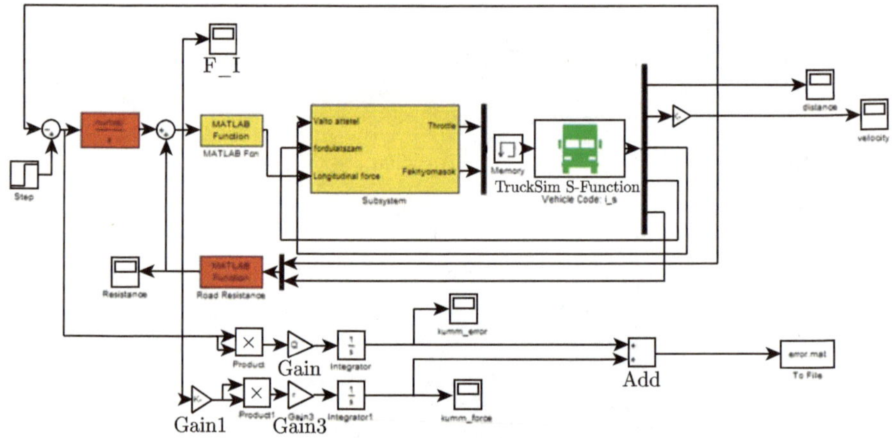

图 11.3　速度控制器设计

模拟器实现了两种驾驶模式, 可以通过按下方向盘上相应的按钮进行选择. 首先, 按下转向按钮即可启动所设计的传统巡航控制, 使车辆按照驾驶员设定的参考速度行驶, 见图 11.4(a). 此外, 通过按下左/右方向盘按钮, 能够以 1km/h 的间隔改变此参考速度. 注意, 在此驾驶模式下, 驾驶员仅需要进行转向操纵.

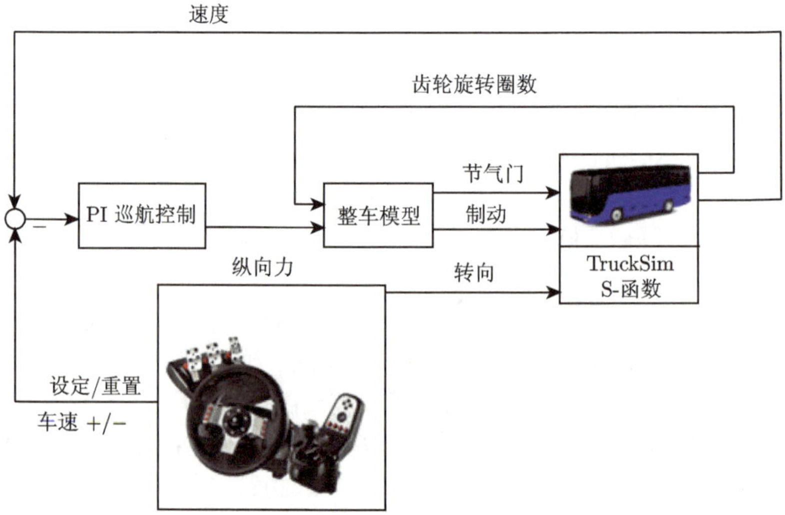

(a) 传统巡航控制模式

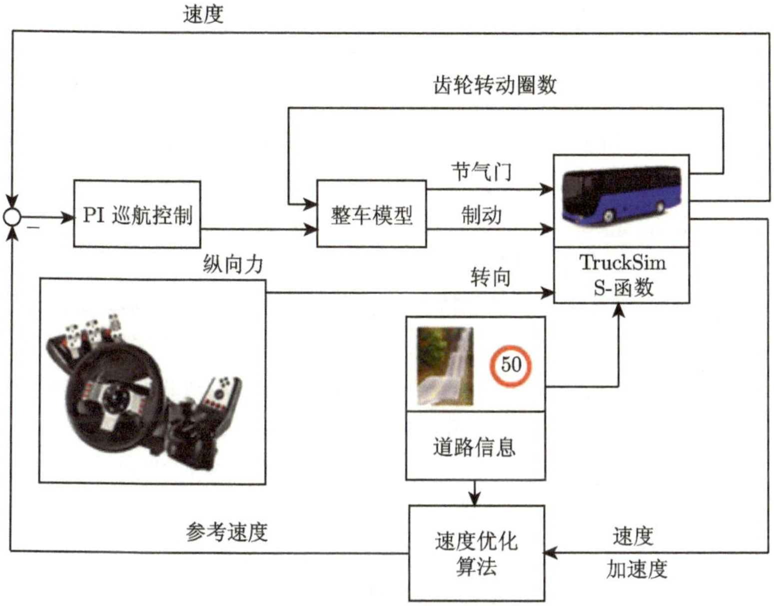

(b) 预测巡航控制模式

图 11.4 模拟器驾驶模式

其次, 使用方向盘上的另一个按钮可以启动本书所提出的预测巡航控制器. 如果选择了此驾驶模式, 则重型车辆会按照最佳速度剖面行驶, 见图 11.4(b). 进一步地, 为了调整所提出的巡航控制算法并分析车辆行驶情况, 可以使用变速箱控制台上的按钮来改变三个参数. 预测水平距离 $L \in [0, 5000]$ 可以按 500m 的间隔进行调整, 路段点的数量 $n \in [10, 100]$ 可以按 10 步进行修改, 而权重参数 $R_1 \in [0, 1]$ 可以按 0.1 步进行更改, 此参数负责在能耗最优操作和行程时间之间建立平衡. 注意, 与传统巡航控制模式类似, 驾驶员仅需要进行转向操纵, 而 PI 速度控制器的参考速度由最优化算法给出.

11.2 巡航控制在实际卡车上的实现

采用增量方式评估所提出的预测巡航控制系统执行情况. 首先, 在 TruckSim 和 MATLAB/Simulink 仿真环境中建立车辆本身和控制系统的仿真模型. 在设计阶段, 无需考虑环境影响或可行性问题, 可以轻松对预测控制和车速控制器进行调优. 注意, 本次仿真研究了各种因素的影响. 这些因素包括车辆传感器的分辨率和噪声、系统的量化、执行器的动态或通信系统的延迟. 接下来, 在对算法进行功能测试后, 进一步开发系统使其实现接近实车的实际控制系统的操作. 为此, 创建了

硬件在环 (HIL) 仿真环境. 其中, 车辆动态仿真和控制系统在物理上是分离的. 虽然系统在此阶段仍然在仿真环境中运行, 但其中的控制系统无需更改任何硬件或软件即可应用于一台实际车辆.

要安装的车载实际控制系统的架构如图 11.5 所示. MicroAutoBox Ⅱ车载电脑是通过 CAN 连接到车辆上的, 并能够通过定制开发的巡航控制系统来控制车速. 请注意, 提出的预测算法是在 MicroAutoBox Ⅱ以及巡航控制系统上运行的. 此车载电脑还通过 RS-232 接口连接到第二台工业车载计算机上, 此车载计算机用于存储或查询在线地图和其他数据库, 通过 GSM 移动互联网连接的无线通信单元来实现. 第二台车载电脑负责接收来自 GNSS 接收器的数据, 并将数据传输给 MicroAutoBox Ⅱ以完成预测算法求解. 其无线通信单元负责通过 WIFI 网络与平板电脑通信, 平板电脑可以实现显示, 并作为用户界面.

在 HIL 环境中, 车辆动态是在 TruckSim 环境中模拟出来的, 此环境还会为工业计算机生成虚拟 GPS 信号 (经度、纬度、海拔). 注意, 实际车辆中, GNSS 接收器的协议是在模拟车辆动态的台式计算机上进行仿真的. 其中, 台式计算机使用内置于此台式计算机的 Vector CANCase 卡和 MicroAutoBox Ⅱ的 CAN 接口, 通过 CAN 通信将仿真的速度和加速度数据传输给 MicroAutoBox Ⅱ. 工业车载计算机通过以太网和 WIFI 路由器连接到互联网数据库 (谷歌地图), 并将预测的道路信息发送给 MicroAutoBox Ⅱ. 通过 WIFI 通信将实际最优车速和计算出的最优车速以及车辆的路线图和当前位置发送到平板电脑的应用程序上. MicroAutoBox Ⅱ中实现的预测算法计算出的最优速度会通过 CAN 通信发送给 TruckSim. 因此, 在 HIL 环境中, 控制系统的结构适用于实际车辆的结构, 只是物理上缺少适用于车辆运动状态的传感器和物理接口. 开发的 HIL 系统的属性可以确保在 HIL 仿真中运行的硬件和软件组件在实际车载车辆上保持不变. 给出的 HIL 控制架构的每个部分都有不同的功能, 见图 11.6.

MATLAB/Simulink 环境适用于开发 MicroAutoBox Ⅱ计算机程序. 在生成的架构中, 开发环境会生成设备可以运行的程序代码, 并在开机后立即下载到设备中. 软件的基本任务是运行最优化程序, 并确定给定路线点的最优参考速度. MATLAB/Simulink 模型包括三个主要部分: 接收模块、处理模块和传输模块. 模型的接收模块负责接收 CAN 网络上的信息. 这些信息来自模拟器, 主要有车辆的当前位置、速度和加速度, 以及最优化算法的三个调优参数 (L, R_1, n). 处理模块负责确定最优参考速度. 注意, 确定最优参考速度所需的海拔和速度限制数据可以从工业车载计算机获取.

计算得出的参考速度会通过 CAN 消息中的加权模块发送到模拟器, 模拟器会利用它来调整车速. 传输模块将车辆的当前速度和计算出的队列线路上的参考速度传输给工业车载计算机. 为运行预测巡航控制系统, 需要定义一条计划路线. 驾驶员使用平板电脑界面选择目的地后, 系统会通过谷歌地图 API 来检索路线, 然后将编码的路线点加载到中央框架软件中.

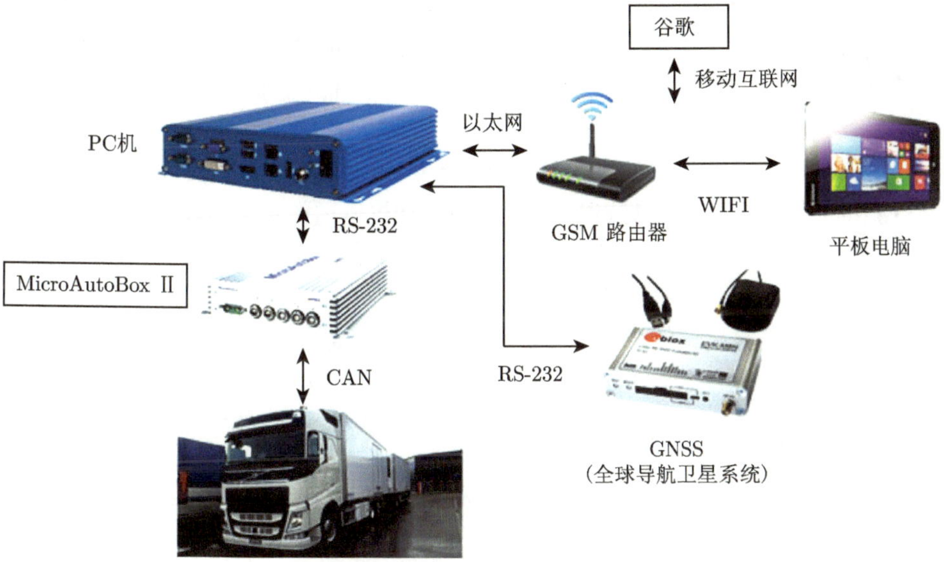

图 11.5 控制系统的架构

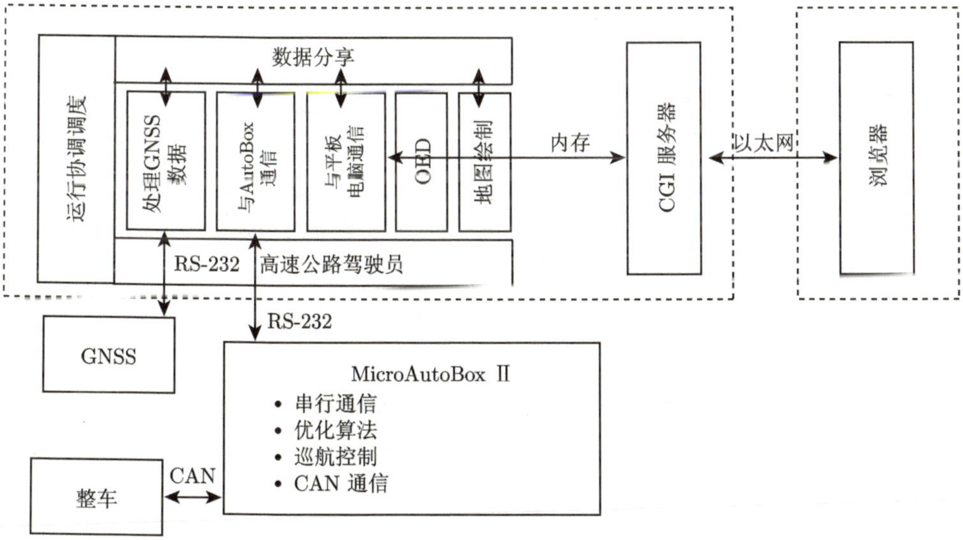

图 11.6 不同控制系统组件的任务

适用于驾驶员的界面是基于 Web 应用程序的, 可以在浏览器中查看. 通过此界面, 驾驶员可以选择路线并启动或停止系统. 在行驶过程中, 平板电脑屏幕上会显示当前位置、车速以及预测控制系统推荐的最优速度. 除了最必要的信息外, 地图上还会显示当地目前的天气.

此开发的主要目标是创建完全代表真实环境的 HIL 仿真架构, 以便将所开发的系统移植到实际车辆中. 带有预测速度控制算法的硬件元件已安装在测试用卡车的驾驶舱内. 车载系统包括 MicroAutBox II 计算机、工业车载计算机、GNSS 系统和平板电脑.

与卡车车载管理系统的连接是通过 CAN 网络实现的. 由此, 可以提取车辆传感器测得的数据, 并且可以获得 ECU 控制发动机所需的牵引力和制动系统的减速指令. 此外, 由于无法干预卡车的巡航控制系统, MicroAutoBox II 计算机上生成的软件还配有定制设计的速度控制算法.

为了评估实验测试的结果并验证预测方法的有效性, 需要测量测试车辆的燃料消耗量. 此消耗量是通过另一 CAN 通道直接从车辆的 CAN 网络接收数据的.

对预测控制系统进行测试, 实验中使用的测试车辆是一台三轴卡车. 载货卡车总质量设定为 16t, 功率为 324kW, 整车尺寸为长 9.3m、宽 2.5m、高 3.7m.

对于实际卡车而言, 必须通过真实的物理执行器确保跟踪车辆是否按照计算出的能耗最优速度剖面行驶. 实验验证过程中, 用到了卡车的动力传动管理系统和制动控制系统. 这就需要所设计的巡航控制系统, 其输出为减速时用于制动控制信号的减速指令及用于动力传动管理系统的扭矩控制指令. 执行减速控制信号时, 制动控制会在车轮的制动室上产生必要的气压. 此外, 动力传动管理系统会控制发动机节气门和卡车的变速器来保证实现所需的扭矩控制.

在预测巡航控制的验证过程中, 设计了 PI 控制器来计算出减速和扭矩控制指令 (Rajamani, 2005). 控制策略分为两层, 即上层控制器和下层控制器. 设计上层控制器的目的是根据参考速度信号计算车辆所需的加速度. 此外, 设计下层控制器的目的是根据所需的加速度信号生成动力传动管理系统的扭矩命令输入.

上层控制器采用了 PI 结构, 如

$$C(s) = k_p + \frac{k_i}{s}, \tag{11.1}$$

其中, k_p 是比例增益, k_i 是积分增益. 请求的跟踪功能采用了简化形式, 例如

$$P(s) = \frac{1}{s(\tau s + 1)}, \tag{11.2}$$

其中, τ 是与纵向车辆动态相关的时间常数. 通常, 此参数约为 $\tau = 0.5\text{s}$. 控制器的输出是所需的加速度 $\ddot{\xi}_{\text{des}}$, 而其输入是速度跟踪误差 $\lambda - \dot{\xi}$. 如果 $\ddot{\xi} \leqslant 0$, 那么 $\ddot{\xi}_{\text{des}}$ 为制动控制的输入; 如果 $\ddot{\xi}_{\text{des}} > 0$, 则必须通过下层控制器将它转换为传动系统的输入信号.

对于下层控制器而言, 必须计算出传动系统的扭矩控制指令. 由于传动系统动力学中有若干非线性且不确定的参数, 因此传动系统扭矩是根据简化模型来确定的. 车辆的纵向牵引力可表示为

$$F_l = m\ddot{\xi}_{\text{des}} + F_r + F_{\text{aer}} + G_x, \tag{11.3}$$

如第 2 章所述, 见式 (2.1) 和式 (2.3). 使用式 (2.4)—式 (2.6), 此牵引力可表示为

$$F_l = m\ddot{\xi}_{\text{des}} + F_z f_0(1 + \kappa\dot{\xi}^2) + 0.5C_w\rho A_0\dot{\xi}_{\text{rel}}^2 + mg\sin\alpha. \tag{11.4}$$

然后, 所需的纵向力 F_l 必须转换成传动系统输出轴的扭矩. 车轮动力学关系式为

$$\begin{aligned} I_w\dot{\omega}_w &= \frac{\ddot{\xi}_{\text{des}}}{r_{\text{eff}}}I_w = T_w - r_{\text{eff}}F_l \\ &= T_w - r_{\text{eff}}(m\ddot{\xi}_{\text{des}} + F_z f_0(1 + \kappa\dot{\xi}^2) + 0.5C_w\rho A_0\dot{\xi}_{\text{rel}}^2 + mg\sin\alpha), \end{aligned} \tag{11.5}$$

式中, I_w 为车轮惯性, $\dot{\omega}_w$ 为车轮加速度, r_{eff} 为有效半径, T_w 为车轮上的扭矩. 传动系统的车轮和输出轴之间的关系是由最终传动比 R 确定的. 因此, 传动系统输出轴的角速度为

$$\omega_{\text{dr}} = \frac{\omega_w}{R} \tag{11.6}$$

且传动系统的输出扭矩 $T_{\text{dr}} = RT_w$ 为

$$T_{\text{dr}} = \frac{R\ddot{\xi}_{\text{des}}}{r_{\text{eff}}}I_w + Rr_{\text{eff}}(m\ddot{\xi}_{\text{des}} + F_z f_0(1 + \kappa\dot{\xi}^2) + 0.5C_w\rho A_0\dot{\xi}_{\text{rel}}^2 + mg\sin\alpha). \tag{11.7}$$

在调节速度控制器期间, 车载电脑上会显示测试用卡车的各种参数. 通过这种方式, 可以查看卡车的速度剖面、所需电动机扭矩及实际的电动机扭矩. 在调节速度控制器后, 确定了所选择的道路测试路线和时间表.

实验结果

为了测试给出的预测巡航控制算法, 本实验选择了匈牙利 M1 公路陶陶巴尼奥和布达佩斯之间一段 50km 长的路段. 选择这个路段是因为该路段常用于货物运输, 并且地形多样, 有多个上坡和下坡路段.

由于未考虑测量时卡车的其他速度限制, 此卡车在整个路线上的参考速度为 80km/h. 因此, 值得注意的是, 燃料消耗量的差异仅仅是采用不同的方式利用地形特征而带来的结果. 这些测试都是在深夜进行的, 因此交通情况不会影响所述控制系统的运行. 测试过程保存了以下数据: GPS 位置 (经度、纬度、海拔)、基于 GNSS 接收器的当前速度、基于车轮速度的当前速度、参考速度、燃料消耗量.

将所获得的预测控制算法的结果与经验丰富的卡车驾驶员驾驶的结果进行比较. 驾驶员以自己的驾驶方式行驶, 不使用任何巡航控制系统, 因此油门和制动踏板都是人工操作的. 基于 TruckSim 环境进行了初步的车辆仿真测试, 将预测距离设置为 $L = 2000\text{m}$, 设有 $n = 20$ 个路段点, 算法测试过程仅改变了最优化权重 R_1. 使用不同的权重 R_1 进行了多次行驶测试, 并将结果与卡车驾驶员的结果进行了对比.

图 11.7 给出了一次测试的比较结果, 比较数据有海拔、驾驶员的速度、实际设计速度和燃料消耗量等. 在分析中, 将卡车由预测巡航控制设计得到的实际速度与驾驶员的速度进行了比较, 同时测得了两种情况下的燃料消耗量. 选择最佳权

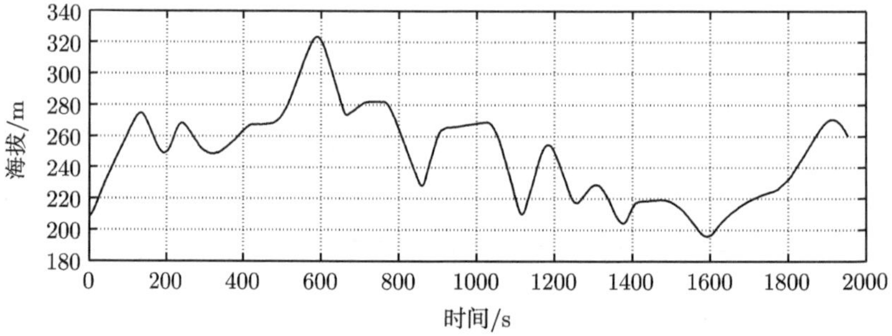

(a) 海拔

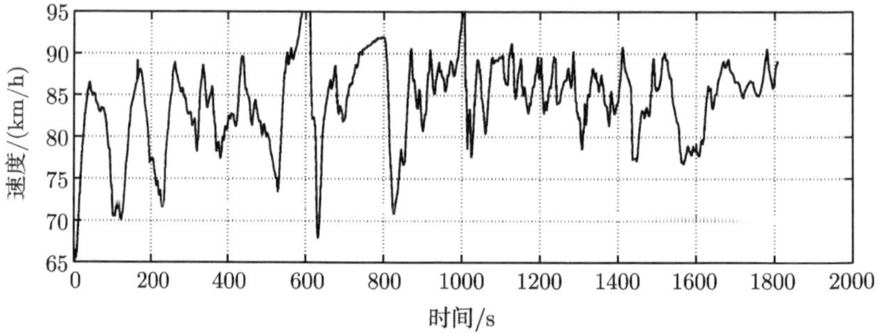

(b) 传动器速度

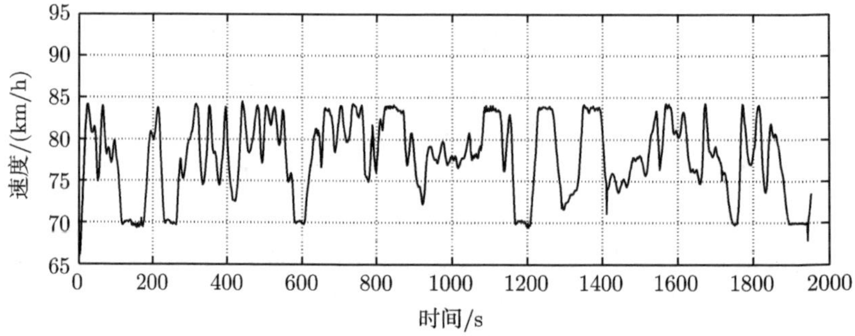

(c) 实现的设计速度

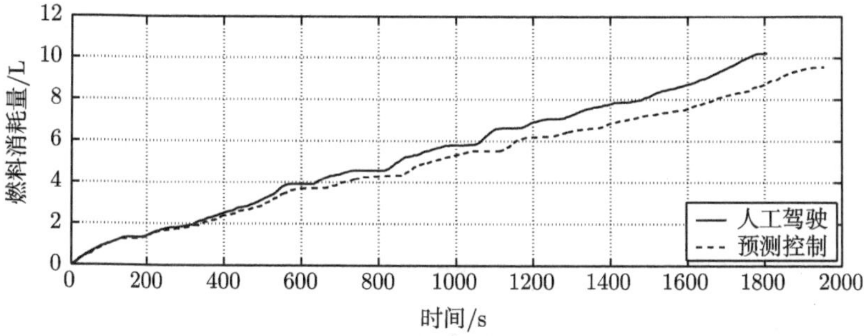

(d) 燃料消耗量

图 11.7 陶陶巴尼奥–布达佩斯道路的测试结果

重 $R_1 = 0.85$ 的情况. 根据图 11.7(c) 所示, 所设计的速度和实际的速度都在 80km/h 左右变化, 满足卡车的速度限制要求. 如图 11.7(b) 所示, 当驾驶员驾驶普通车辆时, 车速的变化范围更大. 结果表明, 驾驶员没有准确地保持在所要求的 80km/h 速度限制范围内, 受测驾驶员经常超出或低于该限速要求. 整个行程在 1807s 内完成, 而卡车的燃料消耗量为 10.23L. 这些指标作为设计方法的基准要求, 使用多个参数设置进行了测试. 行程在 1944s 内完成, 燃料消耗量为 9.37L. 由此可见, 利用所提出的具有上述参数设置的预测控制系统, 燃料消耗量减少了 8.4%.

参 考 文 献

Bringmann E, Krämer A (2008) Model-based testing of automotive systems. In: IEEE international conference on software testing, verification, and validation, pp 485-493

Deng W, Lee Y, Zhao A (2006) Hardware-in-the-loop simulation for autonomous driving. In: 2008 IECON 34th annual conference of IEEE industrial electronics, pp 1742-1747

Gietelink O, Ploeg J, Schutter BD, Verhaegen M (2006) Development of advanced driver assistance systems with vehicle hardware-in-the-loop simulations. Veh Syst Dyn 44(7): 569-590

Mihály A, Baranyi M, Németh B, Gáspár P (2017) Tuning of look-ahead cruise control in hil vehicle simulator. Period Polytech Transp Eng 45: 157-161

Rajamani R (2005) Vehicle dynamics and control.Springer

Vandi G, Cavina N, Corti E, Mancini G, Moro D, Ponti F, Ravaglioli V (2014) Development of a software in the loop environment for automotive powertrain systems.Energy Procedia. In: ATI 2013-68th conference of the Italian thermal machines engineering association 45:789-798

附录 A　基于模型的 LPV 鲁棒控制设计概述

A.1　LPV 系统的控制导向型建模

在基于模型的分析与综合中, 通常会用到 LPV(线性变参数) 模型结构. 在 LPV 模型的状态空间表达式中, 系统矩阵 $A(\rho)$, $B_1(\rho)$ 和 $B_2(\rho)$ 含有调度变量 ρ:

$$\dot{x} = A(\rho)x + B_1(\rho)d + B_2(\rho)u, \tag{A.1}$$

式中, x 为状态变量的向量, d 为干扰项, u 为控制输入. 注意, 如果 ρ 为常数, 则可得到 LTI (线性时不变) 模型结构:

$$\dot{x} = Ax + B_1 d + B_2 u, \tag{A.2}$$

式中, A, B_1 和 B_2 为常数矩阵. 此外, 如果 $\rho = \rho(x)$ 取决于状态变量, 则可得到 qLPV(拟线性变参数) 模型结构. 需强调的是, LPV 和 qLPV 模型都能够处理不确定性和非线性问题.

基于可用某种形式重写受控对象的特点, 完成 LPV 建模, 其中可以通过适当定义调度变量来隐藏非线性项 (Shamma and Athans, 1991; Rough and Shamma, 2000). LPV 模型的优势在于, 在整个运作间隔内可定义非线性系统, 并且可使用完善的线性系统理论来分析和设计非线性系统. 调度变量是直接测得的, 或者可以使用测得的 (或估计的) 信号计算得出. LPV 模型表达式不是唯一的, 并且根据预期的调度变量确定合适的表达式并不是一项简单的任务. 注意, 典型的线性化过程会得到线性模型, 它仅在均衡点处有效.

在控制设计中, 使用性能方程 z 和测量信号方程 y 对状态空间方程进行了增广.

$$z = C_1(\rho)x + D_{11}(\rho)d + D_{12}(\rho)u, \tag{A.3}$$

$$y = C_2(\rho)x + D_{21}(\rho)d + D_{22}(\rho)u, \tag{A.4}$$

式中, C_1, C_2, D_{11}, D_{12}, D_{21} 和 D_{22} 是参数依赖矩阵.

构造闭环互连结构时, 设计了加权函数建立性能规范之间的平衡. 可以将这些函数看作惩罚函数, 即权重应在需要小信号的频率范围内取较大值, 而在可以容忍较大性输出的频率范围内取较小值. 此外, 加权函数可用于反映一些对执行器和输入/输出信号的限制.

受控对象及其模型之间的偏差是通过不确定性结构来描述的, 用 Δ 表示. 由此会得出 $P-\Delta$ 结构, 其中 P 是模型, 且将加权函数 W_p 应用于性能描述中. 将未知但有界的摄动连接到受控对象, 建立非结构化不确定性 Δ_m 的模型. 这类不确定性结构几乎不需要什么信息, 只需要连接的界限和类型即可. 当受控对象受到多次扰动时, 会产生结构化不确定性. 当受控对象包含大量不确定参数或多个非结构化不确定性时, 会出现多次扰动. 实际上, 许多系统都有参数不确定性 Δ_r, 这些不确定性是由系统的运行间隔定义的.

$P-\Delta$ 结构的详细描述如图 A.1(a) 所示, 其紧致形式如图 A.1(b) 所示. 这些图中还包含外部干扰和噪声, 以及加权函数 W_w 和 W_n.

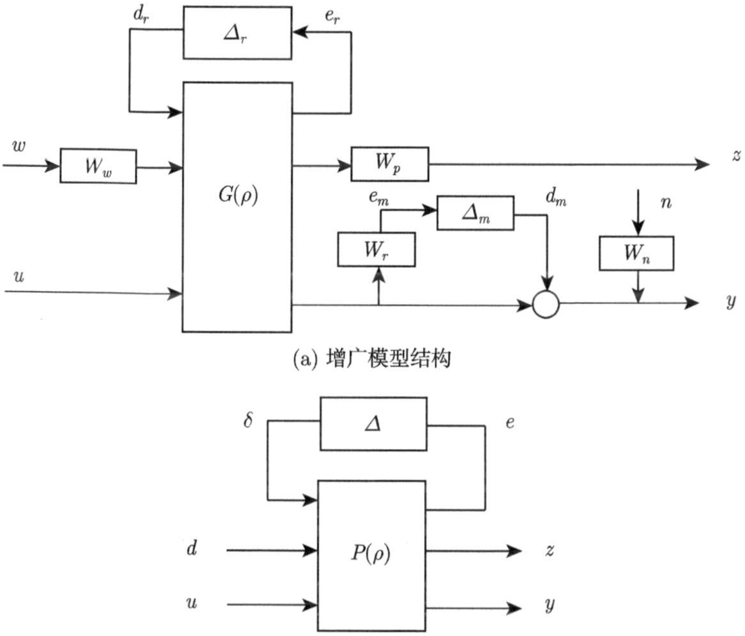

(a) 增广模型结构

(b) P–Δ 结构

图 A.1　$P-\Delta$ 结构以及加权函数

基于所谓的 $P-K-\Delta$ 结构完成此鲁棒控制设计, 其中 K 为控制项. 其结构如图 A.2(a) 所示, 紧致形式如图 A.2(b) 所示. 设计的目的是构造控制项 K, 通过使用测得的信号生成控制输入信号, 并将干扰对性能影响的算子范数保持在预设的 γ 值范围内. 在计算中, 考虑了调度变量 ρ 的 $\mathscr{P}$ 操作范围.

$$\inf_K \sup_{\rho\in\mathscr{P}} \sup_{\|d\|_2\neq 0, d\in\mathscr{L}_2} \frac{\|z\|_2}{\|d\|_2} < \gamma. \tag{A.5}$$

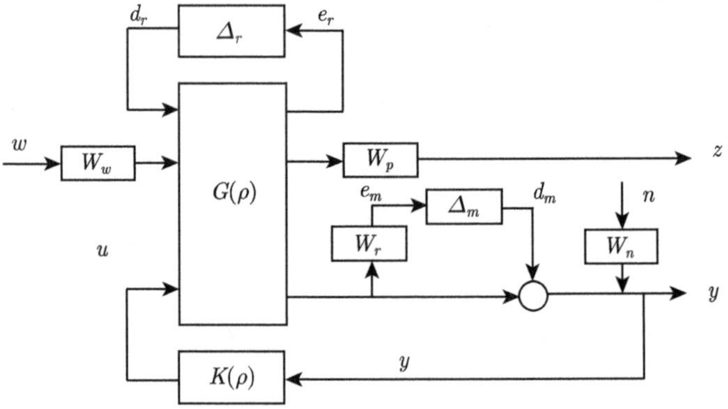

(a) 具有控制的增广模型结构

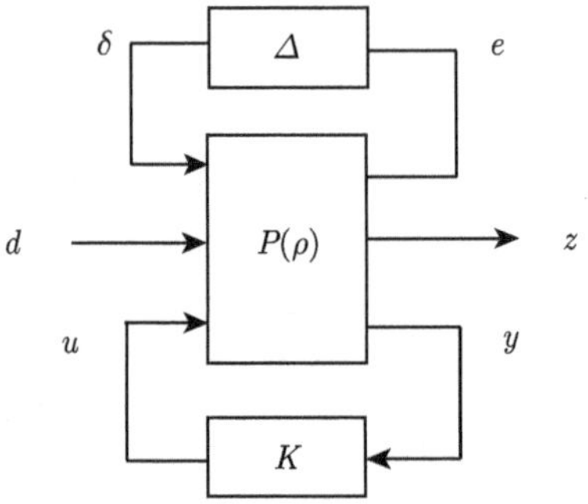

(b) $P-K-\Delta$ 结构

图 A.2 $P-K-\Delta$ 结构以及加权函数和控制 K

A.2 增益调度 $\mathscr{H}_\infty$ 控制器

增益调度 $\mathscr{H}_\infty$ 控制器的理论和实践方法通常会得出基于 LMI 的 $\mathscr{H}_\infty$ 综合 (Apkarian and Gahinet, 1995; Gahinet and Apkarian, 1994; Gahinet and Apkarian, 1996). LPV 系统 P 将外部输入 d 和控制输入 u 映射到控制输出信号 z 和测得的输出信号 y 上, 其状态空间表达式为

$$\dot{x} = Ax + B_1 d + B_2 u, \tag{A.6}$$

$$z = C_1 x + D_{12} u, \tag{A.7}$$

$$y = C_2 x + D_{21} d. \tag{A.8}$$

控制设计问题是为了找到 LPV 控制结构 K, 使得闭环系统对于 $\gamma^2\Theta^{\mathrm{T}}\Theta \leqslant 1$ 的所有参数轨迹而言都是内部稳定的, 并且算子 $T(P,K,\Theta)$ 的诱导范数 $\mathscr{L}_2$ 满足

$$\max_{\|\Theta\|_\infty \leqslant 1/\gamma} \|T(P,K,\Theta)\|_\infty < \gamma, \tag{A.9}$$

式中, γ 是指定的性能级别.

在范数有界不确定性 $\Delta \oplus \Delta$ 的条件下, LPV 问题可以解释为标称线性时不变 (LTI) 受控对象 P_a 的鲁棒性能问题. 不确定性的结构如下：$\Delta = \mathrm{diag}(\theta_1 I_{r1}, \cdots, \theta_k I_{rk})$, 其中每当参数 θ_i 重复时, $r_i > 1$. 考虑与 Δ 相关的正定相似度度量集：

$$L_\Delta = \{L > 0 : L\Theta = \Theta L, \forall \Theta \in \Delta\}. \tag{A.10}$$

已知 L_Δ, 很容易推导出与重复结构 $\Delta \oplus \Delta$ 交换的度量集, 如下所示

$$L_{\Delta\oplus\Delta} = \left\{ \begin{bmatrix} L_1 & L_2 \\ L_2^{\mathrm{T}} & L_3 \end{bmatrix} > 0 : L_1, L_3 \in L_\Delta, L_2\Theta = \Theta L_2, \forall \Theta \in \Delta \right\}. \tag{A.11}$$

从小增益理论来看, 在不确定性 $\Delta \oplus \Delta$ 条件下或增益调度控制器等效存在时, 达到鲁棒性能的充分条件如下.

定理 A.1 (γ-次优增益调度 $\mathscr{H}_\infty$ 控制器) 考虑不确定性结构 Δ 和式 (A.11) 中定义的相关相似度度量集 $L_{\Delta\oplus\Delta}$. 如果存在缩放矩阵 $L \in L_{\Delta\oplus\Delta}$ 和 LT1 控制结构 K, 使得标称闭环系统 $F_\ell(P_a, K)$ 在内部是稳定的并且满足以下不等式

$$\left\| \begin{bmatrix} L^{1/2} & 0 \\ 0 & I \end{bmatrix} F_\ell(P_a, K) \begin{bmatrix} L^{-1/2} & 0 \\ 0 & I \end{bmatrix} \right\|_\infty < \gamma, \tag{A.12}$$

则 $F_\ell(K, \Theta)$ 是 γ-次优增益调度 $\mathscr{H}_\infty$ 控制器 (Apkarian and Gahinet, 1995).

应用于增益调度 $\mathscr{H}_\infty$ 控制器的 LMI 方法, 是基丁定标有界实引理得到的. 定标有界实引理的表达式如下.

定理 A.2 (扩展的有界实引理) 考虑参数结构 Δ, 式 (A.10) 中定义的相关度量集 L_Δ 以及闭环系统. 以下表述是等效的.

(1) A 是稳定的并且存在 $L \in L_\Delta$, 使得

$$\left\| L^{1/2}(D + C(sI - A)^{-1}B)L^{-1/2} \right\|_\infty < \gamma. \tag{A.13}$$

(2) 矩阵不等式存在正定解 P 和 $L \in L_\Delta$

$$\begin{bmatrix} A^{\mathrm{T}}P + PA & PB & C^{\mathrm{T}} \\ B^{\mathrm{T}}P & -\gamma L & D^{\mathrm{T}} \\ C & D & -\gamma L^{-1} \end{bmatrix} < 0. \tag{A.14}$$

参见 Apkarian 和 Gahinet (1995) 的研究论文.

由定理 A.1, 给出了标度 $\mathscr{H}_\infty$ 控制器问题的解. 在以下定理中, 将标度 $\mathscr{H}_\infty$ 问题视为是具有任意不确定结构 Δ 的 LTI 受控对象. 标度 $\mathscr{H}_\infty$ 问题的一般表述如

下：已知 $\gamma > 0$、不确定性结构 Δ 和相关度量集 L_Δ. 寻找 $L \in L_\Delta$ 和 LTI 控制器 K, 使得闭环系统在内部是稳定的, 并且

$$\left\| L^{1/2} F_\ell(G,K) L^{-1/2} \right\|_\infty < \gamma. \tag{A.15}$$

定理 A.3 (标度 $\mathscr{H}_\infty$ 控制器问题的解) 考虑具有不确定性结构 Δ 的受控对象 G 以及相关的度量集 L_Δ. 令 N_X 和 N_Y 分别表示零空间 $(B_2^{\mathrm{T}}, D_{12}^{\mathrm{T}}, 0)$ 和 $(C_2, D_{21}, 0)$ 的正交基. 当且仅当存在对称矩阵 $X, Y \in \mathscr{R}^{n\times n}$ 和 $L, J \in \mathscr{R}^{r\times r}$ 并且 $L \in L_\Delta, J \in J_\Delta$ 满足以下 LMI 系统时, 可得出次优标度 $\mathscr{H}_\infty$ 问题的解：

$$N_X^{\mathrm{T}} \begin{bmatrix} AX + XA^{\mathrm{T}} & XC_1^{\mathrm{T}} & B_1 \\ C_1X & -\gamma J & 0 \\ B_1^{\mathrm{T}} & 0 & -\gamma L \end{bmatrix} N_X < 0, \tag{A.16}$$

$$N_Y^{\mathrm{T}} \begin{bmatrix} A^{\mathrm{T}}Y + YA & YB_1 & C_1^{\mathrm{T}} \\ B_1^{\mathrm{T}}Y & -\gamma L & 0 \\ C_1 & 0 & -\gamma J \end{bmatrix} N_Y < 0, \tag{A.17}$$

$$\begin{bmatrix} X & I \\ I & Y \end{bmatrix} \geqslant 0, \tag{A.18}$$

$$LJ = I. \tag{A.19}$$

参见文献 (Apkarian and Gahinet, 1995).

不等式 (A.16)—(A.18) 是 R, S, L 和 J 中的 LMI 结构模型, 其约束条件 $L \in L_\Delta$ 和 $J \in J_\Delta$ 是凸约束. 然而, 约束式 (A.19) 是强非凸的, 因此不清楚其数值是否易于处理. 幸运的是, 在增益调度 $\mathscr{H}_\infty$ 控制问题中, 非凸约束 $LJ = I$ 消失. 从而可以得到纯 LMI 的充分条件, 因此易于处理. 在增益调度控制设计中使用的定理如下.

定理 A.4 (增益调度 $\mathscr{H}_\infty$ 控制器问题的存在性) 考虑由 LFT 互连结构给出的 LPV 受控对象, 其中 P 是适当的 LTI 受控对象, Θ 是参数运算符. 令 Δ 表示与 Θ 相关的结构集, 并且令 L_Δ 表示相应的缩放矩阵集. 令 N_X 和 N_Y 分别表示零空间 $(B_2^{\mathrm{T}}, D_{\theta 2}^{\mathrm{T}}, D_{12}^{\mathrm{T}}, 0)$ 和 $(C_2, D_{2\theta}, D_{21}, 0)$ 的正交基. 当且仅当存在对称矩阵 $X, Y \in \mathscr{R}^{n\times n}$ 和 $L, J \in \mathscr{R}^{r\times r}$ 并且 $L \in L_\Delta, J \in J_\Delta$ 满足以下 LMI 系统时, 会得出增益调度 $\mathscr{H}_\infty$ 控制问题的解：

$$N_X^{\mathrm{T}} \begin{bmatrix} AX + XA^{\mathrm{T}} & [XC_\theta \quad XC_1] & [B_\theta \quad B_1] \\ \begin{bmatrix} C_\theta X \\ C_1 X \end{bmatrix} & -\gamma \begin{bmatrix} J & 0 \\ 0 & I \end{bmatrix} & \begin{bmatrix} 0 & 0 \\ 0 & 0 \end{bmatrix} \\ \begin{bmatrix} B_\theta \\ B_1 \end{bmatrix} & \begin{bmatrix} 0 & 0 \\ 0 & 0 \end{bmatrix} & -\gamma \begin{bmatrix} L & 0 \\ 0 & I \end{bmatrix} \end{bmatrix} N_X < 0, \tag{A.20}$$

$$N_Y^{\mathrm{T}}\begin{bmatrix} A^{\mathrm{T}}Y+YA & [YB_\theta \quad YB_1] & [C_\theta \quad C_1] \\ \begin{bmatrix} B_\theta Y \\ B_1 Y \end{bmatrix} & -\gamma\begin{bmatrix} L & 0 \\ 0 & I \end{bmatrix} & \begin{bmatrix} 0 & 0 \\ 0 & 0 \end{bmatrix} \\ \begin{bmatrix} C_\theta \\ C_1 \end{bmatrix} & \begin{bmatrix} 0 & 0 \\ 0 & 0 \end{bmatrix} & -\gamma\begin{bmatrix} J & 0 \\ 0 & I \end{bmatrix} \end{bmatrix} N_Y < 0, \tag{A.21}$$

$$\begin{bmatrix} X & I \\ I & Y \end{bmatrix} \geqslant 0, \tag{A.22}$$

$$\begin{bmatrix} L & I \\ I & J \end{bmatrix} \geqslant I. \tag{A.23}$$

参见文献 (Apkarian and Gahinet, 1995).

定理 A.4 提供了使增益调度 $\mathscr{H}_\infty$ 控制器存在的充分条件. Apkarian 和 Gahinet (1995) 提出了一种计算控制器分量的算法. 对于 LMI 系统而言, 将 (X, Y) 称为可行对, 计算可行对是凸最优化问题. 有效的多项式时间算法可用于对此 LMI 可行性问题进行求解 (Nesterov and Nemirovsky, 1993; Nemirovsky and Gahinet, 1994).

A.3 LPV 系统分析

Bokor 和 Balas (2005) 提出保证稳定性和性能需求是控制设计中的核心问题. 我们来看看以下 LPV 系统:

$$\begin{bmatrix} \dot{x} \\ z \end{bmatrix} = \begin{bmatrix} A(\rho) & B(\rho) \\ C(\rho) & D(\rho) \end{bmatrix}\begin{bmatrix} x \\ d \end{bmatrix}. \tag{A.24}$$

实际应用时, 常常会采用基于李雅普诺夫函数 (SLF) 的分析与综合. 在此示例中, 假设调度变量是快速任意变化的. 如果存在二次李雅普诺夫函数 $V(x(t)) = x^{\mathrm{T}}(t)Px(t) > 0$, 使得 $P = P^{\mathrm{T}} > 0$ 不变并且满足以下线性矩阵不等式 (LMI),

$$A^{\mathrm{T}}(\rho)P + PA(\rho) < 0, \quad \forall \rho \in \mathscr{P}, \tag{A.25}$$

则系统满足二次稳定性 (Becker et al., 1993; Scherer et al., 1997). 此系统的性能如下. 如果以下 LMI 中存在常数 $P = P^{\mathrm{T}} > 0$:

$$\begin{bmatrix} A^{\mathrm{T}}(\rho)P + PA(\rho) & PB(\rho) & C^{\mathrm{T}}(\rho) \\ B^{\mathrm{T}}(\rho)P & -\gamma I & D^{\mathrm{T}}(\rho) \\ C^{\mathrm{T}}(\rho) & D(\rho) & -\gamma I \end{bmatrix} < 0, \quad \forall \rho \in \mathscr{P}, \tag{A.26}$$

当零初始条件 $x(0)=0$ 时, 则 LPV 系统的 $\mathscr{L}_2$ 增益小于预定义的 γ.

上述稳定性和性能条件通常会得出保守的解. 而且, 即使对于稳定的系统, 也无法满足数值要求. 为了降低保守性, P 矩阵是选择的参数依赖矩阵, 而不是常数矩阵. 因此, 采用了参数依赖的李雅普诺夫函数 (PDLF). 这样做的意义在于, 当忽略了执行器或信号的带宽时, 会使调度变量的变化速率不受限, 而这是不可能的. 如果假设 ρ 上的速率是有界的, 则得到保守性较低的结果, 即 $|\dot{\rho}_i| \leqslant \beta_i,\ i \in \{1,\cdots,s\}$.

具有参数依赖调度变量的 LPV 系统如下

$$\begin{bmatrix} \dot{x} \\ z \end{bmatrix} = \begin{bmatrix} A(\rho,\dot{\rho}) & B(\rho,\dot{\rho}) \\ C(\rho,\dot{\rho}) & D(\rho,\dot{\rho}) \end{bmatrix} \begin{bmatrix} x \\ d \end{bmatrix}, \tag{A.27}$$

针对所有 ρ 和 $\beta_i \leqslant v(i)$.

稳定性定理如下. 如果函数 A 在紧致集 $\mathscr{P}$ 上是参数依赖稳定的, 则存在一些 $\delta>0$ 和参数依赖矩阵 $P(\rho)=P^{\mathrm{T}}(\rho)>0$, 使得

$$A^{\mathrm{T}}(\rho,\dot{\rho})P(\rho)+P(\rho)A(\rho,\dot{\rho})+\frac{\mathrm{d}P}{\mathrm{d}t} < -\delta I_n, \quad \forall \rho \in \mathscr{P}. \tag{A.28}$$

对于 LPV 系统而言, 如果函数 A 是参数依赖稳定的, 则此系统是参数依赖稳定的 LPV 系统.

下面的定理形成的充分条件, 用于测试 LPV 系统的诱导 $\mathscr{L}_2$ 范数是否小于规定的性能级别 $\gamma>0$ (Packard and Becker, 1992; Wu et al., 1996; Wu, 2001). 已知紧致集 $\mathscr{P}$ 和有限非负数 $\{v_i\}_{i=1}^{s}$. 如果存在函数 $\mathscr{P}$, 使得 $P(\rho)>0$ 且

$$\begin{bmatrix} A^{\mathrm{T}}(\rho,\beta)P(\rho)+P(\rho)A(\rho,\beta)+\sum_{i=1}^{s}\left(\beta_i\dfrac{\partial p}{\partial p_i}\right) & P(\rho)B(\rho,\beta) & C^{\mathrm{T}}(\rho,\beta) \\ B^{\mathrm{T}}(\rho,\beta)P(\rho) & -\gamma I_{nd} & D^{\mathrm{T}}(\rho,\beta) \\ C(\rho,\beta) & D(\rho,\beta) & -\gamma I_{nc} \end{bmatrix} < 0 \tag{A.29}$$

对于所有 $\rho \in \mathscr{P}$ 和 $|\beta_i| \leqslant v_i, i \in \{1,\cdots,s\}$, 那么函数 A 在 $\mathscr{P}$ 上是参数依赖稳定的, 并且存在标量 $\delta, 0 \leqslant \delta < \gamma$, 使得 $\left\|G_{\mathscr{F}_{\mathscr{P}}^{v}}\right\|_{i,2} \leqslant \delta$.

此定理的条件是无限维的凸问题. 通过使用有限基函数对函数空间进行逼近, 我们可以将条件简化为有限维度的凸问题, 并且使用有效的凸最优化技术对问题求解. 实际应用中, 参数空间的网格化可以减小计算量 (Wu et al., 1996).

在参数依赖方法中, 与稳定性和性能相关的定理会用到更复杂的 LMI, 因为除了 P 之外, 还存在其时间导数 $\mathrm{d}P/\mathrm{d}t$. 然而, 由于控制器的保守性大大降低, 参数依赖表达式在控制设计及其实现方面都具有优势.

A.4 LPV 系统综合

下文研究了具有有界参数变化率的 LPV 系统的参数依赖输出反馈控制问题. 此问题决定了是否存在参数依赖控制器, 可在参数依赖上稳定闭环 LPV 系统并保证闭环系统的诱导 $\mathscr{L}_2$ 范数小于 γ. 假设参数的导数是可实时实现 (或测量) 的, 从而构造出这样一个控制器.

给出紧致集 $\mathscr{P} \subset \mathscr{R}^S$. 考虑开环 LPV 系统. 如下所示

$$\dot{x} = A(\rho)x + B_1(\rho)d + B_2(\rho)u, \tag{A.30}$$

$$z = C_1(\rho)x + D_{11}(\rho)d + D_{12}(\rho)u, \tag{A.31}$$

$$y = C_2(\rho)x + D_{21}(\rho)d + D_{22}(\rho)u, \tag{A.32}$$

式中, $\rho \in \mathscr{F}^v_{\mathscr{P}}$, $x \in \mathscr{R}^n$, $d \in \mathscr{R}^{n_d}$, $z \in \mathscr{R}^{n_z}$, $u \in \mathscr{R}^{n_u}$, $y \in \mathscr{R}^{n_y}$. 以下假设是针对广义受控对象做出的. 通过将反馈项引入修改后的控制器来放宽假设 $D_{22}(\rho) = 0$. $D_{12}(\rho)$ 是所有 $\rho \in \mathscr{P}$ 的列满秩. $D_{21}(\rho)$ 是所有 $\rho \in \mathscr{P}$ 的行满秩. 放宽这些假设会产生奇异 $\mathscr{H}_\infty$ 问题.

已知紧致集 $\mathscr{P} \subset \mathscr{R}^S$, 整数 $m \geqslant 0$, 以及带有连续函数 A_k 的参数依赖的 m 维线性反馈控制器：$\mathscr{R}^S \to \mathscr{R}^{m\times m}, B_k$: $\mathscr{R}^S \to \mathscr{R}^{m\times n_y}, C$: $\mathscr{R}^S \to \mathscr{R}^{n_u\times m}, D$: $\mathscr{R}^S \to \mathscr{R}^{n_u\times n_y}$. 根据以下等式, 控制器与参数及其导数有关：

$$\dot{x}_k = A_k(\rho, \dot{\rho})x_k + B_k(\rho, \dot{\rho})y, \tag{A.33}$$

$$u_k = C_k(\rho, \dot{\rho})x_k + D_k(\rho, \dot{\rho})y, \tag{A.34}$$

式中, $\rho \in \mathscr{F}^v_{\mathscr{P}}, x_k$ 是 m 维的控制器状态.

下文提到了参数依赖输出反馈控制器综合. 为了简化公式, 假设 $D_{11} = 0$. 但是, 结果也可以推广到 $D_{11} \neq 0$ 的情况. 此外, 还进行了以下简化：$D_{12} = [0 \quad I_{nz_2}]$ 和 $D_{21} = [I_{nd_2} \quad 0]$

修改后的开环系统表示为

$$\begin{bmatrix} \dot{x}(t) \\ \hline z_1(t) \\ z_2(t) \\ y(t) \end{bmatrix} = \left[\begin{array}{c|ccc} A(\rho(t)) & B_{11} & B_{12} & B_2 \\ \hline C_{11} & 0 & 0 & 0 \\ C_{12} & 0 & 0 & I_{nz_2} \\ C_2 & 0 & I_{nd_2} & 0 \end{array}\right] \begin{bmatrix} x(t) \\ \hline d_1(t) \\ d_2(l) \\ u_c(t) \end{bmatrix}, \tag{A.35}$$

式中, $\rho \in \mathscr{F}^v_{\mathscr{P}}$, $d_1 \subset \mathscr{R}^{n_{d1}}$, $d_2 \in \mathscr{R}^{n_{d2}}$, $z_1 \in \mathscr{R}^{n_{z1}}$, $z_2 \in \mathscr{R}^{n_{z2}}$.

由以下等式得出的闭环系统 $\dot{x}_c^{\mathrm{T}}(t) = [x^{\mathrm{T}}(t) \quad x_k^{\mathrm{T}}(t)]$, $z^{\mathrm{T}}(t) = [z_1^{\mathrm{T}}(t) \quad z_2^{\mathrm{T}}(t)]$, $d^{\mathrm{T}}(t) = [d_1^{\mathrm{T}}(t) \quad d_2^{\mathrm{T}}(t)]$.

$$\dot{x}_c = A_c(\rho,\dot{\rho})x_c + B_c(\rho,\dot{\rho})d, \tag{A.36}$$

$$z = C_c(\rho,\dot{\rho})x_c + D_c(\rho,\dot{\rho})d, \tag{A.37}$$

其中,

$$A_c(\rho,\dot{\rho}) = \begin{bmatrix} A(\rho)+B_2(\rho)D_K(\rho,\dot{\rho})C_2(\rho) & B_2(\rho)C_K(\rho,\dot{\rho}) \\ B_K(\rho,\dot{\rho})C_2(\rho) & A_K(\rho,\dot{\rho}) \end{bmatrix}, \tag{A.38}$$

$$B_c(\rho,\dot{\rho}) = \begin{bmatrix} B_{11}(\rho) & B_{12}(\rho)+B_2(\rho)D_K(\rho,\dot{\rho}) \\ 0 & B_K(\rho,\dot{\rho}) \end{bmatrix}, \tag{A.39}$$

$$C_c(\rho,\dot{\rho}) = \begin{bmatrix} C_{11}(\rho) & 0 \\ C_{12}(\rho)+D_K(\rho,\dot{\rho})C_2(\rho) & C_K(\rho,\dot{\rho}) \end{bmatrix}, \tag{A.40}$$

$$D_c(\rho,\dot{\rho}) = \begin{bmatrix} 0 & 0 \\ 0 & D_K(\rho,\dot{\rho}) \end{bmatrix}. \tag{A.41}$$

定义 A.1 (参数依赖的 γ 性能问题)　已知开环 LPV 系统和性能级别 $\gamma > 0$. 只要存在整数 $m \geqslant 0$、函数 P: $\mathscr{R}^S \to S^{(n+m)\times(m+n)}$ 和连续矩阵函数 A_k: $\mathscr{R}^S \to \mathscr{R}^{m\times m}$, B_k: $\mathscr{R}^S \to \mathscr{R}^{m\times n_y}$, C_k: $\mathscr{R}^S \to \mathscr{R}^{n_u\times m}$, D_k: $\mathscr{R}^S \to \mathscr{R}^{n_u\times n_y}$, 即可表示为可以对参数依赖 γ 性能问题求解, 使得 $P(\rho) > 0$ 且

$$\begin{bmatrix} A_c^{\mathrm{T}}(\rho,\beta)P(\rho)+P(\rho)A_c(\rho,\beta)+\sum_{i=1}^{s}\beta_i\dfrac{\partial P}{\partial\rho_i} & P(\rho)B_c(\rho,\beta) & \gamma^{-1}C_c^{\mathrm{T}}(\rho,\beta) \\ B_c^{\mathrm{T}}(\rho,\beta)P(\rho) & -I_{n_d} & \gamma^{-1}D_c^{\mathrm{T}}(\rho,\beta) \\ \gamma^{-1}C_c^{\mathrm{T}}(\rho,\beta) & \gamma^{-1}D_c^{\mathrm{T}}(\rho,\beta) & -I_{n_z} \end{bmatrix} < 0. \tag{A.42}$$

对于所有 $\rho \in \mathscr{P}$ 和 $|\beta_i| \leqslant v_i, i = 1,2,\cdots,s$. 闭环矩阵是在 (A.38) 中定义的.

此问题是标准次优 $\mathscr{H}_\infty$ 控制问题的一般化结果. 输出反馈控制器综合是基于以下定理得出的.

定理 A.5　已知紧致集 $\mathscr{P}$、性能级别 $\gamma > 0$ 和 LPV 系统. 参数依赖的 γ 性能问题仅在以下情况下可求解, 即存在矩阵函数 X: $\mathscr{R}^S \to \mathscr{R}^{n\times n}$ 和 Y: $\mathscr{R}^S \to \mathscr{R}^{n\times n}$, 使得对于所有 $\rho \in \mathscr{P}$, $X(\rho) > 0$, $Y(\rho) > 0$, 和

$$\begin{bmatrix} X(\rho)\hat{A}^{\mathrm{T}}(\rho)+\hat{A}(\rho)X(\rho)-\sum_{i=1}^{s}\pm\left(v_i\dfrac{\partial X}{\partial\rho_i}\right)-B_2(\rho)B_2^{\mathrm{T}}(\rho) & X(\rho)C_{11}^{\mathrm{T}}(\rho) & \gamma^{-1}B_1(\rho) \\ C_{11}(\rho)X(\rho) & -I_{n_{z_1}} & 0 \\ \gamma^{-1}B_1^{\mathrm{T}}(\rho) & 0 & -I_{n_d} \end{bmatrix} < 0, \tag{A.43}$$

$$\begin{bmatrix} \tilde{A}^{\mathrm{T}}(\rho)Y(\rho)+Y(\rho)\tilde{A}(\rho)+\sum_{i=1}^{s}\pm\left(v_i\dfrac{\partial Y}{\partial \rho_i}\right)-C_2^{\mathrm{T}}(\rho)C_2(\rho) & Y(\rho)B_{11}(\rho) & \gamma^{-1}C_1^{\mathrm{T}}(\rho) \\ B_{11}^{\mathrm{T}}(\rho)Y(\rho) & -I_{n_{d_1}} & 0 \\ \gamma^{-1}C_1(\rho) & 0 & -I_{n_z} \end{bmatrix}<0, \tag{A.44}$$

$$\begin{bmatrix} X(\rho) & \gamma^{-1}I_n \\ \gamma^{-1}I_n & Y(\rho) \end{bmatrix} \geqslant 0. \tag{A.45}$$

式中

$$\hat{A}(\rho)=A(\rho)-B_2(\rho)C_{12}(\rho), \tag{A.46}$$

$$\tilde{A}(\rho)=A(\rho)-B_{12}(\rho)C_2(\rho). \tag{A.47}$$

如果满足条件, 则可以通过连续性和紧致性来扰动 $X(\rho)$, 使得 (A.43) 和 (A.44) 这两个 LMI 仍然成立并且 $Q(\rho)=Y(\rho)-\gamma^{-2}X^{-1}(\rho)>0$ 在紧致集 $\mathscr{P}$ 内一致. 现在定义以下变量:

$$F(\rho)=-\left[B_2(\rho)X^{-1}(\rho)+D_{12}^{\mathrm{T}}C_1(\rho)\right], \tag{A.48}$$

$$L(\rho)=-\left[Y^{-1}(\rho)C_2^{\mathrm{T}}(\rho)+B_1(\rho)D_{21}^{\mathrm{T}}\right], \tag{A.49}$$

$$\begin{aligned} H(\rho,\dot{\rho})= & \left[X^{-1}(\rho)A_F(\rho)+A_F^{\mathrm{T}}(\rho)X^{-1}(\rho)+\sum_{i=1}^{s}\left(\dot{\rho}\frac{\partial X^{-1}}{\partial\rho_i}\right)+C_F^{\mathrm{T}}(\rho)C_F(\rho)\right. \\ & \left.+\gamma^{-2}X^{-1}(\rho)B_1(\rho)B_1^{\mathrm{T}}(\rho)X^{-1}(\rho)\right], \end{aligned} \tag{A.50}$$

且

$$A_F(\rho)=A(\rho)+B_2(\rho)F(\rho), \tag{A.51}$$

$$C_F(\rho)=C_1(\rho)+D_{12}(\rho)F(\rho). \tag{A.52}$$

此外

$$M(\rho,\dot{\rho})=H(\rho,\dot{\rho})+\gamma^2Q(\rho)\left[-Q^{-1}(\rho)Y(\rho)L(\rho)D_{21}-B_1(\rho)\right]B_1^{\mathrm{T}}(\rho)X^{-1}(\rho). \tag{A.53}$$

求解反馈问题的严格真控制器由以下公式得出

$$A_k(\rho,\dot{\rho})=A(\rho)+B_2(\rho)F(\rho)+Q^{-1}(\rho)Y(\rho)L(\rho)C_2(\rho)-\gamma^{-2}Q^{-1}(\rho)M(\rho,\dot{\rho}), \tag{A.54}$$

$$B_k(\rho)=-Q^{-1}Y(\rho)L(\rho), \tag{A.55}$$

$$C_k(\rho)=F(\rho), \tag{A.56}$$

$$D_k(\rho)=0. \tag{A.57}$$

参见 Wu (1995) 的研究.

Wu (1995) 在研究中还证明了此定理在 $D_{11}(\rho) \neq 0$ 的一般情况下的讨论. 式 (A.43) 适用于状态反馈, 式 (A.44) 适用于估计输出信号, 式 (A.45) 为耦合条件. 由定理 A.5 中的 LMI 得出了无限维凸可行性问题.

注意, 控制器动态矩阵 $A_k(\rho, \dot{\rho})$ 明显取决于 $\dot{\rho}$. 为了构造参数依赖控制器, 必须测得或获得 ρ 和 $\dot{\rho}$. 对于单个调度变量而言, 即未测得 $\dot{\rho}$ 时, 可以对变量执行依赖于 ρ 的更改以消除 $\dot{\rho}$ 依赖性, 如下所述.

对于标量参数而言, 定理 A.5 中的控制器动态可表示为

$$\dot{x}_k = A_1(\rho)x_k + \dot{\rho}A_2(\rho)x_k + B_k(\rho). \tag{A.58}$$

现在, 考虑变量的变化

$$x_{k,\text{new}} = T(\rho)x_k + \dot{\rho}A_2(\rho)x_k + B_k(\rho). \tag{A.59}$$

式中, $T(\rho)$ 是可逆的. 如果 $T(\rho)$ 满足线性矩阵微分方程, 则很容易证明

$$\frac{\mathrm{d}T(\rho)}{\mathrm{d}\rho} = -T(\rho)A_2(\rho), \tag{A.60}$$

那么新坐标 $x_{k,\text{new}}$ 中得出的控制器动态将独立于 $\dot{\rho}$. 对于多个调度变量而言, 可以应用类似的方法. 但是, 分析的可解性会更难得到. 更多详细信息参见文献 (Packard and Balas, 1997).

一种替代解是仅在式 (A.50) 中将 X 的选择限制为独立于 $\dot{\rho}$. 然而, 由于参数的变化率是无界的, 此方法可能较为保守. 另一种可能的解是采用合适的外推算法以对参数 $\dot{\rho}$ 进行估计. 此方法的缺点是调度变量的来源不是独立的.

在下文中, 定理 A.5 中的无限凸可行性条件将转换为有限维 LMI. 在求解过程中, 选取了有限个基函数来对无限维函数空间进行参数化.

定理 A.6 已知有限数量的标量、连续微分函数 $\{f_i\}_{i=1}^N$ 和 $\{g_i\}_{i=1}^N$ 及其参数化形式:

$$X(\rho) = \sum_{i=1}^{N} f_i(\rho)X_i, \tag{A.61}$$

$$Y(\rho) = \sum_{i=1}^{N} g_i(\rho)Y_i. \tag{A.62}$$

参数依赖的 γ 性能问题在以下情况中可解: 存在矩阵 $\{X_i\}_{i=1}^N, X_i \in \mathscr{S}^{n\times n}$ 和 $\{Y_i\}_{i=1}^N, Y_i \in \mathscr{S}^{n\times n}$, 使得对于所有 $\rho \in \mathscr{P}$, $X(\rho) > 0, Y(\rho) > 0$ 且

$$\begin{bmatrix} \displaystyle\sum_{i=1}^{N} f_i(\rho)\left(X_i\hat{A}^{\mathrm{T}}(\rho)+\hat{A}(\rho)X_i\right) \\ \displaystyle -\sum_{j=1}^{s}\pm\left(v_j\sum_{i=1}^{N}\frac{\partial f_i}{\partial \rho_i}X_i\right)-B_2(\rho)B_2^{\mathrm{T}}(\rho) & \displaystyle\sum_{i=1}^{N} f_i(\rho)X_iC_{11}^{\mathrm{T}}(\rho) & \gamma^{-1}B_1(\rho) \\ \displaystyle C_{11}(\rho)\sum_{i=1}^{N} f_i(\rho)X_i & -I_{n_{z_1}} & 0 \\ \gamma^{-1}B_1^{\mathrm{T}}(\rho) & 0 & -I_{nd} \end{bmatrix} < 0, \tag{A.63}$$

$$\begin{bmatrix} \displaystyle\sum_{I=1}^{N} g_i(\rho)\left(\tilde{A}^{\mathrm{T}}(\rho)Y_i+Y_i\tilde{A}(\rho)\right) \\ \displaystyle +\sum_{j=1}^{s}\pm\left(v_j\sum_{i=1}^{N}\frac{\partial g_i}{\partial \rho_i}Y_i\right)-C_2^{\mathrm{T}}(\rho)C_2(\rho) & \displaystyle\sum_{i=1}^{N} g_i(\rho)Y_iB_{11}(\rho) & \gamma^{-1}C_1^{\mathrm{T}}(\rho) \\ \displaystyle B_{11}^{\mathrm{T}}(\rho)\sum_{i=1}^{N} g_i(\rho)Y_i & -I_{n_{d_1}} & 0 \\ \gamma^{-1}C_1(\rho) & 0 & -I_{nz} \end{bmatrix} < 0, \tag{A.64}$$

$$\begin{bmatrix} \displaystyle\sum_{i=1}^{N} f_i(\rho)X_i & \gamma^{-1}I_n \\ \gamma^{-1}I_n & \displaystyle\sum_{i=1}^{N} g_i(\rho)Y_i \end{bmatrix} \geqslant 0. \tag{A.65}$$

式中, 矩阵 $\hat{A}(\rho)$ 和 $\tilde{A}(\rho)$ 在式 (A.46) 中给出了定义 (Wu, 1995).

还存在一个问题, 即此不等式必须对于所有 $\rho \in \mathscr{P}$ 成立, 这需要检查无数个约束条件. 为了对此无限约束凸问题求解, 必须将紧致集 $\mathscr{P}$ 网格化. 例如, 如果将超矩形 $\mathscr{P} \subset \mathscr{R}^S$ 在每个维度中网格化为 L 个点, 那么用于确定适当的 $\{X_i\}_{i=1}^N$ 和 $\{Y_i\}_{i=1}^N$ 的凸问题包含近似 $L^s(2^{s+1}+1)$ LMI. 另一个问题是, 对基函数 f_i 和 g_i 的选择完全缺乏理论指导. 因此, 通常会采用基函数的直观解.

A.5 非线性控制器方程

综合 LPV 控制器后, 在 LPV 控制器中使用了状态信号或输出信号与参数 $\rho=\sigma(x)$ 之间的关系, 从而得出非线性控制器:

$$\dot{x}_c = A_c(\sigma(x))x_c + B_c(\sigma(x))y, \tag{A.66}$$

$$u = C_c(\sigma(x))x_c + D_c(\sigma(x))y. \tag{A.67}$$

注意, 假设 $\sigma(x)$ 是测得的信号或仅取决于测得的信号. 根据 LPV 的属性描述, LPV 系统 $(\rho = \sigma(x))$ 等于非线性模型.

按以下条件, 进行 LPV 设计, 即闭环系统的规格要求对于边界集 (即 $\rho \in \Omega$ 和 $\dot{\rho} \in \tilde{\Omega}$) 中的所有参数值和参数导数值均成立. 参数的轨迹用于描述 LPV 的关系. 因此, 只要参数轨迹仍在有界集中, LPV 控制器就满足非线性闭环系统的规格要求. LPV 控制保证了即使在瞬态下也能在有效域内满足闭环系统规格要求.

附录 B 最大受控不变集概述

B.1 SOS 规划技术的基础知识

下文总结了 SOS 规划方法的有关基本概念. 此方法适用于分析和控制非线性多项式系统.

本节详述了近几年来数篇以控制为目的涉及 SOS 规划的论文. SOS 规划是求多项式不等式可行解的有效工具. 在 SOS 规划中, 此问题会转化为半定最优化任务. Parrilo (2003) 提出了 SOS 规划的一些重要定理, 例如, 正点定理的应用. 如此一来, 则可以将凸最优化方法用于为 SOS 问题找到合适的多项式. Lasserre (2007) 提出了按 SOS 序列逼近的非负多项式. SOS 多项式采用显式的形式包含原始非负多项式.

Prajna 等 (2004) 给出了求解非线性控制问题的充分条件, 用状态依赖的线性矩阵不等式 (LMI) 表示. 在此方法中, 使用了基于 SOS 分解的半定规划松弛有效求解这类不等式. Papachristodoulou 和 Prajna (2005) 总结了 SOS 分解技术在非多项式系统分析中的应用. Jarvis-Wloszek 等 (2003a) 介绍了 SOS 规划在可达集计算、控制设计算法等若干控制问题中的应用. Tan 和 Packard (2008) 提出了多项式系统的局部稳定性分析及其吸引域的迭代计算方法. 在 Scherer 和 Hol (2006) 所进行的研究中, 将 SOS 方法应用于两个非凸问题, 如多项式半定规划和固定阶 $\mathscr{H}_2$ 合成问题.

可达集是有界的, 非线性系统的 $\mathscr{L}_2$ 增益受范数有界扰动输入的影响. Summers 等 (2003) 的研究, 对多项式系统进行了性能分析, 成为证明以上两个结论的充分条件.

Topcu 和 Packard (2009) 分析了多项式控制系统的鲁棒性. 此方法考虑了忽略动态和参数不确定性所产生的影响. Lofberg (2009) 分析了基于 SOS 方法的凸规划在实际应用中的数值计算问题. 在此基础上, Korda 等 (2013) 进行的研究中, 计算了多项式控制系统的最大受控不变集.

以下定义和定理对于理解 SOS 规划而言至关重要 (Jarvis-Wloszek et al., 2003a). 令 $\mathbb{R}$ 表示实数集, $\mathbb{Z}_+^n$ 表示非负整数集. 此方法的基本元素是多项式和 SOS, 定义如下.

定义 B.1 n 个变量中的多项式 f 是函数 $m(x) := x^\alpha = x_1^{\alpha_1} x_2^{\alpha_2} \cdots x_n^{\alpha_n}$ $(\alpha \in$

$\mathbb{Z}_+^n$) 和 $\deg m_\alpha = \sum_{i=1}^n \alpha_i$ 的有限线性组合:

$$f := \sum_\alpha c_\alpha m_\alpha = \sum_\alpha c_\alpha x^\alpha, \tag{B.1}$$

其中, $c_\alpha \in \mathbb{R}$. 将 $\mathscr{R}_n$ 定义为 n 个变量中所有多项式的集. f 的次数定义为 $f := \max_\alpha \deg m_\alpha$.

定义 B.2　对于一些 $t < \infty$, n 个变量中的 SOS 多项式集合定义为

$$\Sigma_n := \left\{ p \in \mathscr{R}_n \middle| p = \sum_{i=1}^t f_i^2, f_i \in \mathscr{R}_n, i = 1, \cdots, t \right\}. \tag{B.2}$$

SOS 规划的中心定理是正点定理. 通过应用此定理, 可以将最优化任务的空集约束转化为 SOS 可行性问题.

定理 B.1 (正点定理)　已知 $\mathscr{R}_n$ 的多项式 $\{f_1, \cdots, f_r\}$, $\{g_1, \cdots, g_t\}$ 和 $\{h_1, \cdots, h_u\}$, 以下表述等价.

(1) 集合

$$\left\{ x \in \mathbb{R}^n \middle| \begin{array}{l} f_1(x) \geqslant 0, \cdots, f_r(x) \geqslant 0 \\ g_1(x) \neq 0, \cdots, g_t(x) \neq 0 \\ h_1(x) = 0, \cdots, h_u(x) = 0 \end{array} \right\} \tag{B.3}$$

为空.

(2) 存在多项式 $f \in \mathscr{P}(f_1, \cdots, f_r)$($\mathscr{P}$ 是乘法凸锥)、$g \in \mathscr{M}(g_1, \cdots, g_t)$($\mathscr{M}$ 是乘法幺半群) 和 $h \in \mathscr{I}(h_1, \cdots, h_u)$($\mathscr{I}$ 是理想数), 使得

$$f + g^2 + h = 0 \tag{B.4}$$

乘法幺半群和锥的定义如下.

定义 B.3 (乘法幺半群)　已知 $g_1, \cdots, g_t \in \mathscr{R}_n$, 由 g_j 生成的乘法幺半群是 g_j 的所有有限乘积的集, 包括空集, 用 $\mathscr{M}(g_1, \cdots, g_t)$ 表示, 定义为 1. 为保证完整性, 定义 $\mathscr{M}(\phi) = 1$.

定义 B.4 (锥)　已知 $\{f_1, \cdots, f_s\} \in \mathscr{R}$, 由 f_i 生成的锥为

$$\mathscr{P}(f_1, \cdots, f_s) = \left\{ s_0 + \sum s_i b_i \middle| s_i \in \Sigma_n, b_i \in \mathscr{M}(f_1, \cdots, f_s) \right\}.$$

为保证完整性, 请注意 $\phi = \Sigma_n$.

在正点定理的实际应用中, 考虑了以下假设. 例如, 定义了 $g = p_0 \in \mathscr{M}(p_0)$ 和 $f = -qp_0 - \sum_{i=1}^n s_i p_0 p_i$, $q \in \Sigma_n$, $p_i \in \mathscr{R}_n, h = 0$. 由于 q 和 s_j 是 SOS,

$f \in \mathscr{P}(p_1, \cdots, p_m, -p_0)$. 因此

$$f + g^2 + h = -qp_0 - \sum_{i=1}^{n} s_i p_0 p_i + p_0^2 = -\left(p_0 - \sum_{i=1}^{m} s_i p_i\right) p_0 - \sum_{i=1}^{n} s_i p_0 p_i + p_0^2 = 0. \tag{B.5}$$

由此得出广义的 S-Procedure 表示如下, 参见文献 (Jarvis-Wloszek, 2003).

定理 B.2 (广义的 S-procedure) 已知对称矩阵 $\{p_i\}_{i=0}^m \in \mathscr{R}_n$. 如果存在非负标量 $\{s_i\}_{i=1}^m \in \Sigma_n$ 使得

$$p_0 - \sum_{i=1}^{m} s_i p_i \geqslant q, \tag{B.6}$$

其中 $q \in \Sigma_n$, 那么

$$\bigcap_{i=1}^{m} \left\{ x \in \mathbb{R}^n \middle| p_i(x) \geqslant 0 \right\} \subseteq \left\{ x \in \mathbb{R}^n \middle| p_0(x) \geqslant 0 \right\}. \tag{B.7}$$

提出空集问题, 判别式 (B.8) 所示集是否为空

$$W := \left\{ x \in \mathbb{R}^n \middle| p_1(x) \geqslant 0, \cdots, p_m(x) \geqslant 0, -p_0(x) \geqslant 0, p_0(x) \neq 0 \right\}. \tag{B.8}$$

此外, Parrilo (2003) 证明了 SOS 规划与 LMI 问题之间存在着重要联系.

定理 B.3 (LMI 可行性问题) 已知有限集

$$\{p_i\}_{i=0}^m \in \mathscr{R}_n,$$

存在 $\{a_i\}_{i=0}^m \in \mathbb{R}_n$ 使得

$$p_0 + \sum_{i=1}^{m} a_i p_i \in \Sigma_n \tag{B.9}$$

为 LMI 可行性问题.

B.2 连续时间系统受控不变集的计算方法

计算受控不变集是为了确定受限控制驱动对系统可控性的影响. 此外, 在一些车辆和交通系统中, 存在会影响受控不变集大小的非线性情况. 下文的目标是找到最大的状态空间区域, 其中可以通过给定峰值范围的控制输入来保证系统的稳定性. 由此可计算出受控不变集 (Korda et al., 2013). 本节针对连续时间系统研究了此问题, 而在 B.3 节中, 针对离散时间系统进行求解.

连续系统的状态空间表达式如下

$$\dot{x} = f(x) + gu, \tag{B.10}$$

其中, $f(x)$ 是一个向量, 包含光滑多项式函数且 $f(0)=0$. 接下来的分析中, 考虑了控制输入信号, 因此 $u=M_{br}$ 或 $u=\delta$. 系统控制李雅普诺夫函数的存在保证了系统在原点处的全局渐近稳定性 (Sontag, 1989).

定义 B.5　恰当的光滑正定函数 $V:\mathbb{R}^n\to\mathbb{R}$ 是系统的控制李雅普诺夫函数, 如果对于每个 $x\neq 0$ 的值, 有

$$\inf_{u\in\mathbb{R}}\left\{\frac{\partial V}{\partial x}f(x)+\frac{\partial V}{\partial x}g\cdot u\right\}<0. \tag{B.11}$$

根据式 B.6 的定义, 在候选 V 中, 必须区分两种主要情况.

(1) 如果

$$\frac{\partial V}{\partial x}f(x)<0, \tag{B.12}$$

那么系统是稳定的, 并且 $u\equiv 0$. 接下来的两个稳定性标准中包含了此稳定性方案.

(2) 如果

$$\frac{\partial V}{\partial x}f(x)>0, \tag{B.13}$$

那么系统是不稳定的. 但是, 系统可以变得稳定.

(a) 如果

$$\frac{\partial V}{\partial x}g<0 \tag{B.14}$$

且

$$\frac{\partial V}{\partial x}f(x)+\frac{\partial V}{\partial x}g\cdot u_{\max}<0, \tag{B.15}$$

控制输入 u 的峰值上限会使系统稳定.

(b) 如果

$$\frac{\partial V}{\partial x}g>0 \tag{B.16}$$

且

$$\frac{\partial V}{\partial x}f(x)-\frac{\partial V}{\partial x}g\cdot u_{\max}<0. \tag{B.17}$$

控制输入 u 的峰值下限会使系统稳定.

注意, 假设 $u_{\min}=-u_{\max}$.

系统的受控不变集 (B.28) 定义为 $V(x)=1$ 时的控制李雅普诺夫函数的水平集. 因此, 必须保证在 $V(x)\leqslant 1$ 时满足先前的稳定性标准.

此外, 正点定理和广义的 S-Procedure 定理需要非严格不等式条件来表示 SOS 条件. 因此, 将 (a) 中的条件 $\dfrac{\partial V}{\partial x}g<0$ 重写为 $\dfrac{\partial V}{\partial x}g\leqslant-\varepsilon$, 其中 $\varepsilon\in\mathbb{R}^+$ 尽可能小. 类似地, 将 (b) 重写为 $\dfrac{\partial V}{\partial x}g\geqslant\varepsilon$. 此外, 还将 (a) 和 (b) 中的条件 $\dfrac{\partial V}{\partial x}f(x)\pm\dfrac{\partial V}{\partial x}g\cdot u_{\max}<$

0 重新用公式表示为两个条件：$\frac{\partial V}{\partial x}f(x)\pm\frac{\partial V}{\partial x}g\cdot u_{\max}\leqslant 0$ 和 $\frac{\partial V}{\partial x}f(x)\pm\frac{\partial V}{\partial x}g\cdot u_{\max}\neq 0$. 由此形成了以下不等式条件：

$$
\begin{aligned}
&\frac{\partial V}{\partial x}g\leqslant-\varepsilon,\quad V(x)\leqslant 1,\quad \frac{\partial V}{\partial x}f(x)+\frac{\partial V}{\partial x}gu_{\max}\geqslant 0,\quad \frac{\partial V}{\partial x}f(x)+\frac{\partial V}{\partial x}gu_{\max}\neq 0,\\
&\frac{\partial V}{\partial x}g\geqslant\varepsilon,\quad\ \ V(x)\leqslant 1,\quad \frac{\partial V}{\partial x}f(x)-\frac{\partial V}{\partial x}gu_{\max}\geqslant 0,\quad \frac{\partial V}{\partial x}f(x)-\frac{\partial V}{\partial x}gu_{\max}\neq 0.
\end{aligned}
\tag{B.18}
$$

可以将条件 (B.18) 转换为空集条件. 这种表达式的优势在于, 可以用在广义的 S-Procedure 中, 用公式表示 SOS 存在的问题：

$$
\begin{aligned}
&\left\{-\frac{\partial V}{\partial x}g-\varepsilon\geqslant 0,1-V(x)\geqslant 0,L_1(x)\neq 0\right\},\\
&\left\{\frac{\partial V}{\partial x}f(x)+\frac{\partial V}{\partial x}gu_{\max}\geqslant 0\right\},\\
&\left\{\frac{\partial V}{\partial x}f(x)+\frac{\partial V}{\partial x}gu_{\max}\neq 0\right\}=\varnothing,
\end{aligned}
\tag{B.19}
$$

$$
\begin{aligned}
&\left\{\frac{\partial V}{\partial x}g-\varepsilon\geqslant 0,1-V(x)\geqslant 0,L_2(x)\neq 0\right\},\\
&\left\{\frac{\partial V}{\partial x}f(x)-\frac{\partial V}{\partial x}gu_{\max}\geqslant 0\right\},\\
&\left\{\frac{\partial V}{\partial x}f(x)-\frac{\partial V}{\partial x}gu_{\max}\neq 0\right\}=\varnothing.
\end{aligned}
\tag{B.20}
$$

注意, 将第三个不等式中的关系转换以保证集合为空. $L_{1,2}(x)\neq 0$ 用于保证式 B.6 中的条件 $x\neq 0$. 选择的 $L_{1,2}(x)$ 为正定多项式 (Jarvis-Wloszek et al., 2003a). 需要找到最大受控不变集, 因此还定义了另一空集条件来提高此方法的有效性. 图 B.1 说明了将其预设成了函数 $p(x)$, 其中 β 值处的水平集 $P_\beta:=\{x\in\mathbb{R}^n|p(x)\leqslant\beta|\}$ 必须在候选受控不变集内. 由于 $p(x)$ 是固定的, 因此取 β 的最大值会使 P_β 和受控不变集一起增大. 将条件定义为

$$
\{p(x)\leqslant\beta,V(x)\geqslant 1,V(x)\neq 1\}=\varnothing,
\tag{B.21}
$$

其中, $p\in\Sigma_n$ 是固定的正定函数.

根据 S-Procedure, 可将之前的空集条件重新用公式表示为 SOS 条件. 因此, 形成了下一个最优化问题以寻找最大受控不变集：

$$
\max\beta.
\tag{B.22}
$$

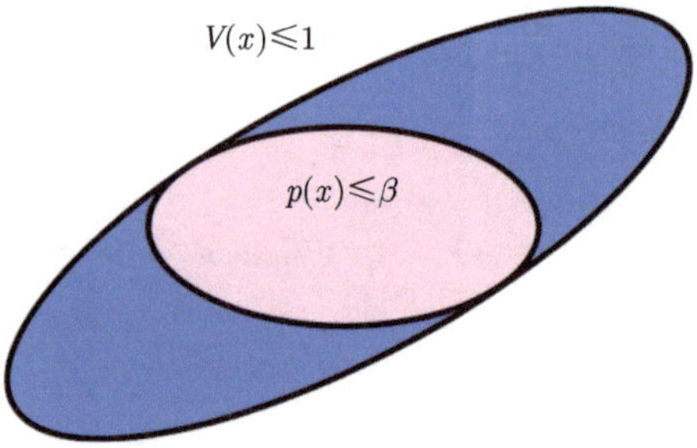

图 B.1　$p(x)$ 和 $V(x)=1$ 的图解

通过 SOS 多项式 $s_1,s_2,s_3,s_4,s_5\in\Sigma_n$ 和多项式 $V,p_1,p_2\in\mathscr{R}_n, V(0)=0$ 使得

$$-\left(\frac{\partial V}{\partial x}f(x)+\frac{\partial V}{\partial x}gu_{\max}\right)-s_1\left(-\frac{\partial V}{\partial x}g-\varepsilon\right)-s_2(1-V)-p_1L_1\in\Sigma_n, \tag{B.23}$$

$$-\left(\frac{\partial V}{\partial x}f(x)-\frac{\partial V}{\partial x}gu_{\max}\right)-s_3\left(\frac{\partial V}{\partial x}g-\varepsilon\right)-s_4(1-V)-p_2L_2\in\Sigma_n, \tag{B.24}$$

$$-(s_5(\beta-p)+(V-1))\in\Sigma_n. \tag{B.25}$$

式 (B.23) 的推导与文献 (Jarvis-Wloszek et al., 2003b) 中的推导类似, 但它更为复杂, 因为锥是由三个项生成的, 并且将两个多项式的约束设为零. 在正点定理的应用中省略了 SOS 条件的一些项. 虽然这些条件带来了保守性, 但降低了数值问题的复杂性程度.

集计算示例

作为集计算的示例, 给出了最大受控不变集的最优化方法. 此任务需要对轮胎力进行建模. 虽然 Pacejka (2004)、Kiencke 和 Nielsen (2000) 以及 de Wit 等 (1995) 已经发布了若干轮胎模型, 但以下多项式轮胎建模方法更适用于集计算问题. 在此形式中, 可以在给定的操作范围内考虑轮胎的非线性特性. 轮胎侧滑函数 α 中轮胎侧向力的非线性特性如图 B.2 所示. 此多项式近似表示为

$$\mathscr{F}(\alpha)=\sum_{k=1}^{n}c_k\alpha^k=c_1\alpha+c_2\alpha^2+\cdots+c_n\alpha^n. \tag{B.26}$$

在图 B.2 所示的示例中, 指数 n 选为 10. 采用此近似表达式, 轮胎模型在 $\alpha=-12^\circ,\cdots,+12^\circ$ 时有效.

θ 变量的 $2N$ 次多项式可以转换为 $\binom{\theta+N}{N}\times\binom{\theta+N}{N}$ 维的 LMI, 参见文献 (Parrilo, 2003). 在此示例 (图 B.2) 中, 轮胎模型的次数是 $2N=10$, 并且系统具有两个变量: α_1 和 α_2, 因此 $\theta=2$. LMI 的大小为 $\binom{2+5}{5}\times\binom{2+5}{5}=42\times 42$, 即

LMI 的维度. 由于 LMI 可行性任务的规模庞大, 所以可能会出现数值问题. 因此, 必须确认所得到的最优化 (B.23) 控制李雅普诺夫函数 V.

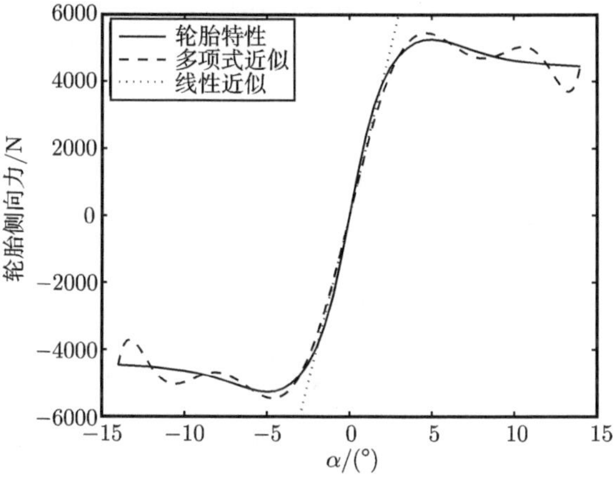

图 B.2 轮胎侧向力的建模

下文提出了一种寻找最大受控不变集的替代计算方法, 根据我们的经验, 此方法可以使计算变得更简单. 此实用方法为三步迭代方法.

步骤 1 将不受控系统 $\dot{x} = f(x)$ 的吸引域定义为初始集. 在此步骤中, 找到了最大水平集 $V_0 - 1$, 将其纳入稳定区域中. Jarvis-Wloszek (2003) 给出了基于 SOS 的吸引域的计算方法.

步骤 2 选择 η 参数并且 $V_\eta = V_0 \cdot \eta$ 确定为局部控制李雅普诺夫函数. 水平集 $V_\eta = 1$ 表示受控不变集 S_η, 可以使用有限控制输入 u 来稳定系统. 根据参数 η, 可以放大或缩小水平集的规模. Tan 和 Packard (2008) 提出了基于 SOS 的局部控制李雅普诺夫函数的计算方法. 如果 V 是固定的且 u 不受约束, 此步骤则与 (B.23) 有关.

步骤 3 在最后一步中, 必须确认 S_η 受控不变集的可接受性和可扩展性. 驱动的峰值范围是 $u_{\min} = -u_{\max}$ 和 $u_{\max}$. $S_{\text{unst}} = \dfrac{\partial V_0}{\partial x} f(x) > 0$ 是系统的不稳定区域. $S_{\min} = \dfrac{\partial V_0}{\partial x} f(x) - \dfrac{\partial V_0}{\partial x} g \cdot u_{\max} > 0$ 不能通过 $u_{\min}$ 得到稳定的区域. 类似地, $S_{\max} = \dfrac{\partial V_0}{\partial x} f(x) + \dfrac{\partial V_0}{\partial x} g \cdot u_{\max} > 0$ 不能通过 $u_{\max}$ 得到稳定的区域. 如果 S_η 是合适的受控不变集, 并且 V_η 是合适的控制李雅普诺夫函数, 那么

$$S_\eta \cap S_{\text{unst}} \cap S_{\min} \cap S_{\max} = \varnothing. \tag{B.27}$$

上文定义的交集为空的条件可以通过 S_η, S_{unst}, $s_{\min}$ 和 $S_{\max}$ 的曲线图来进行人为确认. 另外, 如果 S_η 合适, 则可以在步骤 2 中减小 η 值从而将受控不变集最大化.

注 B.1　最大受控不变集的形状基本上由所选的 V_0 确定. 如果迭代方法 V_η 的结果是不能接受的, 应修改步骤 1 中的函数 V_0.

吸引域的最大集如图 B.3 所示. 在此相图中, 红色区域是开环稳定区域, 蓝色区域是局部稳定的 $x_\infty \neq [0\quad 0]^{\mathrm{T}}$, 黑色区域是吸引域. 此边界是保守的近似结果, 可以用作初始集.

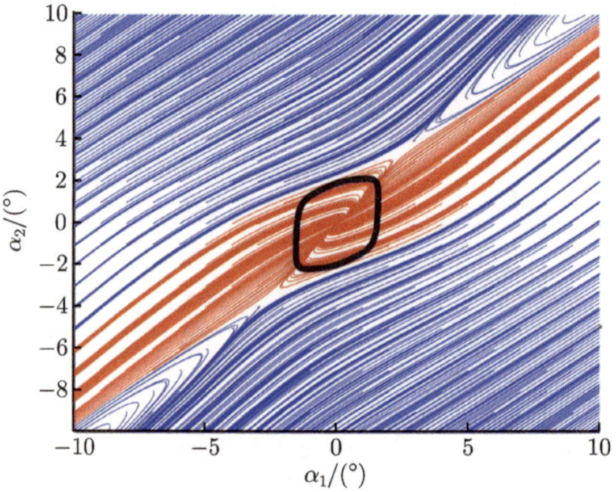

图 B.3　吸引域集 $V_0=1$

在图 B.4 中, 给出了受控系统的 S_η, S_{unst}, $S_{\min}$ 和 $S_{\max}$ 集. S_η 的增大在正 α_2 区域中受 $S_{\min}$ 的限制, 在负 α_2 区域中受 $S_{\max}$ 的限制.

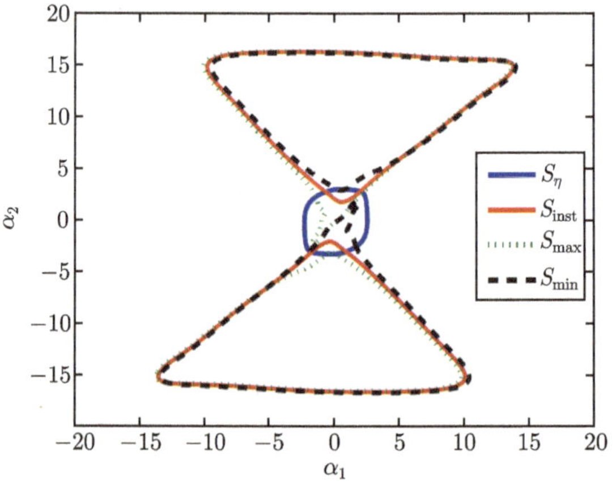

图 B.4　受控系统的稳定区域

B.3　离散时间系统受控不变集的计算方法

以交通系统为例, 它的动态表达式是通过离散时间关系用公式来表示的. 因此, 在下文中, 基于 SOS 计算方法将受控不变集重新用公式表示为离散时间系统的形式. 分析是为了确定可避免网络拥堵的最大流入量 $q_{\text{in,max}}(k)$. 其中包含交通系统中的所有流入量. 此外, 研究表明, 交通系统的基本图因诸多因素而明显变化. 其变化用调度变量 ρ 表示. 由此引出一个最优化过程, 必须在过程中找到函数 $u_{\max}(\rho(k)) = q_{\text{in,max}}(k)$.

带有 $u_{\max}(\rho(k))$ 的系统式 (7.6) 的状态空间方程表达式为

$$x(k+1) = f(\rho(k), x(k)) + g u_{\max}(\rho(k)), \tag{B.28}$$

其中, $f(\rho(k), x(k))$ 是包含光滑多项式函数的矩阵且 $f(\rho, 0) = 0$.

系统存在控制李雅普诺夫函数, 保证了系统在原点处的局部稳定性 (Sontag, 1989). 将函数重写为离散时间的情况

定义 B.6 假设对于每个 $x(k) \neq 0$ 及 $u_{\max}(\rho(k)) \geqslant 0$,

$$\Delta V(\rho(k), x(k))\Big|_{u(k)=u_{\max}(\rho(k))} < 0 \tag{B.29}$$

成立, 且对于所有 ρ, 有 $V(\rho(k), 0) = 0$, 则恰当的光滑正定函数 $V : \mathbb{R}^n \to \mathbb{R}$ 是式 (B.28) 所示系统的一个控制李雅普诺夫函数 (B.28).

选择的参数依赖的控制李雅普诺夫函数表示为

$$V(\rho(k), x(k)) = V(x(k)) \cdot b(\rho(k)), \tag{B.30}$$

其中, $b(\rho(k))$ 是直观选择的依赖于 ρ 的基函数. 使用 (B.30) 扩大条件 (B.29) 中的差

$$\begin{aligned}
\Delta V(\rho(k), x(k)) &= V(x(k+1), \rho(k)) - V(x(k), \rho(k)) \\
&\quad + V(x(k), \rho(k+1)) - V(x(k), \rho(k)) \\
&= (V(x(k+1)) - V(x(k))) \cdot b(\rho(k)) \\
&\quad + (b(\rho(k+1)) - b(\rho(k))) \cdot V(x(k)) \\
&= \Delta V(x(k)) \cdot b(\rho(k)) + \Delta b(\rho(k)) \cdot V(x(k)).
\end{aligned} \tag{B.31}$$

在分解控制李雅普诺夫函数中的 $x(k)$ 和 $\rho(k)$ 时, 将原始差 $\Delta V(\rho(k), x(k))$ 分离为 $\Delta V(x(k))$ 和 $\Delta b(\rho(k))$. 根据式 (B.28) 计算 $\Delta V(x(k))$ 为

$$\Delta V(x(k)) = V(f(\rho(k), x(k)) + g u(k)) - V(x(k)). \tag{B.32}$$

考虑到式 (B.32) 中的函数 $u_{\max}(\rho(k))$:

$$\Delta V(x(k))\Big|_{u(k)=u_{\max}(\rho(k))}$$

$$= V(f(\rho(k), x(k)) + gu_{\max}(\rho(k))) - V(x(k)). \tag{B.33}$$

$\Delta b(\rho(k))$ 取决于直观表示的基函数 $b(\rho(k))$. 在进一步的计算中, 使用了 $\Delta b(\rho(k))$ 的上限, 例如, $v \geqslant |\Delta b(\rho(k))|$, 参见文献 (Wu, 1995). 上限是根据交通系统的动态特性来选择的.

局部稳定性标准 (B.29) 确定状态 x 的集, 这些状态是稳定的, 并且如果采用 $u_{\max}$, 则会得出 $x_\infty < \infty$. 此集以受控不变集为界, 其定义如下

$$V(\rho(k), x(k)) = 1. \tag{B.34}$$

实际应用中, 等式定义 (B.34) 由两个不等式条件所替代:

$$1 - \varepsilon \leqslant V(\rho(k), x(k)) \leqslant 1, \tag{B.35}$$

其中, $\varepsilon > 0$ 是无穷小的数字.

稳定性的进一步约束式 (B.29) 为调度变量 ρ 和状态 x 的有效范围. 选择的基函数 $b(\rho(k))$ 的有效范围是

$$\rho_{\min} \leqslant \rho(k) \leqslant \rho_{\max}, \tag{B.36}$$

式中, $\rho_{\min}$ 和 $\rho_{\max}$ 为调度变量的上下限. 此外, 必须在此约束条件下找到城市交通网络匝道控制的解:

$$0 \leqslant x(k) \tag{B.37}$$

表示交通网络中的车辆数为正或零.

局部稳定条件 (B.29) 受到受控不变集 (B.35)、调度变量的约束条件 (B.36) 和状态 (B.37) 的约束. 将具有约束的稳定性问题转化为空集条件:

$$\begin{aligned}
&\big\{(V(f(\rho(k), x(k)) + gu_{\max}(\rho(k))) - V(x(k))) \cdot b(\rho(k)) \\
&+ v \cdot V(x(k)) \geqslant 0, \\
&(V(f(\rho(k), x(k)) + gu_{\max}(\rho(k))) - V(x(k))) \cdot b(\rho(k)) \\
&+ v \cdot V(x(k)) \neq 0, \\
&V(x(k)) \cdot b(\rho(k)) - (1 - \varepsilon) \geqslant 0, \\
&1 - V(x(k)) \cdot b(\rho(k)) \geqslant 0, x(k) \geqslant 0, \\
&\rho(k) - \rho_{\min} \geqslant 0, \rho_{\max} - \rho(k) \geqslant 0\big\} = \varnothing.
\end{aligned} \tag{B.38}$$

利用广义的 S-Procedure, 将空集条件 (B.38) 转化为 SOS 条件. 最优化问题可描述为求解目标函数 $u_{\max}(\rho(k))$, 并找到可行的 $V(\rho(k), x(k))$:

$$\max \quad u_{\max}(\rho(k)), \tag{B.39}$$

由 $s_1, s_2, s_3, s_4, s_5 \in \Sigma_n; V(x(k)), b(\rho(k)) \in \mathscr{R}_n$, 得

$$\begin{aligned}
&-\big((V(f(\rho(k),x(k))+gu_{\max}(\rho(k)))\\
&-V(x(k)))\cdot b(\rho(k))+v\cdot V(x(k))\big)\\
&-s_1\left(V(x(k))\cdot b(\rho(k))-(1-\varepsilon)\right)\\
&-s_2\left(1-V(x(k))\cdot b(\rho(k))\right)-s_3x(k)\\
&-s_4(\rho(k)-\rho_{\min})-s_5(\rho_{\max}-\rho(k))\in\Sigma_n.
\end{aligned} \tag{B.40}$$

B.4 基于 LPV 的连续时间系统可控集计算方法

最后给出受控不变集的替代求解法. 在此过程中, 基于逆轨迹法计算可控性集, 参见文献 (Horiuchi, 2015). 这意味着正向时间非线性系统的零可控区域等效于反向时间系统的可达区域 (Snow, 1967). 因此, 替代方法可以是确定反向时间系统的可达性集. 在下文中, 给出了 LPV 系统的可达性集计算.

连续时间 LPV 系统表示为

$$\dot{x} = A(\rho)x + Bu, \tag{B.41}$$

式中, ρ 为调度变量, x 为系统的状态, u 为控制输入.

通过椭球形逼近车辆系统的可达集. 初步分析结果表明, 椭球形是合适的选择. Boyd 等 (1997) 给出了找到 LDI 和线性系统的最小可达集的条件. 可达集的 LMI 条件用公式表示为

$$\begin{bmatrix} A^{\mathrm{T}}P(\rho)+P(\rho)A+\alpha P(\rho)+\dot{P}(\rho) & P(\rho)B_2 \\ B_2^{\mathrm{T}}P(\rho) & -\alpha I \end{bmatrix} \leqslant 0, \tag{B.42}$$

如果存在 $P(\rho)$ 且 α 满足 $P(\rho) > 0$, 则 $\alpha \geqslant 0$. 将系统的李雅普诺夫函数以参数依赖的方式选为 $V(x,\rho) = x^{\mathrm{T}}P(\rho)x$, 且将 $P(\rho)$ 的时间导数处理为 $\dot{P}(\rho) = \dfrac{\partial P(\rho)}{\partial \rho}\dot{\rho}$. $\dot{\rho}$ 的上限预设为 $\nu \geqslant |\dot{\rho}|$, $\dfrac{\partial P(\rho)}{\partial \rho}$ 是通过以下公式计算得出的

$$P(\rho) = \sum_{i=1}^{N} f_i(\rho)P_i, \quad P_i \in \mathscr{R}^{n\times n}, \tag{B.43}$$

f_i 是所选的合适基函数. 在 LMI 可行性问题的求解过程中, 需要找到 α 值, 其中 $\log(\det(P(\rho)^{-1}))$ 表示椭圆柱的体积且取最小值. 在所提出的方法中, (B.42) 的解是可达集的椭球逼近: $\varepsilon = \{x | x^{\mathrm{T}}P(\rho)x \leqslant 1\}$.

根据我们的经验, 可能会因 LMI 条件 (B.42) 难以对 $P(\rho)$ 进行计算. 此外, (B.43) 中基函数 f_i 的选取决定了是否可以进行可达集逼近. 然而, 基函数的公式化并不简单. 因此, 下文提出了一种可达集的外逼近的计算方法. 使用仿真实验来构成可达集的形状. 此形状的估计提供了可达集逼近的初步信息. 因此, 仿真可以帮助确定 $P(\rho)$ 的结构, 参见文献 (Németh and Gáspár, 2013).

基于仿真实验, 必须验证所选的 $P \leftarrow \rho \leftarrow \psi$ 是否是 LMI (B.42) 的解. 此方法的优点在于已知 $P(\rho)$, 无需对最初的 LMI 可行性问题求解. 如果 $P(\rho)$ 表示可达集, 那么以下矩阵的所有特征值均为负:

$$\max\left(\mathrm{eig}\left(\begin{bmatrix} A^{\mathrm{T}}P + PA + \alpha P + \dot{P} & PB_2 \\ B_2^{\mathrm{T}}P & -\alpha I \end{bmatrix}\right)\right) < 0. \tag{B.44}$$

注意, (B.44) 包含 $\alpha \geqslant 0$ 的参数, 在特征值的计算中是未知的. 此外, 函数 $P(\rho)$ 还包含一些参数 ν_j, 这些参数也是未知的. 在可达集的计算中, 需要找到最小的外逼近. 因此, 必须对函数 $P(\rho) = P(\rho, v_i)$ 进行最优化来得到可达集的上界.

此最优化任务是求解

$$\min_{v_i,\alpha} \quad \log(\det(P(\rho, v_i)^{-1})), \tag{B.45}$$

同时满足约束 (B.44) 和 $\alpha \geqslant 0$. 利用所提出的方法, 将数值复杂的 LMI 可行性问题 (Boyd et al., 1997; Shin, 2002) 替换为约束最优化问题. 求解约束最优化问题有多种方法, 参见文献 (Gill et al., 1981; Byrd et al., 2000).

基于 Nelder-Mead 单纯形直接搜索算法得到数值解, 参见文献 (Lagarias et al., 1998). 该算法是用 $n+1$ 个点表示 n 维向量 X. 在最优化开始时, 此算法通过将每个分量 $X_0(i)$ 加上一个小的数值, 并将这些向量用作单纯形的元素, 从而在开始猜测 X_0 时, 在周围形成单纯形. 在最优化过程中, 此算法根据最优化结果反复修改单纯形. 替代 LMI 求解方法的优点在于, 用一种简单的求解方法代替了原来困难的数值计算过程, 并且用仿真实验替换了复杂的非线性基函数.

注 B.2 仿真实验在可达集的逼近中具有重要作用. 但是需要强调的是, 所提出的方法始终会得出可达集的外逼近. 适当仿真的重要性对估计可达集的形状非常重要, 有助于形成合适的可达集近似式.

可达集逼近的初始步骤是设计合适的仿真实验. 例如, 在横向车辆动态模拟中, 分析转向系统和制动系统, 并且在其整个幅度和频率范围内选择输入信号. 将两种信号用作激励, 即鸟声信号 (线性调频信号) 和脉冲信号. 在仿真过程中, 还必须改变车速, 从而分析速度的非线性效应.

参数依赖的李雅普诺夫函数 $P(\rho)$ 的公式如下. 椭圆柱的体积和旋转变化受到

速度的影响, 因此将此信息用于 $P(\rho)$ 的公式. 将 $P(\rho)$ 的描述用于可达集的逼近:

$$P(\rho) = T^{\mathrm{T}}(\rho)P_0T(\rho), \tag{B.46}$$

其中, P_0 是椭圆柱的水平面. $T(\rho)$ 是一个变换矩阵, 包含体积和旋转:

$$T(\rho) = \left(1 + v_1\left(\frac{\rho}{\rho_0} - 1\right)\right)\begin{bmatrix} \cos(v_2\rho) & -\sin(v_2\rho) \\ \sin(v_2\rho) & \cos(v_2\rho) \end{bmatrix}, \tag{B.47}$$

其中, v_1 和 v_2 是参数, ρ_0 是 P_0 级别的调度变量的值.

参 考 文 献

Apkarian P, Gahinet P (1995) A convex characterization of gain-scheduled $\mathscr{H}_\infty$ controllers. IEEE Trans Autom Control 40(5): 853-864

Becker G, Packard A, Philbrick D, Balas G (1993) Control of parametrically dependent linear systems: a single quadratic Lyapunov approach. In: American control conference, San Francisco, pp 2795-2799

Bokor J, Balas G (2005) Linear parameter varying systems: a geometric theory and applications. In: 16th IFAC world congress, Prague 1(1-12)

Boyd S, Ghaoui LE, Feron E, Balakrishnan V (1997) Linear matrix inequalities in system and control theory. Society for industrial and applied mathematics, Philadelphia

Byrd R, Gilbert JC, Nocedal J (2000) A trust region method based on interior point techniques for nonlinear programming. Math Program 89(1): 149-185

de Wit CC, Olsson H, Astrom KJ, Lischinsky P (1995) A new model for control of systems with friction. IEEE Trans Autom Control 40(3): 419-425

Gahinet P, Apkarian P (1994) A linear matrix inequality approach to $\mathscr{H}_\infty$ control. Int J Robust Nonlinear Control 4: 421-448

Gahinet P, Apkarian P (1996) Explicit controller formulas for LMI-based $\mathscr{H}_\infty$ synthesis. Automatica 32: 1007-1014

Gill PE, Murray W, Wright M (1981) Practical optimization. Academic Press, London

Horiuchi S (2015) Evaluation of chassis control algorithms using controllability region analysis. In: International symposium on dynamics of road vehicles on roads and tracks, Graz, Austria

Jarvis-Wloszek Z (2003) Lyapunov based analysis and controller synthesis for polynomial systems using sum-of-squares optimization. PhD Thesis, University of California, Berkeley

Jarvis-Wloszek Z, Feeley R, Tan W, Sun K, Packard A (2003a) Some controls applications of sum of squares programming. In: 42nd IEEE Conference on Decision and Control, vol 5. Maui, USA, pp 4676-4681

Jarvis-Wloszek Z, Feeley R, Tan W, Sun K, Packard A (2003b) Some controls applications of sum of squares programming. In: 42nd IEEE international conference on decision and control (IEEE Cat. No.03CH37475), vol 5, pp 4676-4681

Kiencke U, Nielsen L (2000) Automotive control systems for engine, driveline and vehicle. Springer

Korda M, Henrion D, Jones CN (2013) Convex computation of the maximum controlled invariant set for polynomial control systems. In: Conference on decision and control, pp 7107-7112

Lagarias J, Reeds JA, Wright MH, Wright PE (1998) Convergence properties of the nelder-mead simplex method in low dimensions. SIAM J Optim 9(1): 112-147

Lasserre JB (2007) Sum of squares approximation of nonnegative polynomials. SIAM J Optim 49(4): 651-669

Lofberg J (2009) Pre- and post-processing sum-of-squares programs in practice. IEEE Trans Autom Control 54(5): 1007-1011

Németh, Gáspár P (2013) Analysis of vehicle actuators based on reachable sets. In: 2013 European control conference (ECC), pp 3137-3142

Nemirovsky A, Gahinet P (1994) The projection method for solving linear matrix inequalities. In: Proceedings of the American control conference

Nesterov Y, Nemirovsky A (1993) Interior point polynomial methods in convex programming: theory and applications. SIAM

Pacejka HB (2004) Tyre and vehicle dynamics. Elsevier Butterworth-Heinemann, Oxford

Packard A, Becker G (1992) Quadratic stabilization of parametrically dependent linear systems using parametrically dependent linear feedback. Adv Robust Nonlinear Control Syst 43: 29-36

Packard A, Balas G (1997) Theory and application of linear parameter varying control techniques. In: American control conference, Workshop I, Albuquerque, New Mexico

Papachristodoulou A, Prajna S (2005) Analysis of non-polynomial systems using the sum of squares decomposition. In: Positive polynomials in control. Springer

Parrilo P (2003) Semidefinite programming relaxations for semialgebraic problems. Math Program Ser B 96(2): 293-320

Prajna S, Papachristodoulou A, Wu F (2004) Nonlinear control synthesis by sum of squares opti- mization: a lyapunov-based approach. In: Proceedings of the 5th IEEE Asian control conference, vol 1, pp 157-165

Rough W, Shamma J (2000) Research on gain scheduling. Automatica 36: 1401-1425

Scherer CW, Hol CWJ (2006) Matrix sum-of-squares relaxations for robust semi-definite programs. Math Program 107: 189-211

Scherer C, Gahinet P, Chilali M (1997) Multiobjective output-feedback control via LMI optimiza- tion. IEEE Trans Autom Control 42(7): 896-911

Shamma J, Athans M (1991) Guaranteed properties of gain sheduled control of linear parameter- varying plants. Automatica 27: 559-564

Shin J (2002) Analysis of linear parameter varying system models based on reachable sets. In: American control conference, Anchorage, vol 1, pp 35-40

Snow DR (1967) Determining reachable regions and optimal controls. In: Advances in Control Systems, vol 5. Academic Press

Sontag ED (1989) A "universal" construction of Artstein's theorem on nonlinear stabilization. Syst Control Lett 13: 117-123

Summers E, Chakraborty A, Tan W, Topcu U, Seiler P, Balas G, Packard A (2003) Quantitative local l_2-gain and reachability analysis for nonlinear systems. Int J Robust Nonlinear Control 23(10): 1115-1135

Tan W, Packard A (2008) Stability region analysis using polynomial and composite polynomial lyapunov functions and sum-of-squares programming. IEEE Trans Autom Control 53(2): 565-571

Topcu U, Packard A (2009) Local robust performance analysis for nonlinear dynamical systems. In: Proceedings of the American control conference, pp 784-789

Wu F (1995) Control of linear parameter varying systems. PhD Thesis, Mechanical Engineering, University of California at Berkeley

Wu F (2001) A generalized lpv system analysis and control synthesis framwework. Int J Control 74: 745-759

Wu F, Yang X, Packard A, Becker G (1996) Induced L2 norm controller for LPV systems with bounded parameter variation rates. J Robust Nonlinear Control 6: 983-988